천년의 전통과 맥을 이어가는

명문종가 이야기

천년의 전통과 맥을 이어가는

명문 종가
이야기

【 이연자 지음 】

Culture line 컬처라인

솟을대문 빗장을 열고 사라져 가는
우리의 생활문화와 천년 내력을 들려주신
종갓집 어른들께 이 책을 바친다.

사라져 가는 종가의 생활문화를 찾아서

종가 이야기를 쓰기 시작한 것은 지난 1999년 8월, 월간 『쿠켄』에 연재를 시작하면서 부터였다. 그 이후 지금까지 한번도 빠짐없이 54회를 쓰고 있다. 5년이라는 세월이 훌쩍 가버렸다. 덕분에 2001년 새해 벽두에 『종가이야기』를, 2002년 추석에 『명문종가를 찾아서』에 이어 세번째 책 머릿글을 쓰고 있다. 시작할 때는 상상조차 못했던 일이다. 무엇보다 책이 출간될 때마다 역사·문화 부문에서 베스트셀러에까지 오른 사실은 지금 생각해도 가슴 벅차는 일이다. 과분한 칭찬과 성원을 보내주신 언론사, 또 우리문화에 관심을 둔 독자들의 은덕으로 여긴다. 모두에게 4배의 절로써 경의를 표하고 싶다. 그 여파인지 모르지만 종가를 주제로 한 드라마가 제작되고 다른 언론 매체들도 전에 없이 종가에 관심을 갖는 모습 또한 뿌듯한 일이다.

굳게 닫힌 솟을대문 빗장을 열기 위해 여러 번의 전화는 물론이고 먼길을 마다 않고 몇 번씩 찾아가 정성을 들였던 일, 유서 깊은 종가에서 원하는 주제를 만나면 그 기쁨을 주체하지 못해 내내 설렜던 기억도 있다. 다리를 다쳐 목발을 짚고서도 마감을 어기지 않았던 일, 비행기 타고 제주도까지 갔다가 사람이 살지 않아 3번씩이나 그냥 돌아왔던 일, 애타게 찾던 상례를 취재할 수 있었던 기쁨 등 누가 시킨 일도 아니고, 밥을 먹기 위해 시작한 일도 아닌 이 일로 나는 인생의 가장 황금기라는 오십대 후반을 다 써버렸다.

무엇보다 딸이 첫손녀를 안겨 주었는데도 보살펴 주지 못하고 종가 찾아 나선 것은 두고두고 미안한 일이 돼 버렸다. 허연 머리에 돋보기 쓰고 글 쓰는 딸이 안쓰러워 김치와 밑반찬을 챙겨 주시는 나의 어머니에게는 이생에서는 다 갚지 못할 은혜를 입었다.

그러나 종가 찾기가 힘들고 지칠 때마다 마음을 다잡았다. 지금이 아니면 종갓집 안채 깊숙한 곳에서 행해지는 우리의 생활문화, 드러나지 않은 우리의 민속을 영원히 담지 못할 것 같은 불안감에서였다. 노종부들의 삶은 석양에 기울고 종갓집 역시 그분들이 세상을 뜨면 문을 닫게 된다. 앞서 찾았던 몇몇 종부들은 벌써 이 세상 사람이 아니고 그 댁들은 지금 빈 집인 채 남아 있는 모습이 현실이다.

종가의 글을 쓰기 시작하게 된 동기는 무엇보다 설, 추석을 '차례지낸다'라는 말과 같이 종가의 차례상에 실제로 차가 오르고 있는지가 관심사였다. 그 궁금증이 만족하게 풀리지는 않았지만 그래도 지금까지 취재한 60여 종가 중 열 손가락으로 꼽을 만큼 차를 올리는 종가를 찾았다. 그 중에서도 온 국민의 의례서라 할 『가례』의 저자 신안 주씨 주희의 한국 후손 종가에서 차를 올린다는 사실은 이제야 '차례(茶禮)'의 본뜻이 되살아나는구나 싶어 보람을 느꼈다.

또 하나는 종가의 음식문화였다. 특히 제례 음식이다. 많은 제례 음식 준비가 버거워 제사를 피하는 주부를 위해 제사의 본질을 알려 주고 싶었다. 그런데 놀랍게도 이름난 종가일수록 제상에 오른 음식은 단출했다. 제사는 음식이 아니라 정성된 마음이라는 사실을 다시 한 번 새길 수 있었고 그것을 이 책에 강조했다.

그러면서도 그 제례 음식이 있었기 때문에 우리의 음식문화가 발달할 수 있었던 사실도 깨닫게 되었다. 정체성도 살필 수 있었다. 신라문화권인 경상도 지역에는 천년을 이어온 다양한 유밀과가 있었고, 유교문화권인 충청도와 서울 등지에는 화려한 떡과 육고기가 많았다는 점이다.

차례와 제례에 이어 종가에서 면면히 지켜지고 있는 통과의례를 조명하는 것도 관심 거리였다. 그 의례를 지켜보면서 종가는 가족들의 수많은 통과의례를 치러내는 화려한 무대였음을 알 수 있었다. 그 빛나는 무대에 쓰여졌던 소품 하나 하나에는 종가 사람들의 삶의 예지와 숨결이 깃들어 있었다. 역사에 빛나는 장인들의 정신도 살필 수 있었다. 무엇보다 그 의례의 본뜻은 사람이 사람답게 살아가려 하는 정신세계에 있다는 점이 더욱 귀하게 느껴졌다. 통과의례 역시 지금은 종가에서조차 사라져 가고 있어 만족하지는 않았지만 대체로 세 권의 책에 담을 수 있도록 해준 종가 사람들의 배려에 감사드린다.

종가 찾는 일을 여기서 멈추지는 않을 것이다. 우리 전통의 생활문화를 챙겨놓겠다는 거창한 포부라 할 것 없이 후일 내가 이 세상에 없을 때 그 누구 한 사람이라도 내가 한 일에 반드시 고마워하게 될 그 사람을 위해 앞으로도 방방곡곡 소박하게 살고있는 종갓집 이야기를 써 갈 것이다. 욕심을 더 내자면 북녘 땅에 남아 있을 종가도 찾아보고 싶은 소망도 있다.

세 권의 책이 나올 때까지 고마운 사람들이 많다. 무엇보다도 종가에 대한 글을 쓸 수 있도록 지면을 허락해 준 『쿠켄』의 홍성철 사장님과 강행군 취재에도 항상 열심이었던 이은숙 편집장님, Studio416의 박태신 실장님께 감사드린다. 더불어 자문에 도움을 주신 한국전례원 원장 김정 선생님, 길동무가 되어준 차영미 씨, 컬처라인의 강근원 본부장님을 비롯해 책이 나오기까지 애쓴 모든 분들께 감사를 드린다.

2003년 12월

연도소(燕棟巢)에서

이연자

우리에게 종가란 무엇인가

　　호주제를 폐지하자는 목소리가 높아지고 있다. 호주를 구심점으로 가족을 구성하는 제도가 해체되려는 21세기 초에 고리타분한 종가 이야기가 웬말이냐고 반문할 사람도 있을 것이다. 하지만 지금이야말로 종가의 현장을 지켜볼 수 있는 마지막 시기이자 놓쳐서는 안될 절실한 기회라 생각된다. 종가를 간신히 지탱하고 있는 70~80대 노인들이 세상을 뜨면 우리의 정체성이 소롯이 담겨 있는 선조들의 생활문화를 생생하게 바라볼 수 있는 곳이 이제는 더 이상 없어지기 때문이다.

　　종갓집에 관심을 가져야 할 이유는 또 있다. 종가 사람들은 그들의 할아버지 할머니가 세세년년 해왔던 전통의 법도를 가장 잘 지키고 따르는 '모범 집안'의 상징이다. 5년 여 70여 종가를 다녀 보았지만 한 집도 이혼한 사실이 없었던 것만으로도 하루에 수십 쌍 헤어지는 지금의 세태와는 다르다. 아파트 몇동 몇호가 고향이 되어버린 도시 사람들에게는 조상의 신주를 모신 사당과 수백 년 대를 이어 물려온 가훈과 예절, 예스러운 종가의 풍경에서 참다운 고향을 느낄 수도 있을 것이다. 그보다 더 소중한 모습은 삶의 가치가 물질보다는 고귀한 정신세계에 있다는 점이, 종가 사람들의 신념과 뿌리정신에서 깨닫게 된다.

밤새워 지내는 조상의 제사를 일년에 수십 번씩 지내면서도, 길손이 찾으면 자신의 밥그릇을 내놓고 굶기가 일쑤였다는 종부들의 삶이었지만 '다시 태어나도 종부'로 남겠다는 자긍심이 우리를 감동시킨다. 자신의 안위보다 한 문중의 어른으로서 당당하고 꿋꿋하게 버팀목이 되고 있는 그들의 정신력도 허약해진 현대인들의 표본이 된다. 무엇보다 수백 년 지탱하고 있는 그 고택에서 맏아들로만 대를 이어 살아 왔다는 그것만으로도 명문가로 존경을 보내지 않을 수 없었다.

종가의 기준

『주자가례』에서는 하나의 성이 시작되는 시조로부터 대대로 맏아들로 이어져 오는 집을 대종가(大宗家)라 했다. 그로부터 자손이 번창하면서 뚜렷한 업적이 있는 중시조를 중심으로 새로운 종가가 형성되는 것을 파종(派宗), 또는 소종(小宗)이라 한다. 퇴계 이황 종가, 의성 김씨 학봉 종가, 하회마을의 서애 류성룡 종가, 율곡 이이 종가 등 이름 있는 종가는 모두 이 파종가에 속한다. 이런 파종가의 경우는 백세(百世) 이상 오래도록 제사를 모시는 불천지위(不遷之位) 종가가 되는 것이다.

유교적인 종법이 확립된 조선시대에 왕이나 왕비, 왕의 친족 정2품 이상의 고위관직을 지낸 사람이나 학덕이 높은 선비들이 세상을 뜨면 국가에서는 시호(諡號)를 내린다. 그 시호를 받은 후손들이 영원토록 위패를 옮기지 않고 제사를 지낼 수 있도록 허용하는 것을 '국불천(國不遷)'이라 한다. 그러나 시호를 받지 못했더라도 학식과 덕망이 뛰어난 선비에 대해 지역사회 유림들이 회의를 열어 결정하는 것을 '사불천(私不遷)' 또는 '유림불천'이라 한다. 1960년대까지만 해도 유림에서 발의하여 정하는 사례가 있었다. 이렇게 공인받지 않는 조상에 대해서도 업적이 있으면 문중이 스스로 결정해 불천위를 모시는데 이를 '문불천

(門不遷)' 또는 '화불천(和不遷)'이라 했다.

유교문화가 아직도 잘 유지되고 있는 영남지역의 유림사회에서는 '불천위'를 모시는 종가들만이 진정한 '종가'라고 여겨 일반적인 장손으로만 이어지는 맏집과는 구분되는 모습이었다. 특히 국가에서 시호를 받고 불천위를 모시는 종가에서는 자긍심이 대단해 그들만의 모임을 따로 갖고 종가를 지켜갈 수 있는 방안을 모색하고 있었다.

『천년의 전통과 맥을 이어가는 명문종가 이야기』 1부에서는 선인들의 삶과 향기를 조명해 보았다. 풍수가들이 최고의 명당으로 손꼽는 금환낙지(金環落地)에 터를 닦아 99칸의 집을 앉힌 구례 운조루, 문화 류씨 류이주 종가는 그 당호만큼 멋이 흐르는 종가였다. 예부터 어려운 이웃의 살림을 헤아려 온 종가의 가풍으로 누구나 곡식을 가져갈 수 있도록 한 자선 뒤주가 그랬다. 전망대 같은 누각(樓閣)을 곳곳에 만들어 아름다운 자연을 맘껏 즐기도록 한 풍류도 있었다. 여기다 여자들만의 전용공간인 안사랑채가 있었다는 사실은 남녀 차별을 두지 않았구나 하는 단순한 생각을 뛰어넘은 배려다. 150여 년을 대이어 써 내려온 일기장이 그대로 전해져 와 그들 가문의 변천사뿐 아니라 양반가가 성장하는 과정을 사례로써 알 수 있는 자료적 가치가 높다는 평가를 받고 있다.

450년 전 짚신신고 올랐던 덕유산 산행기를 썼던 그 집이 후손들에 의해 아직도 옛모습 그대로인 채 있다. 거창의 은진 임씨 갈천 임훈 종가이다. 53세의 노선비는 몸이 더 쇠해지기 전에 평생 소원이던 덕유산 향적봉을 다녀와야겠다며 짚신에 대나무 지팡이 하나로 산에 올랐다. 정상까지 오르는 5박 6일 동안 보고 느꼈던 산속 정경과 풍물을 뛰어난 문장력으로 묘사해 후세에 남겼다. 그 기행문에서 구천동이란 지명의 유래도 밝혀졌다. 덕유산 특산물 석이버섯볶음과 박하차 등 맛깔스런 내림음식도 돋보이는 종가였다.

종가에서 치러지는 관혼상제 중 상례를 취재하기 위해 5년여 넘게 수소문을 했지만 뜻을 이루지 못했다. 죽음이란 예기치 못한 일이기도 하려니와 까다로운 예법을 지켜가며 전통상례를 치르는 댁은 흔치 않았기 때문이다. 그러다가 안동 김씨 해헌 김석규 종가에서 98세로 천수를 다한 종부의 전통상례를 어렵사리 취재할 수 있었던 것은 행운이었다.

31살의 젊은 나이로 세상을 떠난 남편의 관속에 아내가 써넣어 준 애절한 편지가 415년 만에 출토되어 '조선판 사랑과 영혼'이라며 사람들의 가슴을 뜨겁게 했다. 또 머리카락은 물론 피부결까지 산사람 그대로인 미라 할머니가 발굴되어 화제가 되기도 했다. 한데 편지의 주인공은 미라 할머니의 친손자였고, 미라 할머니는 바로 고성 이씨 귀래정파 3대 종부였다.

그뿐 아니라 400여 년 전 그들이 살았던 그 집이 무덤에서 300미터 떨어진 거리에 있으며, 지금도 그들의 후손들이 살고 있다는 사실은 놀랍다. 수백 살이 되어도 그 자리 그대로 뿌리를 박고서 생명이 다하는 그날까지 서 있는 나무처럼 종가 사람들도 그 집에서 태어나고 그 집에서 사라져 가면서 누대로 지켜졌던 것이다. 애통한 마음을 담아 넣어둔 편지 한 통이 미라의 신원을 밝혀내는 단서가 되었듯이 지금은 사라져 가고 있는 편지문화를 다시 한 번 생각하게 한 종가였다.

300여 년 동안 문중의 화합을 도모하는 남평 문씨 문계와 마을 친목단체인 대동계 계금의 출납기록을 유리알처럼 투명하게 남기고 있는 회계장부 『용하기(用下記)』가 발굴 돼 우리 나라는 물론이고 세계 경제사학계의 비상한 관심을 모았던 종가를 찾았다. 조선 선조 때 선비 문익현 종가이다. 종가에서는 '대동계' 장부뿐만 아니라 추석 명절 차례는 음력으로 9월 9일 중구절에 모시고, 제례 때는 술대신 식혜를 올리는, 종가만의 독특한 예법도 있었다. 제례복도 검은색으로 다른 지역과 차별되어 보였다.

2부에서는 차를 올리는 종가의 제례풍경을 담았다. 종가를 찾아 나선 이유가 바로 종갓집 차생활이 궁금해서였다. 그 궁금증이 만족하게 풀리지는 않았지만 그래도 60여 집의 종가를 다니면서 열 손가락 안에 들 만큼 차가 있는 종가를 찾았다. 그 중에서도 제례에 차를 올리는 집, 특히 『가례』를 지었던 신안 주씨 주희(朱熹·1130~1200)의 한국 후손이 차례상에 차를 올린다는 사실은 대단한 정보였다. 울진에 있는 경안 종가(朱景顔·1536~1614)에서다. 설 차례는 물론 추석 차례 심지어 기제사까지 차를 올린다는 사실은 절반의 목적을 달성한 기분이다. '차례'의 본뜻이 제자리를 찾았기 때문이다.

주희가 쓴 『가례』에서는 모든 제례에 차가 올랐으며, 우리 나라 예학서 『가례집람』에도 설, 추석 차례상에는 차 한 잔과 과일 한 접시, 술 한 잔을 올리는 그림이 남아 있다. 이렇게 간단한 제물이라면 굳이 제사를 피하지 않겠다는 신세대 주부들의 반응도 있었다. 세계의 문화유산 '우리의 제례'가 면면히 이어갈 수 있는 희망이 이 차 한 잔에 있기 때문이다.

돌·바람·여자가 많아 삼다도라 불리는 제주도의 종가풍습은 어떠할까? 제주의 정체성이 담긴 초가에서 사는 종가는 좀처럼 찾기가 어려웠다. 이곳 사람들에게 가장 아픈 상처로 남아 있는 1948년 4·3사건 때 초가는 모두 불타 버렸고 관광지에만 남아있는 것이 현실이었다. 다행히 참혹한 변란에도 굳건히 살아남은 초가 한 채를 어렵사리 찾을 수 있었다. 제주시가 '양씨 종가'로 지정해 둔 그 집이다.

종가의 가장 큰 특징은 안채 마루에 설치된 실내 난방용이자 차를 달일 수 있는 '부섭'이 원형 그대로 있었다. 이 부섭은 일본의 전통차실에서 볼 수 있는 '이로리'와 모양이 같았다. 그리고 '하늘과 땅, 달과 별의 모양을 갖춘 이색진 제사떡도 전해지고 있었다. 자연에 순응하며 살아가야 하는 제주도 생활문화의 고유성의 표현이었다. 한데 육지 풍습과는 달리 제사도 형제들이 나누어 지내고 부모는 평생 따로 산다는 일반 상식과는 달리 종가에서는 노부모를 모시고 4대 봉제사를 지내고 있었다.

"고려시대의 복식을 이제야 재현할 수 있게 됐다." "삼국에서 고려, 조선으로 이어지는 회화사 변천을 구체적으로 규명할 획기적인 자료다." 학계가 이 같은 찬사를 보내면서 흥분했던 것은 2000년 9월 태풍 '사오 마이'에 의해 밀양 박씨 선산에 있는 고분 한 기가 내려앉으면서 무덤 안에 그려진 600년 전 벽화가 드러났기 때문이다. 한데 이 무덤에서 개인적인 관심사는 출토된 분청 차완(茶碗)과 무덤 속 서쪽 벽화에 보이는 찻잔이다. 은둔선비가 마셨을 그 찻잔으로 고려시대 양반들의 차생활을 그려내 보고 싶어 무덤의 주인공 손자 시위공(侍衛公) 종가를 찾았다. 하지만 종가에는 차와 관련된 문헌은 없었다. 박씨 집이어서인지 제사상에 이색적으로 박나물을 올리고 있었다.

보물로 지정된 『미암일기』의 주인공 유희춘(柳希春·1513~1577) 종가에서는 '조상의 날'을 정해 모든 기제사를 한날에 모시고 있었다. 많은 후손들이 참석할 수 있도록 식목일을 제삿날로 정했다. 수많은 제례가 버거워 젊은 종손들이 종가를 떠나는 세태에 제사의 변화를 시도한 점이 주목되었다. 가을 시제도 봄에 지내고 제례에 차를 올린다는 점도 이례적이다. 이 지역은 차가 생산되는 곳이기도 하고 『미암일기』에는 시인이었던 부인과 차를 즐겼다는 기록도 있기 때문이라 한다.

3부 '그곳에 살아있는 우리의 뿌리'에서는 우리의 뿌리정신을 생활 속에서 실천하는 종가를 찾으려 했다.

종가 사람들과 그 후손들은 아직도 사당에 계신 조상과 함께 생활한다. 혼자가 아니라 할아버지 또 그 할아버지와 함께 한다는 든든한 배경이 있는 것이다. 종가 사람들이 매사에 대범할 수 있는 것도 바로 이런 정신적인 힘에서 비롯된 것이다.

상주에 있는 풍양 조씨 '오작당'과 '양진당' 종가에서는 해마다 여름방학 때면 후손들을 불러모아 4박 5일 동안 조상의 내력을 가르치는 뿌리교육을 한다. 교육으로 그치는 것이 아니라 문중에서 돈을 모아 일년에 40여 명 정도 장학금을 준다. 대학등록금이다. 어려운 학생들에겐 자신을 도와주는 든든한 문중이 있다는 사실에 큰 힘을 얻는 것이다. 뿌리 정신이 고취되는 것은 물론이다.

설 차례상에 올리는 떡국을 태양떡국이라 한다. 대구에서 가장 오래된 집 옻골마을, 경주 최씨 최흥원(崔興遠 · 1705~1786) 선생 종가에서는 민족의 명절인 설날 아침 차례상에 올릴 떡국을 두고 태양떡국이라 했다. 해를 상징해 가래떡을 둥글게 썰기 때문이다. 여기다 지금은 거의 볼 수 없는 종가의 별식 피편(皮片)도 만든다. 설날 아침 부부가 맞절로써 예를 표하는 모습도 흔히 볼 수 없는 설날 풍경이었다. 무엇보다 3대가 함께 생활하는 모습이 귀하고 따뜻해 보였다.

집에 손님이 오면 의례적으로 다담상을 차린다. 지금은 커피 한 잔 달랑 주지만 320년 전 사대부 다담상에는 35가지 음식이 올랐다. 대전시 문화유적 대표로 내세우는 동춘 송준길(同東 宋浚吉 · 1606~1672) 선생의 종가에서는 선생이 세상을 떠난 후 나라에서 시호(諡號)를 받는 날 손님들에게 35가지 음식이 오른 230상의 다담상(茶啖床)을 차려낸 기록이 남아 있었다. 그리고 그 음식의 일부는 후손들에 의해 전해져 오고 있다.

사람을 대할 때 정성을 다하는 모습을 음식이란 형식에 담아낸 것이다. 하지만 물도 그릇에 담기면 음식이라 했다. 차 한 잔이라도 따뜻한 마음을 담아내는 정성을 잊지 말아야 겠다는 생각을 갖게 한 종가였다.

종부자리에 시집가지 않겠다는 이유도 제사 음식 때문이라 한다. 그런데 제사 음식을 문중 사람들이 한 가지씩 나누어 준비해 오는 종가가 있다. 전남 영암군 덕진면 영보마을에 자리한 전주 최씨 최덕지(崔德之 · 1384~1455) 선생의 종가이다. 종가에서는 제기에 음식을 담기만 하면 된다. 제사 음식을 나누어 준비하는 것은 어제 오늘 일이 아니다. 수백 년 전부터 내려온 종가의 전통이다. 이렇게 음식을 준비해 오다 보면 조상을 생각하는 마음도 깊어지고 참석률도 높아진다고 한다. '백지장도 맞들면 낳다'는 속담이 생각나는 종가였다.

4부 '천년을 이어온 종가의 예와 전통'에서는 그 동안 아껴 두었던 굵직한 종가를 찾았다. 퇴계 이황 선생의 종가 취재는 여러 번의 걸음 만에 이루어졌다. 종부가 세상을 먼저 떠났기 때문에 내림음식도, 안채에서 이루어지는 풍경도 담을 수가 없기 때문이다. 그러다 퇴계 선생의 둘째 부인 제삿날에 찾아가 종손 이동은(李東恩 · 95) 옹과 차종손 이근필(李根必 · 72) 씨를 뵙고 소박한 제사음식도 살펴볼 수 있었다.

종가에는 다식, 유과, 약과 등 기름과 꿀이 들어가는 음식은 일체 올리지 않았다. 이는 농부들의 피와 땀으로 만들어진 꿀과 기름이 들어간 음식은 제사에 올리지 말라는 퇴계 선생의 유훈이 있었기 때문이다. 조과가 오르지 않은 제상은 모두 12가지가 넘지 않았으며 높이 괴지도 않았다. 퇴계 선생의 선비정신이 더 높이 보이는 제상 차림이었다. 제사는 음식을 많이 차려 올리는 것이 아니라 정성된 마음이여야 한다는 사실도 대유학자의 종가에서 다시 한 번 깨닫게 됐다.

유서 깊은 집 종부의 빈자리는 차종손 근필 씨의 아들 치억(致億·29) 씨가 혼인을 해야만 채워질 것이다. 하지만 신세대 종부에게서 전통적인 종부상을 볼 수는 없을 것 같은 아쉬움이 남는다.

어린 조카 단종을 폐하고 세조가 왕위를 찬탈한 데 반기를 든 앞자리에 사육신(死六臣)이 있다. 이들은 삼족을 멸하는 형벌을 당했으니 당연히 직계후손이 없다. 그러나 사육신의 한 사람인 박팽년만은 예외였다. 당시 임신 중이던 둘째 며느리의 지혜로 살아남은 유복손이 550여 년 동안 20대에 걸쳐 그 맥을 이어 오고 있기 때문이다. '피는 물보다 진하다'는 사실을 다시 한 번 깨닫게 한 종가였다. 여기다 살아있는 외아들을 사망신고를 하면서까지 자식이 없는 형님의 호적에 올려 종손의 대를 잇게 한 전설 같은 실화들은 요즘 세태에서는 상상도 할 수 없는 고귀한 이야기가 될 것이다.

전재산을 독립군 군자금으로 내놓고 일인들에게 들킬까봐 파락호처럼 위장된 삶을 살았던 종손이 있는가 하면, 몰락해 가는 종가를 자애로운 인품으로 지켰던 종부의 삶도 있었다. 여기다 일본 사람들을 감동시켰던 문중분들의 조상숭배 정신도 대단했다. 바로 의성 김씨 학봉 김성일 종가이다. 일제강점기 때 서울 청량리에서 경북 안동까지 가는 중앙선 철도 노선이 학봉의 묘소를 관통하지 못하도록 문중사람 수백 명이 진성서를 내어 터널을 다섯 개나 새로 뚫으면서까지 설계를 변경시켰던 일화는 이 가문의 단합된 모습을 보여 주는 단적인 예다. 게다가 문중 축제 같은 가을 시제도 원형 그대로를 지키고 있었다.

우리 나라에서 가장 긴 서해대교가 개통되면서 서울의 이웃이 된 의령 남씨 종가는 당진군이 내세우는 문화유적지 1번지이다. 임진왜란 때는 아버지가, 정묘호란 때는 그 아들이 나라를 지키다 순국한 영혼을 기리기 위해 세운 충장사가 그곳이다. 여기다 반상관계가 사라진 오늘날에도 예절을 지키고 교육을 숭상하는 양반의 품격을 유지하고 있어 한국의 대표격인 종족마을로 연구대상이 되기도 했다. 조상의 목숨을 앗아간 일본인들의 기술로 만들어진 음식은 제사상에 올리지 않은 가문의 자존심도 있었다.

차
례

머리글

　사라져 가는 종가의 생활문화를 찾아서

이 책을 읽기 전에

　우리에게 종가란 무엇인가

제1부 선인들의 삶과 향기

제4부 천년을 이어온 종가의 예와 전통

제 **1** 부

선인들의 삶과 향기

운조루가 있는 오미동은 종가 뒤로 펼쳐지는 병풍산이 바람을 막아주며,
촛대봉은 마을을 밝히고, 앞으로 펼쳐지는 오봉산은 다섯 재상들이 절을 하는 형국이며,
섬진강 물과 지리산 물이 만나서 문전옥답(門前沃畓)을 기름지게 하고,
터가 좋으니 인심이 후하다는 다섯 가지 아름다움을 갖춘 땅이다.

금환낙지의 **명당**에 자리잡은 아흔아홉칸 **운조루**

문화 류씨 곤산군파 류이주 종가

"바람과 흙이 천재를 낳는다." 1850년대 이탈리아의 롬브로조가 쓴 『천재론』에서 기후와 땅이 미치는 영향을 통계적으로 검증한 데서 비롯된 말이다. "좋은 산천에서 좋은 인물난다"는 우리 속담과도 통한다.

그러기에 호적에 출생지를 기록하고 위대한 인물이 태어난 곳을 사람들은 잊지 않으려 한다. 전국의 이름난 종가는 모두가 풍수지리설에 따른 명당터라 하여도 지나치지 않을 것이다. 다녀본 종가 또한 대부분 산수가 빼어난 자리에 지어졌고 한 시대를 풍미했던 인물들이 그곳에서 나고 자랐다.

전남 구례군 토지면 오미리에 터 잡은 문화 류씨 류이주(柳爾冑 · 1726 ~1797) 선생의 99칸 고택 '운조루(雲鳥樓)'는 명당 중의 명당에 자리한 대표적인 종가이다.

지리산과 섬진강이 어우러진 구례는 예부터 길지 중의 길지로 꼽혔다. 그 중에서도 운조루는 하늘의 옥녀가 지리산 형제봉에서 금가락지를 떨어뜨렸다는 금환낙지(金環落地)로 풍수가들이 최고의 찬사를 보내는 땅이다. 그곳을 찾아 류이주의 9대 종부 이길순(70) 씨와 10대 종손 류홍수(柳鴻洙·49) 씨께 종가 이야기를 듣고 왔다.

선녀가 가락지 떨어뜨린 금환낙지의 명당

지리산을 두고 어머니의 젖줄 같은 산이라 하고 포근한 할머니의 산이란 뜻으로 노고단(老姑壇)이란 이름도 지었다고 한다. 산은 크고 우람하지만 따뜻한 기운 탓으로 우리 나라에서 가장 살기 좋다고 손꼽히는 곳이다.

전남 구례에서 경남 하동쪽으로 흘러가는 섬진강을 따라 난 19번 국도를 10리 쯤 가다 보면 끝없이 펼쳐진 푸른 들판을 만나게 된다. 그 들판 아늑한 곳마다 둥근 가락지 모양으로 대나무 숲에 둘러싸여 작은 마을들이 옹기종기 자리잡고 있다.

토지면(土旨面)이란 지명도 명당과 무관하지 않다. 하늘의 선녀가 금가락지를 떨어뜨린 좋은 땅, 복받은 땅이라는 뜻이 담겨 있다. 여자들이 정표로 받은 가락지를 뺄 때는 잠자리에 들거나 출산할 때만 빼는 것으로 가락지를 빼 놓았다는 자리는 바로 다산(多産)을 의미한다. 농경사회에서는 일손이 많아야 생산이 많아지고 그래서 다산은 부귀로 연결될 수 있다. 이뿐 아니라 오미동(五美洞)이란 유래도 이 지역의 특성과 잘 맞는다. 노종부는 종가가 오미동에 앉은 이유를 시아버지께 들은 대로 전해준다.

　"종가 뒤로 펼쳐지는 병풍산이 바람을 막아주며, 촛대봉은 마을을 밝히고, 앞으로 펼쳐지는 오봉산은 다섯 재상들이 절을 하는 형국이며, 섬진강 물과 지리산 물이 만나서 문전옥답(門前沃畓)을 기름지게 하고, 터가 좋으니 인심이 후하다는 다섯 가지 아름다움을 갖춘 땅이라 하셨습니다."

운조루는 풍수가들이 최고의 찬사를 보내는, 하늘의 선녀가 금가락지를 널어뜨린 금환낙지(金環落地) 터에 자리잡았다.

삼수공 류이주가 어린 아이를 안고 집의 서극(西極) 난간 앞에 앉아 있는 모습을 부감법으로 그려낸 그림이다. 우리 나라의 초상화는 대체적으로 인물의 묘사에 중점을 두어 배경 표현이 없는 것이 특색인데 이 작품이 가옥을 조영한 인물을 묘사하면서 자신이 지은 집의 한 장소에 배치하여 그린 것으로 보여 멋스럽다.

이런 이유로 이 마을은 한때 외지 사람들이 줄지어 이사를 왔는데 마치 요즘 서울시 강남에 이는 아파트 투기처럼 붐을 이루었던 모양이다. 1931년에 간행된 『조선의 풍수』에는 1910년대 초부터 오미동에는 전국 각지에서부터 이주자들이 모여들어 충청·경상·전라 지역의 양반들이 이곳에 100여 호나 옮겨왔고 이런 추세는 계속 증가되고 있다고 기록되어 있다. 풍수지리설에서 말하는 금구몰니(金龜沒泥), 금환낙지(金環落地), 오보교취(五寶交聚)의 명당이 이곳 어딘가에 있다는 소문이 났기 때문이다.

그러나 옥녀가 금가락지를 떨어뜨린 바로 그곳에 주춧돌을 앉히지 못한 탓인지 이 주변에 집을 짓고 도리어 망했던 가문들이 많아 마을은 점차 퇴락해갔다고 한다.

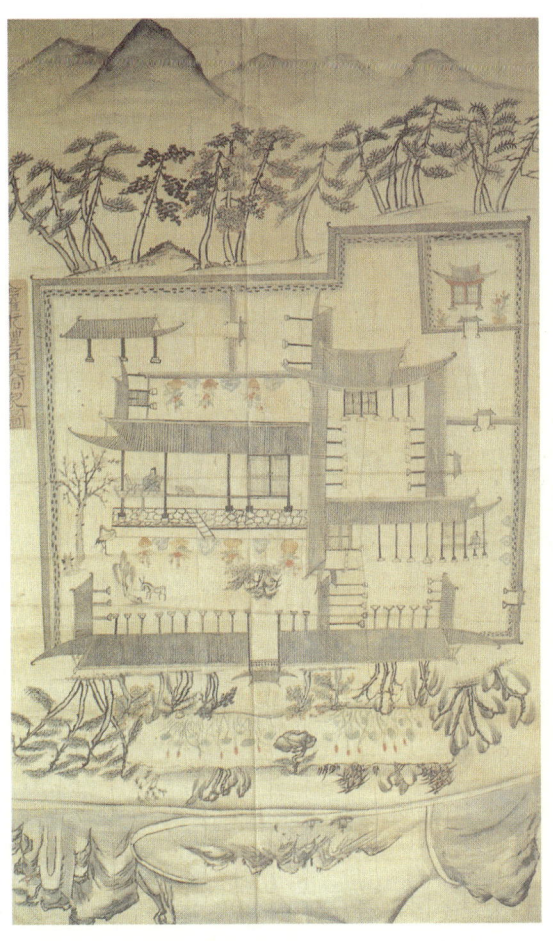

전남 구례군 토지면 오미동에 있는 조선 후기의 대표적인 호남지방 건축물인 운조루 그림.

구름 속의 새처럼 숨어 있는 집 '운조루'

명당으로 소문난 이곳에 자리잡은 대표적인 가옥 운조루는 조선 영조 때인 1776년에 당시 삼수부사(三水府使)를 지냈던 류이주 선생이 지은 건물이다. "하늘이 이 땅을 아껴 나를 기다리 신 것"이라며 돌이 많고 척박한 땅을 수백 명의 장정을 동원해 집터를 다듬은 후 종가를 앉혔다고 했

© 윤종상

집터를 다질 때 땅 속에서 어린애 머리 만한 돌거북이 나왔다. 그 돌거북이 말라죽지 않도록 집을 지을 때 그 자리에 부엌을 만들었다. 그 때 나온 돌거북은 누대로 종가를 지켰으나 1989년 도난당하고 지금은 거북같이 생긴 맷돌과 돌확만 남아 있다.

다. 대지 1400평 건평 273평 99칸 기와로 조선시대 선비의 품격을 상징하는 품자형(品字形)으로 지었다. 선생은 본래 경상도 사람으로 이곳에 이사온 후 이 지역의 이름을 따 호를 귀만(歸晩)이라 짓고 집이름을 귀만와(歸晩渦)라 하였다. 그러다 사랑채 대청 누마루에서 바라보는 전경이 아름다워 '운조루'라는 낭만적인 이름을 붙인다. 도연명의 '귀거래사'에서 따온 글귀라 한다.

비기(秘記)에 전해 오는 명당 자리는 앞에서 말한 금가락지가 떨어졌다는 금환낙지(金環落地)와, 금거북이 묻혀 있다는 금구몰니(金龜沒泥), 다섯 보석이 한데 엉켜 빛을 발한다는 오보교취(五寶交聚)형. 이 모두 종가와 무관하지 않다. 이 세 곳의 명당이 모두 운조루 안에 있는데 종가의 사랑채 운조루가 바로 금구몰니 자리이고, 행랑채 밖 연못자리가 금환낙지이며 류이주가 세웠다는 돌탑자리가 오보교취 자리라는 것이 풍수가들의 지적이다. 그 말을 뒷받침하듯 놀랍게도 집터를 다졌을 때 땅 속에서 어린애 머리 크기 만한 돌거북이 나왔다고 한다. 그 돌거북이 말라죽지 않도록 집의 구조를 배치할 때 돌거북이 나온 자리에 부엌을 만들었다. 그때 나온 돌거북은 누대로 종가를 지켰는데 1989년 도난당하고 안채마당에 거북같이 생긴 돌 맷돌만 돌확과 함께 있다.

백수를 바라보는 할머니의 애틋한 딸 사랑

운조루 취재는 여러 차례 걸음하여 이루어졌다. 종부가 시집왔을 때만 하여도 아랫사람들이 농사를 지었건만 지금은 종가 사람들이 직접 들에 나서야 한다. 게다가 취재차 오는 사람, 연구논문을 위해 찾는 등 일일이 응대하자면 들에 나갈 틈이 없다고 한다. 이날도 드라마 촬영이 있다며 집안이 어수선했다. 우리 나라에는 200년이 넘게 원형이 보존된 고택이 그리 많지 않아 운조루 종가는 영화와 드라마에 자주 등장한다.

매스컴을 통해 일반인에게는 꽤 알려져 있지만 막상 이곳에 사는 가족들은 이 큰집을 지켜 나가기가 여간 어려운 일이 아닌 듯했다. 지금은 그나마 입장료를 받아 사람을 사서라도 집을 치울 수 있지만 예전에는 주인 없는 집에 들어와 구경만 하고 담배꽁초와 휴지만 아무렇게나 버리고 갔다고 한다.

"드라마를 찍는다고 해서 들에 나가 일을 할 수 없구먼요."

대문까지 마중 나온 칠순의 노종부는 작은 체구에 단아하게 비녀를 꽂은 모습이 고와 보였다.

"돌아가신 시아버지께서는 얼굴에 분바르고 머리 지지는 것은 얼굴을 파는 기생들이나 하는 짓이라며 못마땅하게 생각하셨어요. 그래서 지금껏 미장원에 가본 일도 없고 얼굴에 분을 발라 본 적도 없이 이러고 살아요."

격동의 세월에 주름은 패었지만 아직도 마나님의 품위는 간직하고 있었다. 노종부는 19살에 이웃마을 구례에서 시집와 3남 2녀를 두었다. 10여 년 전 종손 류종숙(柳鍾淑) 씨와 사별한 후 큰아들 내외와 3명의 손자 손녀와 함께 3대가 살고 있다. 작은 종부는 이날 집에 없었다.

종가는 입구부터 들어서는 이의 눈과 마음을 단번에 사로잡

9대 종부 이길순 할머니. 격동의 세월에 주름은 패었지만 아직도 마나님의 품위는 간직하고 있었다.

사당에 모셔진 신주와 사진
(위). 류이주 선생의 10대
종손 류홍수 씨가 사당에
고유를 하고 있다(아래).

았다. 솟을대문 앞으로 좔좔 흐르는 시냇물은 너무 맑아 바가지로 퍼마셔도 기분 상하지 않을 듯했다. 이 물은 종가 동북쪽에 앉은 왕시루봉(1212m)에서 흘러내리는 물이다. 커다란 시루떡을 놓고 하늘에 제사 지내는 산이라 하여 왕시루봉이란 이름을 가졌다. 그 산에서 흘려보내는 물이 대문 앞으로 지나니 어찌 명당이라 하지 않을까 싶었다. 홍수가 나도 물이 넘쳐나는 일이 없었다니 더욱 신기한 일이다. 이 물만으로도 등줄기 땀을 시원하게 씻어 주었는데 시냇물을 끌어다가 종가 앞 텃밭 곁에 또 하나 인공 연못을 만들어 놓았다. 그것도 풍수지리에 따라 남쪽의 산세가 불의 형세를 하고 있어 화재를 예방하기 위해 조성한 것이라고 한다.

종가는 1968년 중요민속자료 8호로 지정되었고 지금 이 댁을 구경하려면 입장료 1000원을 내야 한다. 홍살문 아래에 의자를 놓고 입장료를 받는 분은 놀랍게도 노종부의 친정어머니였다. 92세라는 연세가 믿어지지 않으리만치 기억력과 눈썰미가 있어 수십 명의 단체손님도 다 기억한다. 큰 종손이 타계한 후 큰살림을 맡아 힘든 생활을 하고 있는 칠순의 따님이 안스러워 도와 주고 있다는 것이다. 백수를 바라보아도 애틋한 부모 마음은 그대로인 모양이다.

어려운 사람 배려하고 덕을 베푸는 종가 사람들

솟을대문을 들어서면 마당을 만나고 맞은편에 할아버지가 기거했던 큰사랑이 보인다. 왼편에는 아담하고 정취로운 옛 정원을 만들었다. 소나무와 대나무가 심어진 사이마다 석물이 놓여졌고 국화며 매화, 작약, 등도 정취롭게 앉아 있다. 200여 년이 된 '위석류'라는 희귀종 나무 한 그루도 보호수로 지정돼 있다. 이 나무는 종가의 윗대 할아버지가 중국에 사신으로 갔다가 기념으로 받아온 것이라 한다.

큰사랑 오른편에는 조금 낮은 위치에 아래 사랑채를 두었다. 아버지가 기거하며 손님을 맞기도 해 귀래정이라 했다. 이름난 선생을 모셔다가 공부를 하던 서당으로도 쓰여졌다. 그리고 방 앞으로 마치 대궐의 전

솟을대문을 들어서면 마당을 만나고 맞은편에 할아버지가 기거했던 큰 사랑이 보인다. 오른쪽 작은 사랑채로 오르는 길은 계단을 만들지 않고 수레가 올라가거나 짐을 지고 다닐 때 편리하도록 경사지게 만들어 옛 선인들의 지혜를 엿볼 수 있다.

© 윤종상

뒤주 아래에는 조그만 직사각형 구멍을 만들어 놓고 그 구멍을 여닫는 마개를 달았다. 그리고 이 마개에는 '타인능해(他人能解)'라는 글씨를 써 두었다. 누구나 이 문을 열어 쌀을 가져가도 된다는 뜻이다.

각처럼 누마루를 놓아 건너산 풍경을 감상하도록 했다.

귀래정에는 안채로 난 재미있는 문이 하나 있다. 밥상 하나를 올려 놓을 공간의 예쁜 쪽마루와 작은 문이 그것이다. 남녀가 유별했던 시절 부인들과 얼굴을 맞대지 않고도 상을 받을 수 있도록 만든 공간이다.

마당에서 높은 사랑채를 거쳐 안채로 이르는 길목은 계단을 만들지 않고 경사로 만들어 수레가 올라가거나 짐을 지고 다닐 때 편리하도록 만들었다.

안채 입구에는 통나무 속을 파내고 만든 둥그런 뒤주 하나가 눈길을 끈다. 이 뒤주 아래에는 조그만 직사각형 구멍을 만들어 놓고 그 구멍을 여닫는 마개를 달았다. 그리고 이 마개에는 '타인능해(他人能解)'라는 글씨를 써 두었다. 누구나 이 문을 열어 쌀을 가져가도 된다는 뜻이다. 마개를 돌리면 지금의 쌀통처럼 쌀이 나오도록 장치가 되어 있는데 한 사람이 가져가는 쌀의 양은 보통 1~2되 분량이라 한다. 그러나 주인이 보지 않는다 해서 쌀을 많이 가져가는 일은 없었다고 한다.

뒤주에는 2가마 반의 쌀이 들어가는데 한 달에 한 번씩 이 뒤주를 비워 다시 채워두는 형식으로 자선을 베풀었던 것이다. 만약 한 달이 지나도 쌀이 남아 있으면 며느리는 시어른께 꾸중을 들어야 했다. 뒤주의 내력을 써서 뒤주 위에 붙여 두어 선행의 본보기로 삼았다.

안채로 들어서면 작고 아담한 네모난 마당을 밟게 되고 장독대가 눈에 먼저 들어온다. 안채라 하여 마당을 낮게 하지 않고 큰 사랑채 높이와 같이 해 남녀의 공간을 동등하게 했다. 안채 동편에는 방과 다락을 두어 사람이 거처하게 만들었고 오른편에는 김치광, 쌀광을 두어 부엌

생활이 편하도록 배려했다.

뜰아래채 날개에는 흔히 볼 수 없는 여자들만의 사랑채와 누마루가 있었다는데 허물어져 복원을 서두르고 있다. 안채 왼편에 쪽문을 열고 나가면 종가에서 가장 신성시되는 2칸짜리 소박한 사당이 있다. 사당에는 종손으로부터 4대의 신주와 사진을 나란히 모셔 두었다. 신독 앞으로는 오래된 광목 쌀포대로 커튼을 만들어 종가의 검박한 생활을 보여주고 있다. 운조루의 옛모습은 집안에 대대로 전해오는 『전라구례오미동가도(全羅求禮五美洞家圖)』에서 살펴볼 수 있다.

여인네를 배려한 안사랑과 누마루의 미학

담묵을 풀어 놓은 듯한 회색 구름 사이로 오봉산 다섯 봉우리가 섬같이 떠 있다. 그 산자락 발치에는 섬진강 쪽빛 물이 흐르고 그 강을 젖줄 삼아 아득히 펼쳐지는 '구만들'이 종가의 문전옥답(門前沃畓)이다. 사랑채 운조루에서 바라본 풍경이다.

지리산 반야봉과 노고단, 병풍산을 등에 업고 왕시루봉을 옆으로 거느린 운조루의 특징은 사면에 펼쳐진 천연의 아름다운 경관을 생활 속으로 끌어와 가족 모두가 즐길 수 있도록 3개의 누마루를 설치했다는 점이다. 사랑채와 중사랑채, 안사랑채에 딸려 있는 누마루가 바로 그것이다. 특히 주목되는 것은 안사랑채와 누마루다. 지금은 허물어져 복원을 서두르고 있지만 이 집의 본래 모습을 그린 가도(家圖)에서

안채로 들어서면 아담하고 네모난 마당을 밟게 되고 장독대가 먼저 눈에 들어온다.

안채 동쪽방에 딸린 누다락
의 예쁜 반달문(위). 밖에서
본 2층 누다락(아래).

는 4칸짜리 안사랑채와 누마루가 분명히 그려져 있다. 당시의 사회 규범상 여자들만 쓰는 사랑채 공간을 따로이 마련한다는 것은 흔하지 않는 일로 편견 없는 종가 사람들의 정신이 아름다워 보인다.

종부가 시집왔을 때는 이미 안사랑과 누마루는 허물어져 보지 못했다고 한다. 남편에게 안사랑채가 있었다는 말만 들었을 뿐이다. 시조모께서는 그곳에서 손님을 맞이하기도 하고 명절에는 여자들끼리 윷놀이 등을 즐겼다는 이야기도 남편이 들려주었다.

놀이공간으로써 뿐 아니라 길쌈과 바느질도 했고 외출이 쉽지 않았던 시절이라 먼산을 바라보며 시름을 달래기도 했을 것이다. 그러나 노종부는 안채 동편에 있는 이층 누다락에서의 추억을 더 생생하게 들려준다.

층층시하의 눈을 벗어나 잠시 휴식을 취할 때도, 더위를 식힐 때도 친정이 그리워 눈물 지을 때도 누다락은 더없이 편한 공간이었다. 툇마루에 있는 나무계단을 밟고 누다락에 올라가 보았다. 서 있어도 머리가 닿지 않을 만큼 천장이 높아 다락이라고 하기에는 꽤 넓었다.

아마도 젊은 며느리의 쉼터로 배려한 공간으로 보였다. 그러기에 새댁이 머무는 방안에도 누다락 계단을 만들어 두었을 정도다. 누다락에서 남쪽으로 난 예쁜 반달문을 밀치고 바라본 바깥 세상은 절경이었다. 거침없이 펼쳐지는 자연의 파노라마가 그곳에 있었다. 겨울에는 햇살이 따사로운 남향이다. 누다락 아래는 군불을 땔 수 있는 아궁이만 있을 뿐 트인 공간이다.

모심기가 끝나면 즐거운 서리시침

"내림음식은 없어요. 된장과 김치라면 모를까. 시아버님께서는 세상이 이리 어려운데 좋은 음식, 좋은 옷을 어찌 입을 것이냐고 하시며 김치와 된장 외에는 밥상에 올리지 못하게 하셨어요. 특별음식이라면 제사 때나 먹을 수 있었습니다."

그러나 이 마을에서는 모심기가 끝나면 '서리시침'이라 하여 마을에서 돼지를 잡아 나누어 먹기도 하고 그렇지 못할 때는 삼계탕을 끓여 먹는다고 했다.

'서리시침'이란 무리 지어서 남의 물건, 주로 농산물을 훔쳐먹는 일종의 장난이다. 봄에는 밀서리, 여름에는 참외서리, 가을에는 콩서리, 겨울에는 닭서리를 한다. 먹거리가 넉넉했던 양반이야 이런 장난을 할 리 없겠지만 종부가 거침없이 '서리시침 음식'을 말하곤 하는 것은 그만큼 이 가문에서는 아랫사람과 격을 두지 않고 살았다는 뜻으로 들린다.

모심기가 끝나면 몸을 보하기 위해 서리시침으로 먹는다는 삼계탕을 이 날 끓여 주었다. 구례 장날에 일부러 씨암탉을 사서 푹 고와 준 삼계탕에 들어 가는 것은 일반 삼계탕과 다를 바가 없었지만 고기 살이 쫀득하고 국물이 구수해 같은 재료지만 노련한 솜씨에서 이렇게 맛이 달라질 수도 있구나 감탄하면서 닭다리 하나를 뜯고 왔다.

모심기가 끝나면 서리시침으로 먹던 삼계탕.

삼계탕은 씨암탉 1마리와 찹쌀 3큰술, 수삼 3뿌리, 대추 5개, 밤 2개, 마늘 5쪽, 후춧가루 조금, 소금 약간으로 만든다.

영계는 항문을 도려내어 내장을 빼낸다. 뼈에 붙어 있는 핏자국을 말끔히 긁어 씻는다. 물기가 빠지도록 세워둔다. 찹쌀은 씻어 2시간 이상 물에 불렸다가 소쿠리에 건져 물기를 뺀다. 대추는 씨를 발라내고 수삼도 씻어 놓는다. 닭의 뱃속에 준비한 재료들을 넣고 실로 묶어서 고정시킨다. 큰 찜통에 닭을 담고 물 10컵을 부어 끓인다. 끓어 오르면 불을 약하게 줄여서 1시간 반을 고운다. 닭이 충분히 익으면 먹을 때 소금과 후춧가루로 간을 맞춘다. ◈

할아버지와 손자 대 이은 종가일기

류씨 가문에는 수많은 책이 소장되어 왔다. 이들 전적들은 입향조 류이주 선생 때부터 대대로 전승된 것이다. 이 중에도 류이주의 5세손인 류제양(柳濟陽·1846~1922)과 그의 손자 류영업(柳營業·1886~1944)에 이르기까지 80년 간 하루도 빠지지 않고 써 온 『시언(是言)』이란 일기장이 관심을 끈다. 생활일기와 농가일기 등이 세세하게 기록돼 있어 유씨 가문의 변천사를 볼 수 있다. 또한 41건에 달하는 호구 단자와 분재기 등은 명당에 자리잡은 류씨 가문의 경제적 기반 형성을 살펴볼 수 있는 문서들이며 호남 지방의 한 양반가가 성장하는 과정을 사례로서 보여 주고 있다.

이 밖에도 종가에 소장된 서화 등이 많은데 이 중에는 추사 김정희의 8폭병풍도 있어 당대의 이름 있는 화가와 서예가들과의 교분을 짐작하게 한다.

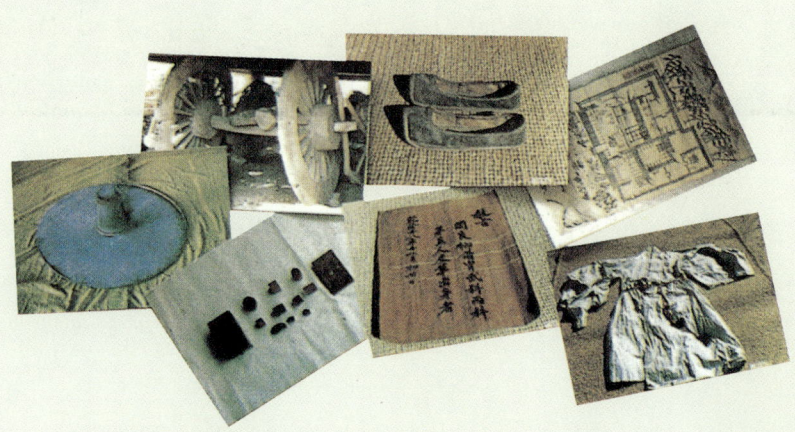

운조루에 소장된 유물들은 전적·고문서·서화와 생활의례에 관한 기록 등, 하나의 박물관으로서 손색이 없을 만큼 매우 다양하다. 18세기 이래 9대 200여 년 간 운조루 유씨 집안에서 실제 사용되었던 유물이다.

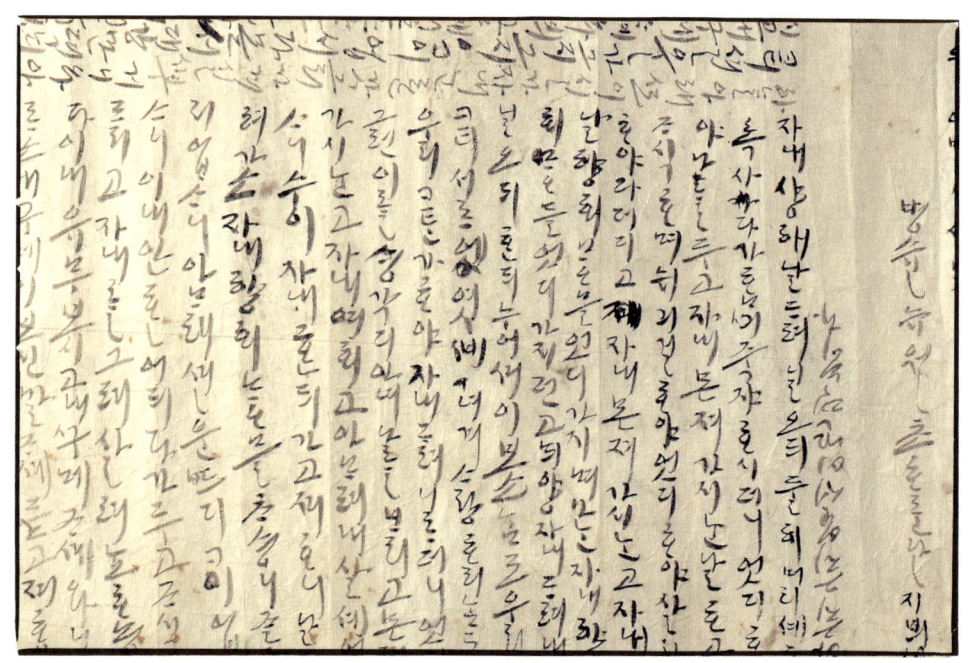

"당신을 여의고는 아무리 해도 나는 살 수 없어요. 빨리 당신께 가고 싶어요.
나를 데려가 주세요."로 시작하는 남편을 향한 구구절절 애절한
그리움으로 아로 새겨진 편지. 남편을 '자내'라 불렀던 점이 특이하다.

미라가 안고 있는 400년 전 사랑의 편지

고성 이씨 귀래정파 종가

옛사람들은 어떤 옷을 입고 어떻게 살았을까. 사랑하는 사람들을 떠나보낼 때는 어떤 마음이었을까. 1998년 문중 묘의 이장 작업 중에 발견된 미라와 편지, 부장품들은 450여 년 전 조선시대 안동 양반의 생활을 짐작하게 해주었다.

이곳에서 출토된 31살의 젊은 나이로 죽음을 맞이한 남편에게 보내는 아내의 애절한 편지는 '조선판 사랑과 영혼'이라며 우리의 가슴을 뜨겁게 했다. 이와 더불어 머리카락은 물론 피부결까지 산 사람 그대로인 미라 할머니가 발굴되어 '미라 그것이 알고싶다'라는 프로그램으로 방영되기도 했다.

경이롭고 놀라운 이야기의 주인공들은 고성 이씨 귀래정파(歸來亭派) 종가 사람들이다. 미라 할머니는 귀래정파 3대 종부였고 편지의 주인공인

이응태(李應台·1556~1586)는 그 할머니의 친손자였다. 더 놀라운 것은 그분들이 살았던 옛집이 무덤에서 300미터 거리에 지금도 그대로 보존되고 있다는 점이다.

그리고 그곳에는 450여 년 아침 저녁으로 조상들이 묻힌 눈앞의 선산을 바라보며 그 선조들의 제사를 받들고 묘를 관리하면서 살고 있는 종가집 사람들이 있었다.

귀래정 대청마루에는 지금도 안동에서 이름난 이현보, 이유, 이식 등 선비들이 모여 시회를 즐겼던 흔적들이 현판에 소중히 남아 있다.

미라는 고성 이씨 귀래정파 3대 종부

1998년 4월 5일 안동시 정상동에 있는 고성 이씨 귀래정파 문중 선산에서는 안동시가 종가의 선산을 택지개발 지역으로 선정하는 바람에 이날 윗대 조상의 분묘부터 옮기기 시작했다.

이장을 시작한 이틀 뒤인 4월 7일, 문중 사람들은 물론 세상 사람들을 깜짝 놀라게 한 미라 한 구가 450여 년 만에 모습을 드러냈다. 머리카락은 물론 피부까지 부식되지 않은 채 온전한 상태인 미라는 바로 귀래정 종가의 3대 종부였다. 종손 이명정(李命貞·1504~1565)과 함께 묻힌 부인은 족보에 일선 문씨로 기재되어 있다. 부부가 함께 합장되었지만 남편의 관은 대부분 부식되었고 부인의 관은 하나도 손상되지 않은 상태로 발굴되었다. 현장에 있었던 차종손 이만용(李萬用·45) 씨가

46 명문종가 이야기

재빨리 안동대학교박물관에 조사를 의뢰했다. 박물관 팀이 달려와 내관을 종가로 옮겨 사진을 찍고 미라의 수의를 수습했다. 미라 종부는 450년 전 자신이 살았던 귀래정에서 19대 종손 이도형(李度衡·72) 씨가 입혀 주는 새로운 수의로 갈아입고 새 관에 안치되어 다시 새로운 선산에 안치되었다.

지금껏 출토된 미라 중에서 종가의 미라 할머니만큼 상태가 좋은 미라는 흔치 않아 연구 대상이 되었는데 외곽에 칠한 회칠이 외부의 습기를 차단했고 시신과 함께 넣어 둔 향주머니가 방부제 역할을 했던 것으로 밝혀졌다. 게다가 바닥에는 숯을 깔았고 숯 위에는 돗자리를 깔았던 것도 습기를 막는 데 도움이 되었을 거라 했다.

병든 남편 위해 머리카락 잘라 정성으로 삼은 미투리

3대 종부의 미라가 발견된 날로부터 18일이 지난 후에는 주인없는 묘로만 알려졌던 또 한 기의 무덤에서 180센티미터의 키에 하얀 피부와 검은 수염까지 그대로인 남자 시신 한 구가 반미라인 채 발굴되었다. 그 망자의 가슴 위에 덮혀져 있는 한지에 빼곡이 씌어진 글은 사랑하는 이를 떠나보내면서 살아있는 아내가 쓴 마지막 편지였다.

절절한 그리움을 담은 이 사랑의 편지는 출토된 만사(輓詞) 중 가장 오래된 것으로 412년 만에 다시 살아나 어떤 문학작품보다 많은 사람들의 심금을 울렸다. 또한 그 편지 덕분에 묘의 주인이 누구인지가 밝혀졌다. 6척 장신의 남자는 미라 할머니의 손자이기도 한 이응태로 31살의 나이에 사랑하는 아내와 아들 하나를 두고 세상을 떠났던 것이다.

머리카락은 물론 피부까지 부식되지 않은 채 온전한 상태인 미라는 바로 귀래정 종가의 3대 종부였다(위). 병중이었던 남편이 회복하면 신을 수 있도록 아내는 자신의 머리를 잘라 한올 한올 정성을 다해 미투리를 삼았다(가운데). 미라가 입었던 수의는 450년 전 복식 연구의 귀중한 자료가 되고 있다(아래).

사람들의 가슴을 더욱 뭉클하게 한 것은 병중이었던 남편이 회복하면 신을 수 있도록 아내는 자신의 머리를 잘라 한올 한올 정성을 다해 미투리를 삼았다. 그러나 끝내 남편은 숨을 거두자 북망산 가는 길에 신도록 시신의 머리 위에 고이 넣어 주었다. 전통 상례에서는 망자의 가까운 사람들이 애도의 표시로 관에 물건을 넣어주는 풍습이 있다.

이응태의 관에서도 편지를 쓴 부인의 옷 4점과 원이라 부르는 아이옷 1점이 출토되기도 했다. 이응태는 세상을 달리했지만 사랑하는 아내와 아이를 가슴에 품고 잠들어 있었던 것이다.

아내의 편지는 415년 간 남편의 시신을 지켰고 남편의 신원을 되살려 준 소중한 단서가 되기도 했다. 이응태의 묘에서는 아내의 편지 외에도 그의 죽음을 애도하는 18점의 글이 출토되었다. 그의 형 이몽태는 '아우를 떠나보내며'라는 만시(輓詩)를 적어 넣기도 했다.

출토된 편지 중에서 아버지가 아들에게 보낸 편지에서는 부자간의 따뜻한 사랑뿐 아니라 이응태는 장자가 아니어서 장가든 후에는 처가에서 살았음을 알 수 있게 하는 대목도 있었다. 그 때문에 16세기 후반 안동 지역의 혼인 풍습도 엿볼 수 있었다. 매사냥이 취미였다는것, 또 무서운 전염병이 돌고 있으니 집에 오는 것을 삼가라는 주의 사항과 노비들이 달아난 사실, 농사일에 관한 내용이 기록되어 있어 그 당시 종가의 생활상을 짐작할 수 있는 글들이 많다.

종가의 선조 묘 두 기에서 발굴된 옷가지들은 그 당시 안동 양반들의 복식연구에 큰 기여를 하였고 편지글에서는 기록문화의 소중함을 느낄 수 있게 했다. 이들 묘에서는 안동 양반의 옷 120여 벌과 원이엄마의 한글편지, 형이 쓴 만시, 미투리, 장신구 등이 수습되었다. 조선전기 상례문화를 소상히 살필 수 있는 고성 이씨 귀래정파의 출토품들은 현재 안동대학교 박물관에 보관 전시되고 있다.

300미터 거리에서 조상과 후손이 마주보며 살았던 곳

종가 이야기를 쓰는 입장에서는 미라 할머니와 그 손자가 살았던 종가가 아직도 있는지, 있다면 그 후손들이 살고 있는지, 또 편지의 주인공 이응태의 후손들은 어디에 살고 있을까가 주된 관심사였다. 수소문 끝에 이응태가 태어나고 성장한 종가는 놀랍게도 무덤에서 300미터 거리에 있음을 알아냈다.

그 종가를 찾은 날은 수십 년 만의 천재지변으로 철길이 끊기고 고속도로가 물에 잠기는 난리를 간신히 피한 2002년 8월이었다. 이 날은 오랜만에 햇빛을 볼 수 있어 '종가 취재는 하늘이 돕는다'는 생각까지 들게 했다. 직장과 아이들 교육 때문에 서울에 살고 있는 차종부 권덕인(權德仁·43) 씨가 고맙게도 동행을 해주어 힘들지 않게 찾을 수 있었다.

안동 시내에서 3킬로미터 거리에 있는 신개발 지역에 종가가 있었다. 서울에는 한강을 가운데 두고 강북과 강남이 나눠지듯 이곳 안동에서도 동에서 서로 흐르는 낙동강을 사이에 두고 남북으로 나눠져 있었다. 강을 넘는 다리가 하나 둘 늘어나면서 안동의 강남도 서울의 서초동 못지않은 모습으로 변해 가고 있었다. 공설 운동장이 지척에 생겼고 종가 들머리에는 법원과 검찰청이 들어설 터를 닦고 있었다. 유물이 발굴된 종가의 선산 자리에는 벌써 아파트가 산 높이보다 높게 서 있었다. 종가 앞으로는 안동과 포항을 잇는 4차선 도로가 생겨났고 새로운 고층건물들이 종가를 압박하듯 둘러싸고 있지만 종가는 아직도 종가다운 풍모를 지니고 있었다.

정상동에 자리잡은 고성 이씨 입향조는 연산군 때 개성부 유수를 지낸 이굉(李肱·1414~1516) 선생 때부터이다. 갈라산 줄기가 뻗어 야트막한 능선을 이룬 동산이 안산(案山)으로 앉았고, 종가 뒤로는 낙동강 700리의 발원지로 푸른 강물이 유유히 흘러 지금 보아도 탐나는 집터이다.

이굉 선생은 이곳에 도연명의 '귀거래사'를 따와 정자 이름을 귀래정(歸來亭)으로 삼았고 조상을 모실 사당과 사랑채와 안채를 지었다. 귀래정 대청마루에는 지금도 안동에서 이름난 이현보, 이유, 이식 등 선비들이 모여 시회를 즐겼던 흔적들이 현판에 소중히 남아 있다. 귀래정을 지을 때 기념식수한 은행나무 한 그루도 종가의 수많은 이야기를 품은 채 푸른 잎새를 자랑하며 안마당에 서 있다.

귀래정 옆으로는 허물어져 가는 옛집을 헐고 3년 전에 다시 지었다는 종가가 솟을대문은커녕 쪽대문도 없이 들깨나무 울타리만 쳐져 있어 종가 사람들의 소박한 인품을 느낄 수 있었다.

종가 마당에서 마중 나온 종손을 뵙고는 또 한 번 놀라고 감탄했다. 사진에서 본 출토 당시의 미라 할머니와 너무나 닮았다. 어쩌면 어머니를 닮듯 450년이 지난 후손이 선대를 저토록 닮을 수가 있을까? 어쩌면 내 몸속에도 조상들의 피가 저렇게 진하게 흐르고 있지 않을까? 뿌리 없는 나무같이 살아온 자신을 되돌아보게 했다.

정체성을 찾을 수 있는 족보문화

종가는 밖에서 보면 한옥인데 실내는 가운데 마루를 두고 둘레에 방을 들인 아파트 구조였다. 그 연배로는 늦은 감이 있는 26세에 23세 신부와 혼인해 6남매를 두었다는 종손은 명절날 자식들이 다 모이면 이 집이 가득해진다며 후손이 많음을 든든해 했다. 새하얀 모시 두루마기를 단정히 차려 입고 족보를 상위에 올려 집안의 내력을 꼼꼼하게 설명하는 종손의 모습에서 꼿꼿한 옛 선비의 기품을 다시 보는 듯했다.

입향조 이굉 선생이 지은 정자 '귀래정'이 아직도 그대로이다(위). 지금은 아파트가 들어선 300미터 거리에 있는 선산 자리를 종손이 가리키고 있다(아래).

"이것 보세요. 미라로 출토된 할머니는 이곳에 집터를 정한 귀래정 할아버지로부터 3대째 종부가 되십니다. 나에게는 16대조 할머니가 되시고요. 이분의 아버지는 군수를 지낸 분이며 할아버지와의 사이에는 군자감 참봉을 지낸 유신이라는 아들이 한 분 계셨습니다. 그 아드님은 2남 3녀를 두었는데 편지가 발견된 응태할아버지는 둘째 아드님이지요."

종손이 족보를 짚어가며 설명하는 자리에는 이응태의 이름만 보이고 묘는 미상으로 기재되어 지금까지 무연고로 있을 수밖에 없었다. 또한 아쉽게도 편지를 쓴 부인의 이름은 보이지 않았다. 그리고 그의 아들은 성회(誠會)라는 이름으로 기재되어 있었다.

부인의 편지에는 둘째 아이를 임신 중에 있노라고 했지만 족보에는 기록돼 있지 않았다. 이응태의 묘가 확인되면서 종손은 족보에 기록된 성회의 자취를 찾다가 경북 영양군 흥구리 마을 옆 소나무 숲에서 고성 이씨 문중의 무덤 한 기를 찾아냈다. 그리고 수소문 끝에 부인이 쓴 '원'이로 추정되는 이응태의 아들 성회의 무덤임을 확인할 수 있었다고 했다. 그러나 편지를 썼던 원이 어머니의 무덤은 찾을 수가 없었다고 한다. 다만 남편의 나이와 비슷한 나이에 출토된 옷 치수로 보아 키가 160센티미터 정도가 될 것라는 추측만 할 뿐 더 이상 알 수가 없다고 한다.

새하얀 모시 두루마기를 단정히 차려 입은 종손이 수백 년 전 집안 내력을 어제 일인 양 생생하게 들려준다.

고성 이씨의 내력

종손의 설명은 고성 이씨의 시조는 이황(李璜)으로 고려 덕종 2년(1033)에 밀직부사로서 거란의 침공을 물리친 공으로 호부상서에 올라 철령군(鐵嶺君)으로 봉해졌다. 철령은 현재의 경남 고성이다. 안동에 처음으로 정착한 분은 이증(李增)으로 조선 세종 때에 좌의정을 지낸 이원의 여섯째 아들이며 참판공파(參判公波)의 파조이다. 안동 시내에 지금까지 살고 있는 고성 이씨는 이증의 차남인 '굉'과 삼남인 '명'의 후손들이다. 귀래정파로 알려진 굉의 후손은 정상동에, 명의 후손은 법흥동에 각각 살고 있다.

선산이 택지개발에 들어간다는 통보를 받고 종손은 문중 회의를 열었다. 지금은 모두 화장 문화가 장려되고 있으니 선조들의 유골을 화장하고 납골당을 만들자고 했지만 다른 지역이라면 몰라도 안동에서는 아직은 이르다는 결론이 내려졌다. 다시 종가에서 30분 거리인 안동시 풍천면 어담리에 산을 구입하고 조상의 묘는 모두 이장했다.

얼마전에는 묘 앞에 세워 둔 문인석을 나쁜 사람들이 모두 가져가버렸다고 한다. 눈만 뜨면 바라볼 수 있는 자리에서 묘를 지키다 이제는 매일 가볼 수도 없어 주상들에게 죄송스럽다고 했다. 종손에게는 또 미라 할머니를 영구히 보존하지 못한 아쉬움이 있다. 영구보존비가 60억 원이나 든다니 문중의 능력으로 어쩔 수 없었기 때문이다.

남편을 '자내'라 불렀던 원이 엄마의 마지막 편지

남편의 임종과 장례 전까지의 짧은 시간 동안에 원이 엄마가 쓴 편지를 옮겨 본다.

"······당신을 여의고는 아무리해도 나는 살 수 없어요. 빨리 당신께 가고 싶어요. 나를 데려가 주세요. 당신을 향한 마음을 이승에서 잊을 수가 없고 서러운 뜻 한이 없습니다. 내마음 어디에 두고 자식 데리고 당신을 그리워하며 살 수 있을까 생각합니다. 이 내 편지 보시고 내 꿈에 와서 자세히 말해 주세요. 꿈속에서 당신 말을 자세히 듣고 싶어서 이렇게 써서 넣어 드립니다. 자세히 보시고 나에게 말해 주세요. 당신 내 뱃속의 자식 낳으면 보고 말할 것 있다 하고 그렇게 가시니 뱃속의 자식 낳으면 누구를 아버지라 하라시는 거지요? 아무리 한들 내마음 같겠습니까? 이런 슬픈 일이 하늘 아래 또 있겠습니까? 당신은 한갓 그곳에 가 계실 뿐이지만 아무리 한들 내마음 같이 서럽겠습니까? 한도 없고 끝도 없어 다 못 쓰고 대강만 적습니다. 이 편지 자세히 보시고 내 꿈에 와서 당신 모습 자세히 보여 주시고 또 말해 주세요. 나는 꿈에 당신을 볼 수 있다고 믿고 있습니다. 몰래 와서 보여 주세요. 하고 싶은 말 끝이 없어 이만 적습니다"(인용된 편지는 안동대학에서 번역된 글임)

구구절절 애절한 그리움으로 아로 새겨진 편지는 하고픈 말을 다 끝 맺기도 전에 종이가 다하자 모서리를 돌려 써내려 갔다. 모서리를 채우고도 차마 끝을 맺지 못하자 아내는 다시 처음 시작한 부분의 여백으로 계속 이어서 써내려 갔다.

이 편지에서 눈길을 끄는 것은 요즘 아내들의 호칭과는 달리 남편을 '자내'라고 부르고 있다는 점이다. "자내다려 내 닐오되"(당신에게 내가 말하기를), "자내 몬저 가시난고"(당신 먼저 가시나요) 등 편지의 원문에서는 '자내'라는 말을 서슴없이 모두 14번이나 사용했다. 그들이 살던 시대에는 남녀가 대등한 관계였음을 시사하는 대목이기도 하다.

애달픈 마음을 담은 형이 부채에 편지를 써넣었다.

실제로 사대부 가문에서 볼 수 있는 분재기(分財記)에서도 재산을 분배할 때는 아들 딸 차별없이 공평하게 물려 주었던 기록들을 볼 수 있다. 재산뿐 아니라 조선 초기에는 제사 상속도 여자들이 물려받는 기록을 볼 수 있다. 우리가 막연히 상상하는 조선시대 풍속과는 거리가 있다.

울면서 아우를 떠나 보내며

이외에도 이응태의 묘에서는 그의 형님이자 종가의 5대 종손이었던 이몽태가 동생에게 보내는 만시가 발견되었다.

> 울면서 아우를 떠나 보내며
>
> 아우와 함께 부모님 모신 지/지금까지 31년이 되었는데
>
> 갑자기 이 세상을 떠나버리니/아우는 이렇게 급히 간단 말인가
>
> 땅을 친들 그저 망망할 뿐이요/하늘에 호소한들 말이 없구나
>
> 외로이 나만 내버려두고/죽어서 뉘와 더불어 함께 할는지
>
> 자네가 남기고 간 어린 자식/내 있어 보살필 수 있구려
>
> 바라는 바는 어서 하늘에 오름이니/삼생은 어찌 빠르지 않을 쏜가
>
> 또 바람은 힘껏 도움을 내려/부모님 만세토록 장수하심이라
>
> 형이 경황없이 곡하며 쓴다.

형은 이 시편만으로는 애달픈 마음을 다하지 못했는지 부채에도 만시를 써 넣었다.

> 아우님의 곧음은 대쪽 같았고/아우님의 깨끗함은 백지 같았네
>
> 내가 손수 쓰던 이 부채를/길을 떠나는 아우님에게 준다.
>
> 형이 곡을 하며

나물잡채와 안동국시

노종부 김승귀(金承貴·69) 씨와 차종부가 정성을 다해 만들어 준 집안의 내림음식은 나물잡채와 건진국시였다. 안동에서는 국수를 국시라 한다. 나물잡채는 시집와서 수많은 제사를 모시면서 생겨난 차종부의 지혜이다. 제상에 기본으로 오르는 나물이 늘 남아돌아 당면을 넣어 무쳐 상에 올렸더니 나물로 올리는 것보다 훨씬 인기가 있었다. 나물을 좋아하지 않는 아이들에게 다양한 나물을 먹을 수 있게 하는 방법으로도 좋았다. 또 빨리 먹지 않으면 자칫 쉬어버리기 쉬운 나물 처리에도 좋았다.

건진국수는 평양냉면만큼 안동지방에서는 명성 있는 음식이다. 국수라면 밥 대신 가볍게 먹는 음식으로 알고 있지만 건진 국수를 대접받으면 특별한 손님이 된다. 건진국수는 숙련된 솜씨가 있어야 한다.

노종부가 만들어 준 건진국시는 밀가루 4와 콩가루 1의 비율로 반죽을 잘해야 된다. 건진국수의 특징은 안반에다 밀가루 반죽을 홍두깨로 밀 때다. 종이 짝처럼 얇게 밀어야 실같이 가늘게 썰 수 있기 때문이다. 썰어 둔 국수는 뜨거운 물에 삶아 국수가 물 위에 뜨면 건져서 찬물에 헹구어 식혀 낸다. 그래서 건진국수라고 한다. 식혀진 국수를 그릇에 담아 본래는 은어 달인 국물에 말아야 하는데 이날은 멸치국물로 대신했다. 멸치국물은 차게 식혀 붓고 그 위에 애호박을 썰어서 기름에 볶은 꾸미를 얹은 다음 다시 실고추와 파 지단을 채로 썰어 고명으로 얹는다. 양념장으로 간한다. 宗

소중한 문화유산으로 본받을 편지문화

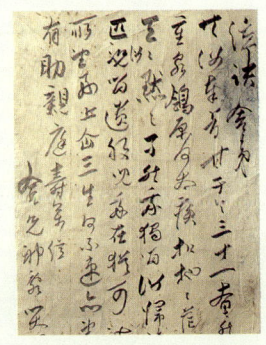 고성 이씨 귀래정파 종가에는 『사례요약(四禮要約)』이란 종가만의 의례서가 전해져 오고 종손도 의례에 무척 밝다. 응태 할아버지의 신원을 편지글 때문에 찾을 수 있어서인지 선현들의 편지문화를 본받아야 한다고 종손은 강조한다. 선조들은 사람이 일생을 살아가면서 누구나 치러야 할 통과의례 때마다 의미 있는 글을 남겼다고 한다. 이름을 지을 때는 그 이름의 뜻과 조상의 내력을 적어 아이가 자라면서 자신의 뿌리를 알게 하는 작명례(作名禮)를 행하였다. 돌날에는 할아버지가 글을 아는 선비 1000명을 찾아다니며 천자문 한 글자씩을 받아 책을 만들어 손자의 돌상에 올리면서 그 뜻글을 편지에 담아 주었다. 성인식 때는 성인으로서 갖추어야 할 덕목의 글을 집안 어른이나 아버지가 남겨 주었다. 뿐만 아니라 혼인을 하면 신랑집에서 신랑의 사성을 보낼 때도 사돈에게 정중한 편지를 썼고, 여자 집에서는 혼인날이 잡아지면 그 날짜와 사돈에게 예를 갖춘 편지를 써서 남자 집에 보냈다. 그리고 신랑 집에서 함을 보낼 때 신부 아버지께 편지를 보냈다. 이것을 혼서지라 한다. 그 혼서지는 늙어 세상을 떠날 때는 관에 넣어 간다. 혼서지를 가지고 가야 남편과의 인연이 다시 이루어진다고 믿었다. 회갑이 되면 그분의 일생을 바라본 친구들이 축하의 편지를 쓴다. 상례에는 죽음을 애도하는 만사(輓詞)를 지어 관 속에 넣어 준다. 제례에도 제문이 있다. 축문도 바로 편지글이다. 이렇게 우리 민족은 일생을 통해 의미 있는 날은 글로써 남겼다고 했다. 그 글들이 소중히 전해져 와 선조들의 생활상을 후세 사람들이 표본으로 삼게 된다며 편지 문화의 중요성을 종손은 일깨워 주었다.

53세의 노선비는 몸이 더 쇠하기 전에 평생 소원이던 향적봉을 다녀와야겠다며
5월 하순에 등산복과 등산화대신 짚신에 죽장 하나만을 의지해 산에 올랐다.
그리고 5박 6일 동안 보고 느꼈던 향적봉 정경과 풍물을 뛰어난 문장력으로
묘사해 후세에 길이 남기고 있다.

450년 전 짚신 신고 올랐던 덕유산 산행기 보존

은진 임씨 갈천 임훈 종가

지금으로부터 450년 전, 우리 나라 12대 명산 가운데 하나인 덕유산 최고봉인 향적봉(해발 1614m)을 오르면서 산행기를 남긴 선비 한 분이 계셨다. 조선조 연산군 때 문인이자 효자로 이름 높은 갈천 임훈(葛川 林薰·1500~1584) 선생이 바로 그 주인공이다.

53세의 노선비는 몸이 더 쇠하기 전에 평생 소원이던 향적봉을 다녀와야겠다며 5월 하순에 등산복과 등산화대신 짚신에 죽장 하나만을 의지해 산에 올랐다. 그리고 5박 6일 동안 보고 느꼈던 향적봉 정경과 풍물을 뛰어난 문장력으로 묘사해 후세에 길이 남기고 있다.

여기서 더욱 귀하게 보이는 대목은 갈천 선생이 등정기를 썼던 산실이 지금도 옛 모습 그대로 보존돼 있다는 사실이다. 선생은 『등덕유산향적봉기(登德裕山香積峰記)』 머릿글에서 "덕유산은 내 고향 진산으로서 내 집 또한 그 아래 있다"며 글을 썼던 곳이 바로 사랑채 '자이당(自怡堂)'임을 밝히고 있다.

경남 거창군 북상면 갈계리에 있는 자이당을 찾았다. 400년이 훌쩍 지난 지금에도 선생의 향취가 눅진하게 풍기는 이 고가는 경상남도 지방문화재 9호로 보호받으며 그 후손들이 대를 이어가며 지키고 있다. 14대 종손 임영익(林永翼·45) 씨와 부인 문정순(文禎順·40) 씨가 5년 전에 홀로된 노종부 신화범(愼和範·64) 씨를 모시고 두 아들과 함께 살고 있다. 핵가족화, 개인주의가 보편적인 요즘 세대에는 보기 드물게 3대가 조상의 사당을 지키며 정겹게 살고 있는 모습이 정겹다.

맑은 냇물이 남실남실 흐르는 갈계 숲속에는 갈천 선생의 문인들이 선생을 추모하며 지었다는 조촐한 정자 가선정(駕仙亭)이 한여름의 정취를 더해 준다.

갈계마을 곳곳에 서린 선생의 향취

종가마을 갈계리는 거창의 명승지 국립공원 수승대(授勝臺)에서 북쪽으로 3킬로미터 쯤 가면 나온다. 품 너른 덕유산에서 발원한 계곡물이 30리를 흘러 이르는 지점을 이곳에서는 갈천(葛川)이라 부른다. 그 옛날 선생도 마을 이름을 그대로 따서 갈천이란 호를 지었다. 고장을 빛낸 인물인지라 수백 년이 흐른 지금에도 갈계마을 곳곳에는 선생의 향취가 가득 베어 있다. 마을 들머리에 들어서면 하늘이 내린 효자라 하여 선생이 살았을 때 받은 효자비각이 지나는 사람을 숙연케 한다. 비각에는 선생뿐 아니라 그 아우와 후손들이 받은 효자비가 3개 더 있다. 한 집안에서 4명씩이나 효자상을 받은 것도 흔치 않은 데다 살았을 때 받은 것은 더욱 귀한 일이어서 거창이 낳은 효자집안이라 일컫는다. 여기에 남편을 따라 자결한 고령 박씨의 열녀비가 더욱 눈길을 끈다.

맑은 냇물이 남실남실 흐르는 갈계 숲속에는 갈천 선생의 문인들이 선생을 추모하며 지었다는 조촐한 정자 가선정(駕仙亭)이 한여름의 정취를 더해 준다. 후학을 가르쳤던 갈천서당 건물도 옛 그대로이다.

노종부, 종손 부부와 종손의 두 아들. 3대의 단란한 한때가 정겹다.

연산군 4년에 일어난 무오사화를 피해 이곳에 자리잡은 갈천 선생의 부친 석천 임득번(石川 林得蕃) 선생의 별묘와 제사를 지내는 재실이 마을을 굽어보고 있다. 이외에도 주변에는 은진 임씨들의 유적이 많다.

그도 그럴 것이 입향조인 임득번 선생은 벼슬을 버리고 이곳에 은거하면서 오로지 경전을 읽고 후학 양성에 힘써 임훈(林薰), 임영(林永), 임운(林芸)등 세 아들을 훌륭한 인재로 키워냈다. 이들 형제는 이 고장뿐 아니라 다른 지역까지 알려질 정도로 우애와 효성이 지극한 선비들이었다. 그래서 그의 제자와 후손들이 추모하는 마음을 담아 지킨 유적들이 많을 수밖에 없다. 이 마을 대다수가 은진 임씨들로, 농촌에 거주하는 재지양반(在地兩班)이 흔히 그러하듯 집성촌을 이루고 있다.

훈훈한 가족애로 뭉친 종갓집 사람들

마을 농협에 근무하는 키가 크고 미남형인 종손은 아는 것이 적다며

마을 들머리에 있는 하늘이
내린 효자라 하여 선생이
살았을 때 받은 효자비각.

말을 아끼고 문중 어른들을
내세웠다. 찾아간 날은 종중
회장 임기준 씨와 문중어른
임유도 씨, 임기술 씨 등 문
중을 대표하는 분들이 반겨
주었다. 선생의 문집과 화첩
등 자료를 한아름 안고나와
조상을 빛내는 일에 정성을
다하는 후손들의 결속력이
예사롭지 않았다.

　종중사무실에서 찻길을 건너 골목길에 접어 들면 갈천 선생이 살았
던 옛집이 나타난다. 이 댁의 솟을대문은 그냥 들어갈 수 없다. 높은 대
문 위에 갈천 선생에게 이조판서를 추증했다는 기록과 함께 시호(諡
號·사후에 국가에서 내리는 호)가 효간공(孝簡公)으로 내려졌다는 글씨가
붉게 새겨져 있다. 이런 문을 일러 홍문이라고도 하는데 들어갈 때도
머리를 숙여 예를 표해야 한다. 뿐만 아니라 대문의 좌우 기둥을 받치
고 있는 화강암으로 조각된 주춧돌이 이채롭다. 몸은 거북이고 머리는
용, 꼬리는 봉황처럼 생겼다. 흔히 비석을 바치는데 쓰이긴 하나 대문채
기둥 주춧돌로는 드문 것으로 이 댁만의 특징으로 보인다.

　대문채를 지나면 바로 그 옛적 선생이 기거하던 사랑채 자이당(自怡
堂)이 나타난다. 자이당은 선생의 호이자 사랑채 당호이다. 1507년에 지
어졌다니 500년 세월 동안 그의 후손들과 함께 한 셈이다.

　사랑채 뒤에는 안채가 있고, 안채 뒤로는 갈천 선생과 그 부인 고령

북상면 갈계마을 양지바른 종산에 있는 별묘. 효종 9년(1658년)에 영건하여
석천 선생과 갈천, 도계, 섬모당 등 4부자의 춘추행례를 지내고 있다.

대문의 좌우 기둥을 받치고 있는 화강암으로 조각된 주춧돌이 이채롭다. 몸은 거북이고 머리는 용, 꼬리는 봉황처럼 생겼다. 이 댁에서만 볼 수 있는 특징이다.

유씨의 신주를 모신 불천지위(不遷之位) 사당이 있다. 사랑채와 안채 사이에는 이 댁에서 가장 애지중지하는 갈천 선생의 문집과 선생의 아우 임운 선생 문집 등 목판본 233판이 보관된 장판각(藏版閣)이 있다.

이 목판본에 선생의 등정기가 수록돼 있다. 400년 이상을 장판각에서 지내온 『등덕유산향적봉기』는 거창문화원 부원장인 정태준(鄭台晙·60) 씨가 20년 전에 발굴해 한글로 번역, 세상에 알려져 화제가 되었다. 이 판각은 1655년 1월 갈천집 서문을 쓴 송시열(宋時烈·1607~1689) 선생이 안의현감에게 일러 배나무를 수집, 갈계리 마을 앞 논물에 가두어 3년 동안 담가 두었다가 판각하였다고 전한다. 두 문집은 경상남도 유형문화재 168호로 지정되어 있다.

장판각에는 가죽은 떨어져 나가고 몸통만 남은 오래된 북 하나가 눈길을 끈다. 갈천서당에서 학생들에게 수업시간을 알리던 북이라 한다. 북통 안쪽에는 누렇게 빛 바랜 종이에 글씨가 빼곡히 쓰여져 있어 그 시절의 면학 분위기가 느껴진다.

사랑채 오른편에는 근세에 지은 또 한 채의 집이 있는데, 한옥 같지만 실내는 현대식으로 꾸며져 가족들이 생활하기에 편리하도록 설계되어 있다. 종손의 품성이 느껴지는 갖가지 분재며 정원석이 1000여 평에 앉은 여러 채의 종가 건물에 운치를 더해 주고 있었다.

기말시험을 끝내고 돌아온 종손의 두 아들과 노종부에게 물어 가면서 내림음식을 만드는 차종부. 종가일이라면 발벗고 나서는 문중 사람들의 우애 있는 모습에서 뿌리깊은 가문의 가족애를 훈훈하게 느낄 수 있었다.

사람의 근본을 앞세운 하늘이 내린 효자, 갈천 선생

연산군 때 태어나 선조 때 세상을 떠난 16세기 인물 갈천 임훈 선생의 본은 은진(恩津)이다. 성인이 되면 받는 자(字)는 중성(仲成), 흔히 부르는 호(號)는 갈천 또는 자이당이다. 만년에는 고사옹(枯査翁)으로도 불리웠다.

갈천 선생은 어릴 때부터 비범한 자질을 타고났던 모양이다. 여기다 효성과 우애는 하늘이 내렸다 할 정도로 대단해 전하는 이야기가 많다.

선생의 나이 5～6세 되던 해에 마을에 전염병이 돌았는데 형이 그만 병에 걸리고 말았다. 약이 귀하던 시절에는 전염병이 한번 돌면 어쩔 수 없이 환자를 두고 모두 피난을 가게 마련인데, 선생은 병든 형을 홀로 남겨두고 떠날 수는 없다며 혼자서 밤 늦도록 간호하면서 형을 지켰다고 한다. 어린 나이에 어디서 그런 우애가 샘솟을 수 있는지 놀라울 따름이다.

선생은 또한 생원시를 거쳐 벼슬길에 올랐으나 부모를 봉양하기 위해 벼슬까지 마다한 효자였으며 영남학파의 거목인 조남명, 이퇴계 선생 등과 교류했다. 지금도 덕유산 수승대 거북바위에는 퇴계 선생의 시와 갈천 선생의 시가 나란

갈천서당에서 학생들에게 수업을 알리던 북. 가죽은 떨어져 나가고 몸통만 남아 있다. 북 안에 빼곡히 적힌 글씨에서 만학의 분위기가 느껴진다.

© 윤종상

히 새겨져 있기도 하다. 문장이 뛰어났고 경학에 밝아 경명행수(經明行修) 6인으로 추천되기도 했다.

선생의 인품을 흠모하던 임금이 어느 날 대궐로 선생을 불러 "어떻게 하면 나라를 잘 다스릴 수 있느냐"고 물었다. 선생은 곧 "수신이 바로 치국하는 길"이라고 대답했다. 임금은 선생의 진솔한 말에 매우 흡족해 했다는 일화는 사람의 근본을 앞세우는 선생의 면모가 엿보이는 대목이다.

임훈 선생은 1566년 8월에 언양(彦陽)현감에 제수되어 부임하게 된다. 백성들의 생활은 가혹한 세금 등으로 피폐해져 있었고 선생은 이를 구제하기 위해 임금님께 상소를 올려 특단의 조처를 해줄 것을 요청하기도 하였다. 요산요수(樂山樂水)의 문인으로서만이 아니라 어진 관리로도 기록되어 있다. 83세 때는 임금의 특지로 통정대부 당상관에 올랐고, 그 뒤로 나라에서 여러 벼슬을 내렸지만 과분하여 받아들일 수 없다며 사양했다. 이때 받은 숱한 교지가 현재 거창박물관에 보관돼 있다.

선생은 백성 위에 군림하는 벼슬보다 선현들의 글을 읽고 고향의 산수간을 노닐며 호연지기(浩然之氣)와 함께 인자(仁者)와 지자(智者)의 덕을 기르는 데 전력을 다했다.

"후생들이 학문은 미처 완성하지도 못한 채 먼저 저술부터 일삼으려 하는 것은 가당치 않다"는 부친 석천공의 가르침에 따라 많은 책을 남기지는 않았지만 『갈천문집』에는 시와 상소, 행장기, 서문, 등 2책 4권이 있다. 이 가운데 『등덕유산향적봉기』는 3권에 실려 있다. 84세로 세상을 뜬 후에는 이조판서에 추증되어 안의의 용문서원에 제향되기도 했지만, 대원군 때 서원이 훼철되었다.

"9000명이 수도해서 구천동이라"

갈천 선생은 평생을 그리워만 하던 향적봉에 오르게 된 동기를 다음과 같이 적고 있다.

"덕유산은 내 고향 진산으로 내 집 또한 그 아래 있다. 내가 어렸을 때 영각사에 머문 인연으로 황봉(黃蜂·남덕유산)에 올랐고, 삼수암에서 공부하던 인연으로 불영봉(佛影峰·무룡산)에 올랐지만 향적봉에는 인연이 없었는지 한 번도 오르지 못했다.

세 봉우리 가운데 향적봉이 가장 높고 경치가 빼어나다고 하는데 오르지는 못하고 세상일에 얽매여 있음을 한탄하였다. 세월이 덧없이 흐르고 나이 50세를 지나 이미 몸도 쇠진하였음을 깨닫고 평생에 하나 한스러움은 장차 향적봉에 올라가는 바람을 풀지 못할까 두려웠다."

드디어 선생에게 등정의 기회가 왔다. 향적봉에 오르기를 결행한 해는 나이 53세 되던 1552년 5월이었다. 덕유산 산길에 밝은 삼수암의 혜웅(惠雄) 스님과 성통(性通) 스님이 길을 안내했다. 그리고 친척인 표질(表姪)도 동행했다.

5월 24일 출발해 덕유산 탁곡암에 도착했고, 암자에서 하루를 묵은 후 이튿날 향적봉 정상 아래에 도착했다. 셋째 날 새벽에 일출을 구경한 다음 정상에는 오르지 않은 채 하루 종일 향적봉 아래서 산나물을 뜯고 숲 사이를 소요하면서 즐겼다. 넷째 날 드디어 향적봉 정상에 올라 덕유산 사방 경계와 지리를 두루 관찰했다. 다섯째 날 하산해 탁곡암에 도착했다. 여기서 일박하고 여섯째 날 집으로 돌아왔다.

산을 오르면서 성통 스님은 향적봉을 오르는 구비마다

갈천 임훈 선생이 쓴
『등덕유산향적봉기』

서려 있는 전설 같은 이야기를 쉼없이 선생께 들려주었다. 지금의 가야산 해인사가 처음에는 향적봉 자락에 앉을 뻔했던 이야기며, 지금의 무주구천동은 구천둔곡(九千屯谷)이라는 옛 이름이 있었다는 것, 그리고 그 계곡에서 성불한 사람이 9000명이나 되었기에 구천동이 되었다는 이야기…….

향나무가 많아 '향적봉'이라 이름짓다

짚신을 추슬러 신고 죽장에 몸을 의지하고서 가파른 산길을 간신히 올라 향적봉 정상에 오른 선생은 "이 봉우리는 반석처럼 평평하고 넓어서 어디가 봉우리인지 알 수 없다. 산신당 앞에 땅을 파서 웅덩이가 된 못 가장자리에 돌담을 쌓았으나 오래되어 묻혀 있다. 서쪽에는 향나무가 즐비해서 향적봉의 이름을 얻은 것이다"라고 했다.

종가에는 갈천 선생의 문집을 보관하고 있는 장판각이 있다. 문중어른 임유도 씨가 나와 설명을 해주었다.

향적봉에 올라 해를 본 소감을 다음과 같이 적고 있다.

"여러 봉우리가 변화무쌍하고 붉은 구름이 포말같이 북으로부터 남쪽으로 섞여져 색깔을 이루는데 수도산이 가장 밝았다. 잠깐 동안 붉은 빛이 반사되더니 샛별이 반짝거리면서 둥근 해바퀴가 봉우리에서 솟아나왔다. 참으로 장관이었다. 이 덕유산은 맑고 높고 웅장하여 경치 좋기는 지리산 다음간다. 세상에 짚신 신고 죽장 짚은 사람은 지리산과 가야산을 좋다고 하면서 이 덕유산은 말하지 않는다. 저 지리산과 가야산은 선현들의 유풍과 옛 자취가 있어서 사람들로 하여금 경모케 하지만, 이 덕유산은 선현들을 만나지 못해 알려지지 않았다."

선생은 향적봉을 다녀온 그 해 8월에 지금의 종가 사랑채 '자이당(自怡堂)'에서 『등덕유산향적봉기』를 썼다고 책 말미에 적고 있다. 『거창의 명산』을 쓴 정태준 씨는 이 책의 가치를 다음과 같이 설명한다.

"16세기 당시의 덕유산 산속 풍물들이 사실적으로 묘사되어 있고 산속에 널려 있었던 절 이름들이 자세히 기록된 점, 향적봉이라 부르게 된 내력과 구천동의 내력을 알 수 있다. 이에 더해 유교 사회 속에서 차지하고 있는 불교의 위치를 엿보게 된 것은 상당한 자료적 가치가 있다. 그림을 그리듯 묘사된 문장을 읽어내려가면 당시의 모습이 생생하게 떠오르게 되고 자연을 아끼고 사랑했던 선생의 마음이 잘 나타나 있다." 家

후학을 가르쳤던 갈천서당.

국화주와 짝맞는 안주 '부각'·입맛 돋우는 푸른 콩잎김치

노종부는 가을이 오면 국화주를 넉넉히 담근다. 그 향기로운 국화주는 종가를 찾는 접 빈객의 발길을 잡는다. 국화주 안주에는 부각이 제격이라 했다. 초보 주부들에게는 만들기 어렵기만 한 부각이지만 노종부는 달인의 경지다. 부각은 3색으로 만든다. 하얀

감자부각, 검은 김부각, 푸른 컴프리부각이다. 감자부각은 요령이 필요하다. 감자를 얇게 썰어 물에 담가 자주 물을 갈아주어서 녹말을 충분히 빠지게 해야 깨끗한 부각이 된다. 녹말을 뺀 감자는 소금물에 살짝 데친후 볕에서 말린 다음 튀긴다. 이때도 기름의 온도가 너무 높지 않게 신경을 써야 한다. 김부각은 찹쌀 풀을 끓여서 소금으로 간한다음 김을 펼쳐놓고 찹쌀 풀을 절반만 바른다음 겹쳐 말린다. 서로 붙지 않게 하는 요령이다. 종가 뜰에 심어 둔 컴프리는 씻어서 물기를 없앤 다음 찹쌀을 되직하게 끓여서 발라야 바삭거린다.

잦은 제사음식을 활용한 북어보푸라기와 육장, 덕유산 특산물 석이버섯볶음 등은 아무래도 특별한 손님상에 오르는 밑반찬이다. 마른 석이버섯은 따뜻한 물에 10분간 담가 부드럽게 한 다음 깨끗이 씻어 먹기 좋은 크기로 채썬다. 쇠고기도 채썰어 냄비에 참기름을 넣고 고기를 먼저 볶다가 석이를 넣어 볶은 후 맛소금으로 간한다. 다진 마늘과 설탕을 조금 넣어 양념한 다음 통깨를 뿌린다. 쇠고기찌개 만드는 방법은 쇠고기와

무, 홍당무를 굵게 채썬다. 달군 냄비에 참기름을 두르고 고기를 넣고 소금을 넣어 볶다가 물을 자작하게 붓는다. 고기가 익으면 썰어 둔 무와 홍당무를 넣고 한 소끔 더 끓이다가 다진 마늘, 다진 파를 넣어 양념하고 달걀을 풀어 넣어 국물을 걸쭉하게 한다.

상에 낼 때는 실고추와 석이채를 올려 색을 맞춘다. 여름철 입맛 없을 때는 푸른 콩잎김치가 그만이다. 푸르고 부드러운 콩잎을 소금물에 하루 정도 절여 둔다. 물에 씻지 말고 그대로 소금물을 짠 다음 진간장에 꿀과 생강채와 마늘채를 넣어 끓인 후 콩잎 중간 중간에 바르고 양념장을 부어 둔다. '밥도둑'이란 소리를 들을 만큼 짭짤하고 깔끔했다. 이 음식들은 지난 2000년 갈천 선생 탄신 500주년 기념행사 때 종가에서 종부와 문중부인들의 솜씨로 200여 명의 손님들을 대접했던 메뉴이다. 이 음식으로 하여 갈천 문중부인들은 오랫 동안 칭찬을 들었다.

종가에서 또 하나 인상 깊었던 것은 차종부가 식후에 내는 박하차였다. 입안에서 뿐 아니라 가슴까지 시원한 박하차는 종가 뜰에서 지천으로 자라는 박하 잎을 따서 만든 것이다. 잎을 깨끗한 물에 헹군 후 찻잔에 넣고 뜨거운 물을 부어 내면 시원한 박하차가 된다. 여기다 단맛을 내려면 꿀을 조금 탄다. 박하차를 맛본 이들은 독특한 향기 때문인지 종가를 오랫동안 기억해 다시 찾곤 한다고 했다.

유리알처럼 투명한 회계장부 『용하기』. 조정이나 관청도 아닌 시골마을 계모임에서
300년 동안이나 장부를 기록해 왔다는 사실이 놀랍기만 하다. 빛바랜 30여 권의 장부에는
아직도 먹빛이 선명한 18명의 창설자 명단이 있다.

세계를 놀라게 한, 300년 기록 회계장부 『용하기』 보존

남평 문씨 문익현 종가

문중의 화합을 도모하는 남평 문씨 문계와 마을 친목단체인 대동계에 대한 자료가 발견되어 사람들의 이목을 집중시키고 있다. 300년 동안의 계금 출납기록을 유리알처럼 투명하게 남기고 있는 회계장부 『용하기(用下記)』는 우리 나라는 물론이고 세계 경제사학계의 비상한 관심을 모으고 있다.

조정이나 관청도 아닌 시골마을의 계모임에서 작성한 장부를 수백 년 동안 보관해 왔다는 사실이 놀랍기만 하다. 더욱 놀라운 것은 그 회계장부의 기록방식이 현대의 복식부기 원리에도 정확하게 일치되어 있다는 점이다.

우리 조상들이 공동재산을 얼마나 엄격하고 세심하게 관리해 왔는지를 한눈에 볼 수 있게 한 『용하기』를 기록했던 남평 문씨 문익현 종가를 찾았다.

영암 아리랑과 월출산으로 유명한 전라남도 영암군 장암리에 있는 남평 문씨 종가는 조선 선조 때의 선비 애송당 문익현(愛松堂 文益顯·1573~1646) 선생이 이곳에 정착한 이후 14대째 이어오는 종가다. 누대에 걸친 기록인 '대동계' 장부도 독특했지만 추석 명절 차례를 음력으로 9월 9일 중구절에 모시고 제례 때는 술대신 식혜를 올리는 것도 종가만의 독특한 예법이었다. 제례복이 검은색인 것도 다른 종가와 차별되는 점이다.

월출산 자락에 있는 고즈넉한 종가에서는 내년이면 혼인 60주년 회혼(回婚)을 맞이하는 12대 종손 문창집(文昶集·79) 옹과 종부 조순현(曺順鉉·79) 여사가 예스런 풍습을 간직한 채 봉제사를 모시고 접빈객을 맞으며 품위 있는 노년을 보내고 있다.

월출산 자락에 있는 서정적인 종가 풍경

서울에서 영암까지 413킬로미터, 영암읍에서 동북쪽으로 3킬로미터 거리에 장암(場巖)마을이 있다. 월출산 자락이 굽이쳐 내려앉은 마을 뒷산의 생김새가 마당같이 넓은 바위산이어서 이 마을은 오래전부터 마당바위로 불려져 왔다. 그래서인지 마을 들머리에는 '마당바우'라는 커다란 빗돌이 세워져 있다.

마당바우가 서 있는 고샅길을 접어들면 정겨운 돌담길이 이어지고 개구리 울음 들리는 종가의 문전옥답을 먼저 만난다. 종가 초입에는 명당 중에 명당 터라는 스승의 추천을 받아 늘그막에 이 마을에 터를 잡은 문익현 선생을 추모하는 애송재와 선생의 행적을 적은 사적비가 서 있어 유서 깊은 마을에 무게를 더했다. 애송재에서는 음력으로 9월 9일 중구절에 문중에서 입향조를 추앙하는 제사를 모신다.

느티나무 그늘 정자에서는 마을 어른들이 한가롭게 담소를 나누고 있고 순한 눈을 한 누렁이 한 마리가 어슬렁거리며 마을을 지키고 있다. 수천 년 지켜 온 우리의 정서가 아직도 살아 있는 듯한 아름답고 서정적인 농촌 풍경이었다. 하루가 다르게 높은 아파트가 산을 가리는 농촌의 현실을 아직은 비켜가고 있는 마을이다.

종가 초입에 있는 애송재. 문익현 선생은 푸른 기상을 잃지 않는 소나무를 무척이나 좋아해 집 둘레에 솔을 심고, 호를 '애송'이라 지었다.

술대신 식혜로 제사 모시고 추석 차례는 9월 9일

'교장선생님'으로 불리우는 종손이 대문 어귀에까지 나와 반가이 맞아 준다. 팔순 노인으로 보이지 않은 꼿꼿한 자태며 선비의 기상이 묻어나는 종손은 '아무것도 내세울 것 없는 종가'라며 겸양의 인사말을 건넨다.

종손의 안내를 받아 3칸의 솟을대문에 들어서면 깔끔하게 손질된 잔디 마당이 시원스레 펼쳐진다. 마당을 중심으로 안채·사랑채·나뭇간·곳간·텃밭들이, 2000여 평 대지에 앉고 서 있는 고가는 대갓집의 전형 그대로이다. 안채 뒤에 있었던 사당채는 오래 전에 허물어졌고 4대조 신주는 안채 대청 벽에 벽감(壁龕)으로 모셔 놓았다.

전통의 법도대로 손님을 안채에서 맞이하는 종부와 종손께 절로써 인사를 드렸다. 모 월간지 발행인으로 있는 차종손 문병호(58) 씨를 비롯 3남 4녀 모두 내세울 만한 인물로 장성해 출가시켰고 지금은 넓은 종가에는 두 분만이 산다. 이날은 문중어른도 여러 분이 와 계셨다.

검은 제례복을 입은 종손은 벽감에 모셔진 신주 앞에 향을 피우고 선조님들의 이야기를 세상에 알리려는 손님이 멀리서 왔다는 축문을 읽으면서 고유를 했다. 제례복은 천담복(淺淡服)이라 하여 옥색을 입거나 베옷 도포를 입는 것이 일반적인데 반해 검은 단령을 입었다.

검은색 제례복을 입는 이유를 종손은 이렇게 말한다.

'교장선생님'으로 불리는 문창집 옹은 가족은 물론, 이웃과 우애 있게 지내라는 선조의 가르침을 병풍에 옮겨 놓고 자손들에게도 강조한다.

"오방색은 각각 방위를 나타내기도 합니다. 동쪽은 푸르고, 서쪽은 흰색이며, 남쪽은 붉은색, 북쪽은 검은색, 중앙은 황색입니다. 조상의 신주를 모시는 자리가 북쪽인지라, 북쪽을 상징하는 검은색을 제례복으로 정하지 않았을까 생각합니다."

종가의 또 하나 특징은 기제사는 물론 설, 추석 차례상에도 술 대신 식혜를 올린다는 것이다. 술이 없으면 제사를 지내지 못할 것 같은 상식을 뛰어넘는 가법이다. 종손은 윗대 선조 모두 술을 전혀 마시지 못하기 때문에 술 대신 식혜를 올린다고 했다. 추석 차례도 음력으로 9월 9일 중구절에 모신다. 추석에는 과일이며 곡식을 추수하기에는 이른 계절이다. 중구절이 돼야 조상이 남긴 땅에서 거둬들인 햇곡식으로 차례를 모실 수 있기 때문이라 한다. 서울 등지에 사는 자제분들의 고향나들이도 밀리는 추석 때보다 한결 편한 점을 들었다.

종가 사람들이 긴 세월 동안 우려낸 그윽한 멋과 향취가 느껴지는 곳은 바로 대나무 숲 울타리가 성성한 안채 뒤뜰이다. 사당이 있었던 자리까지 나무가 심어져 작은 동산이 되었다. 수십 그루의 늙은 동백나무와 하늘을 찌를 듯한 대나무 아래로 이름 모를 나무들이 자라고 있다.

대밭 깊숙이 들어가면 아름드리 팽나무 한 그루가 기괴한 모습으로 서 있다. 10미터나 돼 보이는 뿌리가 나무 등치를 휘감고 올라간 끝자락에는 용의 두 눈 같은 모습이 선명해 그림에서나 볼 수 있는 용이 승천하는 모습 그대로이다. 자연의 신비함에 오싹하는 전율이 느껴졌다.

팽나무는 종가를 지을 때 심었던 것으로 수백 년 종가의 희노애락을 말없이 지켜보고 있는 나무다. 대밭에는 물오른 죽순이 곳곳에서 고개를 내밀고 있다. 가꾸지 않아도 자라는 머윗대는 종가의 찬거리가 되고,

종가의 안채 뒤뜰에는 수십 그루의 늙은 동백나무와 하늘을 찌를 듯한 대나무 등이 작은 동산을 이루고 있다. 종가의 그윽한 멋과 향취가 느껴지는 곳이다(위). "비가 내린 다음날 대밭에 나가보면 보이지 않던 죽순이 여기 저기 솟아 있어요. 우후죽순(雨後竹筍)이란 말이 그래서 생긴 것 같아요"(아래).

줄지어 돋아나는 돌나물은 종부의 솜씨로 물김치로 변신해 접빈객의 상위에 오른다.

텃밭에서 거둬들인 마늘과 감자, 양파, 고사리, 취나물 등 봄부터 초여름까지 수확한 찬거리들을 갈무리하고 있다. 자연이 인간에게 주는 천혜의 선물들을 이 댁은 대대로 한껏 누리며 살고 있는 것이다.

집 뒤뜰에서 딴 죽순으로 만든 죽순회

허리를 다쳐 불편한 몸이었지만 종부는 정성껏 점심상을 차려냈다.

"이게 바로 우리 집 뒤뜰에서 딴 죽순으로 만든 죽순회랍니다."

종부는 친정 온 딸을 대하듯 이것저것 밑반찬 만드는 방법을 일러주며 많이 먹으라고 권한다.

"비가 내린 다음날 대밭에 나가 보면 보이지 않던 죽순이 여기저기 솟아 있어요. 우후죽순(雨後竹筍)이란 말이 그래서 생긴 것 같아요. 죽순은 한꺼번에 빨리 자라기 때문에 솟아오르면 열흘 안으로 채취하지 않으면 어느새 대나무가 됩니다. 우리 집 죽순은 6월 초가 되야 올라옵니다. 지금이야 흔한 반찬이 되었지만 예전에는 귀한 손님상이 아니면 죽순 찬은 어림없었어요. 시아버님께서는 죽순을 꺾으면 꾸중하셨어요. 대나무를 두고 생금(生金)

이라 하셨거든요."

맛있는 죽순요리를 하려면 죽순을 따서 손질하기까지 걸리는 시간이 짧아야 한다. 죽순 살이 햇볕이나 공기에 노출되면 맛이 없어지므로 채취한 즉시 삶아서 보관해야 한다고 일러준다. 죽순에는 떫은맛이 있어서 요리를 할 때는 일단 삶아서 우린 다음에 써야 하는데 삶을 때는 쌀뜨물이나 겨를 넣어 삶으면 떫은맛이 빠진다는 지혜도 일러준다.

내년이면 **혼인 60수년 회혼** (回婚)을 맞이하는 종손 문창집 옹과 종부 조순현 여사.

종가의 죽순은 6월에 올라오는 맛이 가장 좋다는 '왕죽'이다. 길이가 35센티미터 정도일 때 죽순을 채취해 씻은 후 30분 정도 삶아서 껍질을 벗겨 냉동실에 보관하면 일년 내내 죽순 요리를 즐길 수 있다 한다.

엄격한 의례로 치러지는 대동계 결산보고

마을 초입에는 앞면 4칸 옆면 3칸 규모의 팔작지붕으로 꾸며진 장암정(場巖亭)이 있다. 이 정자는 대동계가 결성되던 1668년에 동약의 모임 장소로 지어진 350년 된 건물이다. 대동계 건물은 이 정자 말고도 3채의 부속 건물이 있다. 예전에는 총회뿐 아니라 학덕과 연륜이 높은 분을 큰손님으로 모시고 선비들의 음주 예절을 익히는 향음주례(鄕飮酒禮)를 이곳에서 행하기도 하였고, 해가 바뀌는 섣달 그믐날에는 마을 어르신들을 모시고 경로 잔치를 열었다.

학동들의 글짓기도 여기서 했으며 때로는 아이들이 책을 읽는 독서실이기도 했다. 나라에서 하는 크고 작은 행사장소로도 쓰여졌는데 임

1668년 처음 계가 결성된 이래 지금껏 탈퇴한 계원이 한 명도 없을 정도로 결속력 또한 대단한 장암마을의 '대동계'.

금이 세상을 뜨면 호상소가 되기도 했다. 장암정은 이 마을의 종합문화센터 역할을 톡톡히 해내 왔던 것이다.

이날 종손과 대동계 계원들의 입회 아래 장암정 부속 건물 서고에 보관하고 있는 용하기를 볼 수 있었다. 빛바랜 30여 권의 장부에는 아직도 먹빛이 선명한 18명의 창설자 명단이 있다.

2003년 4월 12일에 있었던 총회 때의 강신순(講信順)이 강당 앞 대청마루 벽면에 그대로 붙어 있었다. 그 강신 순의 순서를 종손께 물어 보았다. 강신은 오늘날의 주주총회에 해당된다고 한다. 순서는 아래와 같다.

먼저 강신선언(講信宣言)으로 인사를 서로 나눈다. 인사법은 두 손을 맞잡아 공수한 채 두 손을 눈 높이로 올렸다 내리는 상읍례(相揖禮)를 취한다. 그 다음은 규약을 확인하는 절차로 상강낭독(常綱朗讀)을 한다. 세 번째는 담배를 나눠주는 행초례(行草禮) 순서인데 집사가 두 손으로 담배 한 개비를 올리고 상읍례를 취하면 계원은 담배를 받고 답례한다. 네번째는 술을 나누는 초순배(初順杯)가 있다. 다섯번째는 지난 한 해 수입과 지출 내역을 소리내어 낭독하는 초문서강(抄文書講) 순서로 이어진다. 그 다음은 협의안건 심의, 임원선출, 폐회 순서이다.

이렇게 엄숙하게 결산보고를 하는 것은 이 마을만의 독특한 방식이다. 그 방식을 한치의 오차도 없이 300여 년을 이어온다. 총회 때는 전국에 흩어져 있는 계원 대부분이 참석해 마을은 축제 분위기가 된다.

이 『용하기』는 한국정신문화연구원 책임연구원 전성호(경제사학·41) 박사가 내용을 분석하고 관련 자료를 정밀 검토한 결과 지금까지 국내에서 발견된 최고의 복식부기임을 확인했다고 한다.

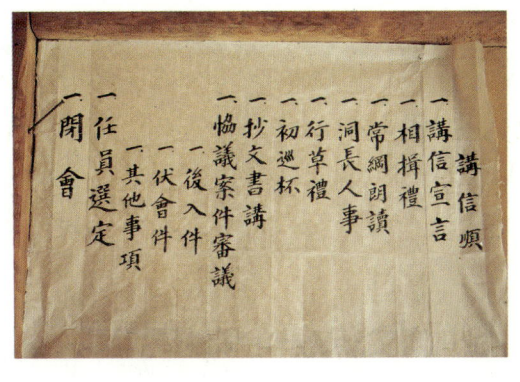

전박사에 따르면 남평 문씨의 대동계 회계장부인 『용하기』는 한 지역사회의 미시적 자료이지만 그 속에는 조선 경제 300년의 역사가 함축되어 있다고 한다. 역사적인 사실을 기록으로 남겨 놓은 사료야 얼마든지 있지만 물가의 추이를 한눈에 들여다볼 수 있고 그 흐름이 조선 경제사의 흐름과 일치되는 사료는 흔치 않다고 했다.

대동계는 매년 4월 엄숙한 의식으로 결산보고를 하고 총회를 연다.

용하기는 영국 옥스퍼드대 한국학과 제임스 루이스 교수와 전성호 박사가 공동연구를 해 지난 2001년 11월 영국 옥스퍼드대학의 누필드 칼리지 세미나에서 루이스 교수의 발표로 그 존재를 세계 학계에 알려 큰 반향을 일으키기도 했다.

선비정신 실천한 문익현 선생의 삶

이 마을 남평 문씨들의 정신적인 지주 문익현 선생의 사적기를 보면 꼭 높은 벼슬을 하지 않아도 남에게 존경받는 인물로 길이 남는다는 사실을 깨닫게 된다.

선생은 일찍이 명필로 유명한 한석봉 선생과 대제학을 지낸 문신 노수신(盧守愼·1515~1590) 선생에게서 학문을 익힌다. 어릴 때부터 남다

마을 초입에는 앞면 4칸 옆면 3칸 규모의 팔작지붕으로 꾸며진 장암정(場巖亭)이 있다. 이 정자는 대동계가 결성되던 1668년에 동약의 모임장소로 지어진 350년 된 건물이다.

른 자품으로 많은 이들의 칭송을 받았다. 18세에 진사시험에 합격한 후 지금의 기상대 직원 같은 '승사랑관상원'으로 부임해 일하기도 했지만 노부모님을 모시기 위해 고향으로 돌아온다. 부모 모시는 일을 우선순위로 여긴 선생은 나랏일은 누구나 할 수 있지만 부모님 돌보는 일은 자식이 아니면 안된다는 생각이었다. 그 부모가 병을 얻자 자신의 손가락을 잘라 피를 먹게 했고 세상을 떠나자 묘 옆에 초막을 짓고 3년 동안 아버지 묘를 지키는 지극한 효자였다.

선생은 언제나 이른 새벽에 일어나 갓끈을 바로 하고 의복을 갖춘 후 글을 읽으면서 자신을 엄격하게 다스리는 선비의 삶을 지향했다. 가까운 사람일수록 예를 갖추어야 한다면 향음주례(鄕飮酒禮)법을 일러주기도 했다. 또한 일생을 두고 거쳐야 하는 통과의례인 관혼상제를 제대로 치를 수 있도록 의례순서인 홀기(笏記)를 만들어 주기도 하고, 문맹자에게는 글을 깨우쳐 주었다.

그러나 나라가 위급한 상황에서는 그냥 있지 않았다. 임진왜란의 재침 때는 분연히 일어나 곳간 문을 열어 군량미를 조달하고 집안의 장정들과 의병을 일으켰다. 명나라 장수 양호를 도와 적과 싸우다 화살을 맞게 된 그는 치료를 받던 중 모친상을 당해 더 이상 전쟁터에 나가지 못하게 되었고 이런 연유로 선생의 공적은 널리 알려지지 않았다.

이 점을 애석하게 여긴 주변에서 나라에 주청을 올려 '통정대부사조

정랑' 벼슬을 받았으나 끝내 사양하고 스스로 산림처사를 자처하면서 이론보다는 실천을 강조했고 공(敬)과 신의(信義)를 골자로 후진 양성에 매진했다. '정주후 학자불필저술(程朱後 學子不必著術)'이라 하여 저술보다는 실천에 주력했다. 즉 정자(程子)나 주자(朱子) 등의 연구로 이미 이론적인 개척은 모두 되어 있으니 오로지 그들의 이론을 실천하는 것이 바람직하다 하고 저술에는 크게 힘을 기울이지 않았다.

언제나 푸른 기상을 잃지 않는 소나무를 무척 좋아해 집둘레에 솔을 심고 호를 '애송'이라 했다. 선생은 가정을 소중히 지키며 인격을 닦는, 글을 읽으면서 학문속에 담긴 선현들의 금과옥조(金科玉條)를 생활 속에 실천한 어쩌면 너무나 조촐한 삶으로 일생을 마친 분이다. 하지만 그 올곧은 사상이 남평 문씨 '문계'와 '대동계'의 정직한 회계로 지금까지 이어져 그 빛을 발하고 있다 하겠다. ❖

머윗대나물

이날 점심상에 오른 죽순회는 삶은 죽순을 잘게 썰고 죽순의 하얀색을 돋우기 위해 당근도 죽순 크기로 채썰었다. 풋고추는 씨를 털어 내고 죽순 길이로 채썬 다음 고추장·고춧가루·설탕·식초·다진 마늘·깨소금·국간장을 넣고 조물조물 무치면 새콤달콤한 감칠맛 나는 죽순회가 된다.

'머윗대나물'은 이곳 순천만 개펄에서 캐온 맛조개를 넣어서인지 맛이 각별했다. 머윗대의 쌉싸름한 맛과 들깨의 고소한 향이 잘 어울렸다.

머윗대는 씻어서 끓는 물에 데친 후 찬물에 하룻밤 담가 두어 쓴맛을 없앤다. 데친 머윗대는 얇은 껍질을 벗겨 내고 굵은 것은 여러 등분으로 손으로 찢어 놓는다. 맛조개

는 깨끗이 씻어 둔다. 풋고추는 씨를 발라 내고 길이로 썰어 둔다. 냄비에 다듬어 둔 머윗대와 맛조개, 풋고추를 담고 진간장과 다진 마늘을 넣고 볶다가 물을 조금 붓고 끓으면 들깨가루를 술술 뿌려 다시 한 번 끓이면 완성이다.

종가의 특미는 또 하나 있었다. 조기찌개에 들어간 고사리였다. 아주 귀한 손님상에는 반드시 고사리를 넣어 생선찌개를 끓인다고 했다. 찌개에 들어간 햇고사리 맛은 고기 맛보다 좋았다.

대동계의 역사

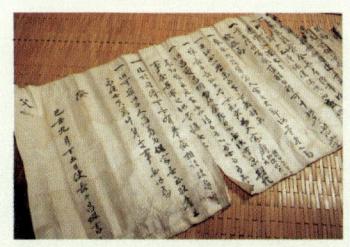

대동계를 창설한 것은 남평 문씨 문익현 선생의 손자 문봉이(文鳳移) 선생이 문중의 화합과 어려움에 처한 이들을 도와 주는 목적으로 창설했던 문계가 먼저였다. 이후 성이 다른 이들도 계에 합류하면서 대동계가 창설되었다. 남평 문씨들의 문계와 마을 사람들의 대동계가 수백년 동안 마을의 평화를 지탱해 온 중추 역할을 하고 있었다. 18명으로 시작한 계원수는 300여 년이 지난 지금은 130여 명으로 늘어났다. 지금껏 탈퇴한 계원은 한 명도 없다. 계원이 세상을 떠나면 그 아들이 대를 이어 계원이 되는데 큰아들의 경우는 나락 1섬의 입회비를 내야 하고 작은아들은 두 배를 내야 한다. 나락 12섬을 내면 특별회원이 될 수도 있지만 계의 규약을 읽을 수 있는 학문과 행실이 반듯해야만 계원이 될 수 있다.

대동계의 기본 자산은 논 15마지기에서 소출한 것으로 운영되고 있다. 계원들이 내야 하는 연회비는 없다. 1년에 2번 모임을 갖는데 4월 총회와 여름 중복 때에 몸보신을 한다. 지금은 여행을 떠나는 것으로 중복계를 대신한다. 마을에 홀로된 과부들의 생활이 어려울 때 얼마씩 도와 준다는 규약도 있다.

계원중에 상(喪)을 당하거나 자녀들의 혼인 때는 물론 제사비용도 보탰다. 그러면서 모여진 회비를 빌려주어 이자를 받아 원금을 늘리기도 했다. 회비의 쓰임은 지금의 친목계와 크게 다를 바가 없었지만 꼼꼼하고 투명하게 이중으로 기록한 『용하기』를 보면 옛 사람들은 작은 돈이라도 공공기금을 얼마나 어렵게 생각했으며 그것을 통해 신뢰 있는 삶을 살았음을 능히 짐작할 수 있다.

그러기에 총회 날은 단순히 모여서 음식을 나누고 친목을 도모하는 것에서 끝나는 것이 아니라 엄숙한 식순에 따라 회계감사를 하는 것이다.

장지로 떠나는 의식 출상은 조기(弔旗)를 앞세우고 땅 속에 묻을 때 관을 닦기 위해 준비한
삼베 헝겊인 공포(功布)와 누구의 장례행렬인가를 나타내는 명정(銘旌)도 뒤따른다.
여자들은 장지에 따라가지 않고 동구 밖에서 상여가 보이지 않을 때까지 곡하며 전송한다.

98세 종부의 아름다운 죽음과 전통상례

안동 김씨 정헌공파 해헌 종가

2003년 2월 7일 조선말 선비였던 안동 김씨 해헌 김석규(海軒 金石圭 · 1865～1944) 종가에서 98세로 생애를 마친 이종규(李種閨) 종부의 전통상례를 어렵사리 취재할 수 있었다. 열다섯 살에 꽃가마를 타고 시집 와서 꽃상여를 타고 떠나기까지 한 세기를 살다간 아름다운 죽음. 2월의 쌀쌀한 날씨와 표표히 내리는 눈발 속에 전통 예법대로 치러진 상례는 가는 이의 길을 애도하는 장엄한 분위기 속에 진행되었다.

천수를 누리고 떠나신 어머님의 장례를 치르느라 여념이 없는 상주에게 이것저것 여쭤보는 것도 예가 아니어서 2월의 전통상례 취재 이후 낙엽이 지는 늦가을 11월에 다시 찾은 그곳에서 종가를 지키며 살고 있는 단아한 두 내외를 만날 수 있었다.

종손 김의동(金懿東 · 74) 씨는 놀랍게도 18년 동안이나 생식으로 연명한 도인 같은 생활을 하고 있었다. 피부는 티끌 하나 없이 맑고, 골깊은 주름은 찾아볼 수도 없었다. 군살은 더더욱 없었다. 다이어트에 촉각을 곤두세우는 이 땅의 많은 여성에게 솔깃한 이야기가 될 것도 같다. 이뿐 아니라 연말 연시 주당들이 귀를 기울일 만한 향긋한 '오가피주'도 가양주로 전해 오고 있다.

독립유공자 후손임을 긍지로 느끼는 15세 신부 이윤옥(李潤玉·73) 종부와 16세 신랑이 혼례를 치룬 지 내년이면 어언 60년, 기와솔(瓦松)이 피어난 사랑채 툇마루에 앉아 함께한 세월을 회상하는 노부부의 모습은 늦가을 햇살을 머금은 온화한 낙엽을 닮은 듯했다.

98세 노종부 세상 떠나던 날

2003년 음력 1월, 설을 지난 지 일주일 만에 안동에 사는 지인한테서 연락이 왔다. 안동 김씨 후손집 종부가 98세로 세상을 떠났는데 전통상례를 행한다는 것이다. 솔깃한 전갈이었다.

종갓집에서 치러지는 상례를 취재하기 위해 4년이 넘게 수소문을 했지만 뜻을 이루지 못한 터였다. 죽음이란 예기치 못하는 일이기도 하려니와 까다로운 예법을 지켜 가며 전통상례를 치루는 집이 지금은 흔하지 않기 때문이다.

부랴부랴 준비를 하고, 함박눈이 내려 앞을 분간하기 힘든 위험한 밤길을 달려 경북에서도 제일 북쪽에 위치한 경북 봉화군 명호면 도천리에 있는 종가를 찾았다.

서울 출발 7시간 만인 새벽 3시에야 겨우 도착할 수 있었다. 사랑채

마루에 차려진 빈소에는 교의가 놓여졌고 그 앞에 자리를 깐 다음 제상이 놓여졌다. 제상 앞에는 향탁을 놓았고 그 위에는 향합과 향로가 있었다. 향탁 앞에는 모사그릇이 놓여졌고 혼백(魂帛)과 고인의 사진이 교의 위에 있었다.

생전에 뵙지 못한 분이지만 영혼이라도 뵙기를 청하여 차 한잔을 다려 올리고 4번 절했다. 그런 후 굴건제복(屈巾祭服)으로 상복(喪服)을 갖춘 상주들에게 문상(問喪)의 예를 취하고 찾아온 목적을 말했다.

돌아가신 분의 큰손자 김세현(金世顯·52) 씨가 문상객을 맞이했다.

"설을 지내고 집이 추워서 제가 사는 서울로 모셔갔지요. 98세라는 연세가 믿어지지 않을 정도로 정신도 맑았고 걸음도 반듯했어요. 할머님의 장수 비결은 당신에게 무척 엄격한 데서 비롯된 것이 아니었나 싶습니다. 음식은 소식을 했고, 몸은 언제나 단정히 했습니다. 벽에 기대거나 낮잠을 주무시는 일이 없었어요.

ⓒ 윤종상

굴건제복으로 상복을 갖추고 문상객을 맞이하고 있는 상주들.

안동 김씨 해헌 김석규 종가에 15세에 시집와 98세로 생애를 마감한 이종규 종부. 빈소에는 차를 올려 놓았다.

늘 『규방가사집』을 읽고 붓글씨를 쓰셨습니다. 우리 마을 뿐 아니라 인근마을에서도 혼서나 예를 갖춘 사돈서를 부탁 받을 만큼 글씨가 좋았고 예의 범절에 밝으셨습니다. 돌아가시는 날 아침 식탁에 앉아서 요구르트 하나를 잡수신 후 저를 부르시더니 제 품에 편안히 안겨 그대로 운명하셨습니다. 손자 품에서 돌아가신 셈이지요."

꽃상여로 보내드리다

예부터 수를 다하고 세상을 떠나면 호상(好喪)이라 했다. 그래서일까 곡소리대신 할머니의 육성으로 녹음된 할머니가 지은 가사가 빈소 가득 울려 퍼지고 있었다.

다음날 아침 8시 종가의 솟을대문 앞에서 발인제(發靷祭)를 행했다. 집을 떠나기 전 마지막 음식을 받으며 자손들과 이별하는 의식이 바로 발인제이다. 의식은 축관이 술을 따라 올리고 무릎을 꿇고 축문을 읽는 것으로 시작되었다.

"꽃상여로 모시게 되었사오니 곧 무덤으로 가옵니다. 보내는 예를 베푸오니 이제 영원한 이별이옵니다"라는 내용의 축문이다. 상주와 고인을 보내는 지인들이 모두 곡하고 절을 하였다. 상여를 메고 갈 상두꾼에게 음식을 먹게 한 다음 장지로 향했다.

장지로 떠나는 의식을 출상(出喪)이라 한다. 조기(弔旗)를 앞세우고 땅속에 묻을 때 관을 닦기 위해 준비한 삼베 헝겊인 공포(功布)와 누구의 장례행렬인가를 나타내는 명정(銘旌)도 뒤따랐다. 혼백을 모신 요여(腰

興)와 증손자 도년(19)군은 단아한 할머니의 사진을 모시고 따랐다. 그 다음에는 18명의 상두꾼에 의해 꽃상여가 옮겨졌다. 큰아드님 뒤로 10명의 아들과 4명의 딸 그리고 손자·손녀·증손까지 직계 자손만도 40여 명이 되었다. 그 외 복을 입은 사람과 조객의 순서로 출발했다. 여자들은 장지에 따라가지 않은 법이라 동구 밖에서 상여가 보이지 않을 때까지 곡하며 전송을 한다.

> 간다 나는 간다/북망고개로 나는 간다
> 이제가면 언제 오나/기약 없는 길이로세

상두꾼들의 구슬픈 소리가 빈 들녘에 울려 퍼지는 가운데 하늘에서는 함박눈이 소리 없이 내리고 있었다.

진성 이씨 후예인 15세 어린 신부 이종규는 꽃가마를 타고 종가로 시집을 왔다. 그리고 83년 동안 굴절 많은 세태에도 굴하지 않고 전통의 생활풍습을 한치의 오차도 없이 지키면서 많은 자손들을 올바르게 가르쳤으며, 안살림을 지혜롭게 꾸려 집안을 화목하게 만들었다. 이제 그 고귀한 삶을 마감하고 영원한 안식처로 떠나가는 것이다.

장지는 집에서 2킬로미터 거리인 뒷동산이다. 장지에는 관이 들어갈 정도의 크기로 미리 땅을 파 두었다. 이것을 천광(穿壙)이라 한다. 상여가 도착하자 혼백은 준비한 교의(交椅)에 모셔졌다. 그 앞으로 간

여자들은 장지에 따라가지 않는 법이라 동구 밖에서 상여가 보이지 않을 때까지 곡하며 전송을 한다.

© 윤종상

단한 제물을 진설하고 장지로 찾아온 문상객을 맞이했다. 꽃상여를 해체한 다음 공포를 펴고 관을 닦은 다음 하관(下官)을 했다. 하관 후에는 지관이(地官)이 패철로 방향을 확인하고 명정을 정돈해서 관 위를 덮었다. 유인진성이씨지구(孺人眞城李氏之柩)라는 글이 새겨진 명정이다. 이때 상주들은 두 번 절하고 곡하면서 관 위에 흙을 덮는 취토(聚土)를 했다.

광중을 흙으로 다 채우고 난 후 평토제(平土祭)를 지낸 후 상두꾼들은 상여를 불태웠다. 상주들이 혼백을 모시고 집으로 돌아오는 것으로 출상의 절차는 끝이 났다.

전통상례의 예법은 이후에도 이어지는데 장지에서 혼백과 신주를 다시 집으로 모셔오는 것을 반혼(返魂)이라 하고 장례를 치른 날에 지내는 고인의 첫번째 정식 제사를 초우제(初虞祭)라 한다. 초우제를 지내고 처음으로 맞은 유일(柔日)날 아침에 재우제(再虞祭)를 지낸다. 재우제를 지낸 다음날 삼우제(三虞祭)를 지낸다. 삼우가 끝난 후 3개월이 지나서 강일을 당하면 무시로 하던 곡을 거치는 졸곡제(卒哭祭)를 지낸다. 일반적으로 이때 탈상을 한다. 해헌 종가에서도 졸곡탈상을 했는데 종손이 생식을 하기 때문에 3년상을 다 채우기가 어려웠다는 설명이다.

하지만 전통상례의 예법은 윗대 조상 신주 곁에 새신주를 모시는 부제(祔祭)가 있고, 일년이 지나면 소상(小祥)이라 한다. 또 1년 후에 대상(大祥)이 있다. 대상을 지내고 한달 후에는 상주가 술을 마시고 고기를 먹을 수 있으며 비로소 상복을 벗는 담제(禫祭)가 있다. 담제를 지낸 다음달에 날을 정해 지내는 의례가 바로 상례의 마지막 의례인 길제(吉祭)이다. 길제란 5조대 신주를 묘소 옆에 묻고, 그 자리에 한 대씩 위로 올라가는 의식을 말한다. 길제를 지내야만 모든 상장례는 끝난다. 이후부터는 돌아가신 날 제사를 지내는 것이다.

11월에 다시 찾은 뜻 높은 선비가 '살만한 곳'

> 뒤엔 산, 앞엔 물 있는 한 구역 열린 곳/하객이 줄 잇고 또 술잔 드리는 곳
> 붉은 여뀌 흰 마름 서로 비춰 있고/비둘기 울고 제비 새끼 날아오는 곳
> 저녁 바람 버들 흔들어 그림 그리고/여러 밤 장마비에 물이끼 푸르른 곳
> 소요유 즐기는 뜻 높은 선비 깊숙이 숨어 노닐 수 있고/
> 시인 묵객들 자주 찾는 곳이리

『해헌공유고집(海軒公遺稿集)』에 있는 김석규 선생의 「살만한 집」이란 시다. 종가에 터 잡고 그 감회를 적은 시구처럼 황우산·문명산·청량산 세 산과, 낙동강의 발원지가 되는 강줄기와 춘양천이 만나 수려한 풍광을 이루는 곳이다. 뜻 높은 선비가 정한 집터이니 명당이 아닐 수 없다.

안동 해헌·김석규 종가의 고택.

솟을대문에 들어섰다. 뜰에 피어난 늦가을의 청초한 들국화 한 무리가 객을 반겼다. 앞서 왔던 2월의 상례 풍경과는 또 다른 풍광이 종가 마당에 펼쳐졌다. 추수한 밤과 무 등은 앞마당 흙더미 속에 짚을 깔고 묻어 두었다. 툇마루 한쪽에는 대추가 흑자주색으로 익어가고, 분이 보얗게 오른 곳감도 처마 밑에 매달려 있다. 일년

동안 치러질 수많은 제사에 쓰일 제물들이다. 아무리 때깔 좋은 과일이라 해도 사서 쓰는 것보다 볼품 없어도 정성을 다해 직접 갈무리한 음식을 조상님께 올리는 것이 후손의 도리임을 깨닫게 한다.

사랑채 오른쪽에 안채 대문이 있다. 남녀의 내외법이 엄격한 시절, 법도 있는 가문에서나 볼 수 있는 사랑채와 안채의 공간을 분리하기 위한 것이다. 안채는 며느님 이정임(李貞林·49) 씨의 지휘로 대대적으로 보수를 하고 있었다. 외형은 옛집 그대로 두고서 실내는 살기 편하도록 고치는 중이다. 온돌은 보일러로 대치했고, 불을 지펴서 밥해 먹던 재래식 부엌에는 싱크대와 가스 렌지가 들어섰다.

화장실도 실내에 앉혔다. 문화재로 지정받으라는 전갈이 왔지만 지정이 되면 주인 마음대로 고칠 수 없는 제약 때문에 거절하고 차종손이 경비를 마련해 보수 중이라 했다. 디딜방아가 있었던 헛간채, 고방채 등은 옛 모습 그대로 둔다 했다. 아쉽게도 사당이 없다. 일제시대 때 없앴다고 한다. 어지러운 시대에 잘못하다가 조상의 신주가 봉변을 당할 수도 있어 신주는 모두 무덤 옆에 묻고 제사 때는 지방(紙榜)으로 대신한다고 했다.

18년 동안 생식을 해왔다는 종손 김의동 씨. 내년이면 회혼을 맞는 종부 이윤옥 씨와의 부부애도 남다르다.

18년 생식으로 심장병 고친 종손

사랑채 툇마루에서 종손을 만났다. 생활한복 차림이지만 품격이 느껴지는 종손과 종부 앞에서 우리는 평절로 인사를 했다.

"우리집은 종가가 아니지요. 종가라면 불천지위(不遷之位·영원히 지내는 제사)를 지내거나 성씨가 비롯된 대종가여야 하는데 보잘 것 없는 우리집을 찾은 것은 잘못입니다."

청렴결백의 표상인 김계행(金係行·1431~1517) 선생의
후손으로 6대째 맏이로만 전해오는 맏집이지 결코 종가는
아니라는 것이다. 하지만 아무리 고색창연한 종갓집이라 해
도 사람이 살지 않으면 건물로서 가치는 있을지언정 삶의
향기는 찾을 수가 없다. 짧다고는 하나 180여 년 넘게 선조
들의 삶을 지켜 가는 모습을 더 귀하게 여긴다 했다. 특히
전통상례를 치르는 집이 드문 터에 지난 2월 세상을 떠난
할머니 상례는 사라져 가는 전통상례의 모습을 남길 수 있
는 흔치 않은 일이어서 다시 찾았노라고 인사를 드렸다.

먼저 신선 같은 피부를 가진 생식의 비법부터 물었다.

"50대 말 쯤 되었어요. 감기를 자주 앓아 한의원을 찾았더니 심장병
이라 했어요. 그 병에 가장 좋은 것은 식이요법이라 했는데 들어보니
어려울 것이 없겠다 싶어 그때부터 시작해 18여 년이 흘렀습니다. 그래
서인지 심장병은 물론 감기 몸살 같은 잔병치레 없이 지냈습니다. 그런
데 생식을 하고 부터는 다른 음식은 먹고 싶은 생각이 없어졌어요."

종손이 먹는 생식은 집에서 키운 곡류로 만든 것이다. 율무·현미·검
정콩·찹쌀·멥쌀·수수 등 7가지를 깨끗이 씻어 말린 다음 그대로 방
앗간에서 가루로 만들어 온다. 여기다 솔잎을 넣는데 반드시 춘분(春分)
과 추분(秋分)때 따서 말린 솔잎을 가루로 만들어 섞는다. 이를 어른 수
저로 3순갈 정도를 마시기 편한 양의 생수에 타서 하루 3번 먹는다. 곁
들이는 반찬은 야채와 과일은 기본이고 육회나 생선회 등 날것으로 먹
는다. 기본 영양소는 갖춘 식단이라 했다.

현미, 찹쌀, 콩 등 7가지 곡
식에 춘분과 추분에 따다가
말린 솔잎 가루 낸 것을 생
수에 타서 하루 3번 먹는다.

전통 가양주 오가피주

　"제가 16살 때 돌아가신 증조부님께서는 사람들을 불러 시회를 즐기는 일을 낙으로 여겨셨어요. 선비가 학문을 하는 목적은 벼슬길에 나아가 언젠가 세상을 경영하며 스스로 학문을 통해 새긴 뜻을 펼치고자 함이지요. 한데 나라를 빼앗겼으니 그 울분이 오죽했겠습니까. 그 때문에 찾는 손님들로 사랑채는 늘 북적댔어요. 집안이 제법 넉넉한 탓도 있었겠지요. 그러자니 손님접대를 위한 주안상을 마련해야 했는데 그때마다 인근의 산에서 채취한 오가피(五加皮)나무 껍질을 이용해 술을 빚어 상에 올렸던 것입니다. 오가피는 예부터 약재로 쓰여져 그것으로 술을 담그면 술을 마시고도 뒤끝이 깨끗해 칭송을 받았던 모양입니다. 제사 때 제주(祭酒)로 쓰는 것은 물론입니다."

　수많은 제사에 쓰여지는 제주로, 또는 사랑방 손님을 위해 만들었던 종부의 내림솜씨가 주당들의 입소문으로 세상에 알려져 이제는 '봉화선주(奉化仙酒)'로 자리 매김되었다. 지난 1996년 농림수산부장관의 추천으로 제조면허를 받기에 이르렀고, 민속주를 되살리는 차원에서 종부의 손끝으로 빚어졌던 술이 정부의 지원을 받아 지금은 현대식으로 빚어지고 있다.

　옛날 같으면 글하는 선비 집에서 술장사를 한다는 것은 상상도 할 수 없는 일이라 했다. 하지만 외화를 낭비하는 양주 수입을 조금이라도 줄이자면 질좋은 우리의 토속주가 많이 생겨야겠다고 판단해 돌아가신 어머님에게 그 비법을 배웠다고 한다. 종손 자신도 생식을 하기 전에는 애주가였기에 오가피주에 대한 애착은 더 깊을 수밖에 없다. 🍵

오가피주 만드는 방법

오가피주의 주원료는 오가피이다. 때문에 종가의 문전옥답에도 집뒤 텃밭에도 온통 오가피나무이다. 오가피주를 제대로 빚으려면 먼저 오가피나무를 무공해로 직접 키우는 일부터 시작해야 하기 때문이다. 오가피주에 들어가는 재료는 멥쌀과 누룩 양조용수와 오가피 껍질과 열매와 잎이다. 그리고 꿀과 계피 솔잎 등도 함께 넣는다.

먼저 고두밥을 쪄서 식힌 다음 오가피 삶은 물에 고두밥을 누룩과 함께 섞어 발효조에서 20일간 발효시킨다. 그런 다음 증류과정을 거쳐서 정류된 술에 오가피 · 솔잎 · 계피 · 꿀 등을 넣어 100일 정도 숙성시킨다. 그 후에 40도 정도의 알코올 도수를 맞춘다. 여과기를 통해 맑은 오가피술을 얻어낸다. 술이 빨리 취하고 마신 뒤 부작용이 전혀 없는 것이 오가피주의 특징이라 했다.

오가피의 효능은 스트레스로 인한 중추신경흥분 대사촉진과 근육강화는 물론 항암 해독 작용까지 있다는 효능을 현대의학에서 밝혀냈다고 한다. 또한 300여 년 전에 쓰여진 안동 장씨 부인의 한글 요리서 『음식디미방』에는 오가피주를 빚어 마시면 중풍과 불임증에 효능이 있다고 적혀 있다.

안동 김씨 해헌 종가의 전통상례

해헌공유고집(海軒公遺稿集)에 기록된 내용을 바탕으로 우리 전통 상례를 정리했다.

1. 임종(臨終) | 운명(殞命) 또는 초종(初終)이라고도 하는 죽음을 맞는 때를 말한다.

2. 초혼(招魂) | 숨을 거두면 망자의 속적삼을 들고 지붕 위에 올라가 고인의 이름을 세 번 불러 영혼을 불러들이는 의식이다. 그 옷은 다시 시신 위에 덮는다. 이때부터 곡을 한다.

3. 수시(收屍) | 주검을 갈무리하는 절차이다. 숨이 끊어지면 먼저 눈을 감기고 깨끗한 솜으로 입과 귀와 코를 막고 머리를 반듯하게 괸다. 손발을 주물러 펴서 가지런히 하고 백지로 묶는다. 얼굴도 백지로 덮는다. 고인을 칠성판 위에 눕히고 흰 홑 이불을 덮는다.

4. 발상(發喪) | 초상난 것을 발표하는 것이다. 이때 상주(喪主)와 주부(主婦)를 세운다. 한편 호상(護喪)을 정해 부고를 내고 치상(治喪)을 준비하고 빈소를 차린다.

5. 염습(殮襲) | 향이 나는 물로 시신을 닦고 수의를 입힌 뒤 몸을 묶는다. 그런 다음 작은 이불로 싸고 묶는 의식을 소렴(小殮)이라 하고, 큰이불로 싸고 또 한번 묶는 순서를 대렴(大殮)이라 한다. 그런후 고인을 관으로 옮기는 입관(入官) 절차가 끝나면 안치한 후 병풍으로 가린다.

6. **성복**(成服) | 입관 절차가 모두 끝나면 이제 고인의 죽음을 인정하는 상주들이 상복을 갖춘 후 성복제를 지내고 문상을 받는다.

7. **치장**(治葬) | 묘자리 땅을 고르고 토지신에게 사토제(祠土祭)를 지낸 후 땅을 파기 시작하여 광중(壙中)을 만든다. 구덩이를 다 파고 나면 석회에 모래를 섞어 발라서 관이 들어갈 정도 크기로 만드는데 이를 천광(穿壙)이라 한다.

8. **천구**(遷柩) | 영구(靈柩)를 상여로 옮기는 의식이다.

9. **발인**(發靷) | 영구를 운반하여 장지까지 가는 것을 말한다. 이를 발인제라 하기도 한다.

10. **출상**(出喪) | 발인제를 마치면 상두꾼들이 상여를 메고 장지로 떠나는데 이를 운구(運柩)라고도 한다. 묘소로 가는 도중에 노제(路祭)를 지내기도 하는데, 이는 고인의 친지와 제자가 제문을 준비해와 술 한 잔을 올리면서 석별의 정을 나누는 의식이다.

11. **설전**(設奠) | 상여가 묘소에 이르기 전에 혼백을 모실 천막과 병풍을 치고 제상을 놓고 간단한 제수를 차린 후 조문을 받을 준비를 하는 순서이다.

12. **하관**(下官) | 관을 묘혈중(墓穴中)에 넣는 일이다. 이때 상주들은 곡을 거치고 하관하는 것을 살펴본다. 혹 다른 물건이 떨어지거나 영구가 비뚤어지지 않는가를 살피고 흙과 회로 관 사이를 채운다.

ⓒ 윤종상

© 윤종상

13. **성분**(成墳) | 구덩이를 채우고 봉분을 만드는 일이다. 그런 다음 신주(神主)를 쓴다. 신주가 완성되면 축관이 신주를 받들어 영좌에 모시고 혼백은 상자에 넣어서 그 뒤에 놓는다. 이어 향을 피우고 주인 이하 모두 두번 절하고 곡한다. 이어 제물을 올리고 성분제를 지낸 후 혼백과 신주를 모시고 집으로 돌아온다.

14. **반혼**(反魂) | 상주가 혼백을 모시고 돌아가는 것을 말한다. 집에 도착하면 여자 상주들이 대문 밖에서 기다리다 슬피 곡하여 혼백을 맞아 빈소에 모신다. 이것을 반곡(反哭)이라 하기도 한다.

15. **초우**(初虞) | 장례를 지낸 날 집으로 돌아와 처음으로 지내는 제례이다.

16. **재우**(再虞) | 장례 다음 첫 유일(柔日·乙·丁·巳·辛·亥日)에 해당되는 아침에 지내는 제례이다. 장례일이 강일(剛日)이면 다음 날이 되고 장례일이 유일(柔日)이면 이틀 뒤가 된다.

17. **삼우**(三虞) | 장례 후 첫 강일(剛日·甲·丙·戊·庚·壬午)날 아침에 지내는데 대개 장례 후 3일 내지 4일 만에 강일이 돌아온다. 삼우제를 지내고 묘소에 가서 띠를 잘 입혔는지를 살펴본다.

18. **졸곡**(卒哭) | 삼우가 끝난 후 3개월이 지난 강일(剛日·甲·丙·戊·庚·壬午)날 아침에 지내는 제사로 이날 이후부터는 무시로 곡하지 않고 아침 저녁 음식을 올릴 때만 곡을 한다.

19. **소상**(小祥) | 돌아가신 일주기를 맞는 날 아침에 지내는 제사이다.

20. **대상**(大祥) | 운명 후 만 2년이 되는 날 새벽에 지내는 제사이다. 이날 이후는 싱복을 벗고 소복으로 갈아입어 탈상(脫喪)이라고도 한다.

21. **담제**(禫祭) | 대상 뒤 3개월 만의 정일(丁日) 또는 해일(亥日)에 지내는 제례로서 소복도 벗고 평상복으로 입는다.

22. **길제**(吉祭) | 담제를 지낸 다음달 정(丁)일이나 해(亥)일이 되는 날에 지낸다. 사당에서 5대조 신주를 내보내고 새로운 신주를 모시는 의식과, 또 새로운 제주 이름을 새겨야 하는 의식 모두를 길제라 한다. 4대조 이상 제사를 모시지 못하기 때문에 이루어지는 의식이 길제이다. 이로써 상중 제례의 모든 의식은 끝나고 일년에 한번 돌아가신 날 제례를 드린다.

제 2부

차를 올리는 종가의 제례풍경

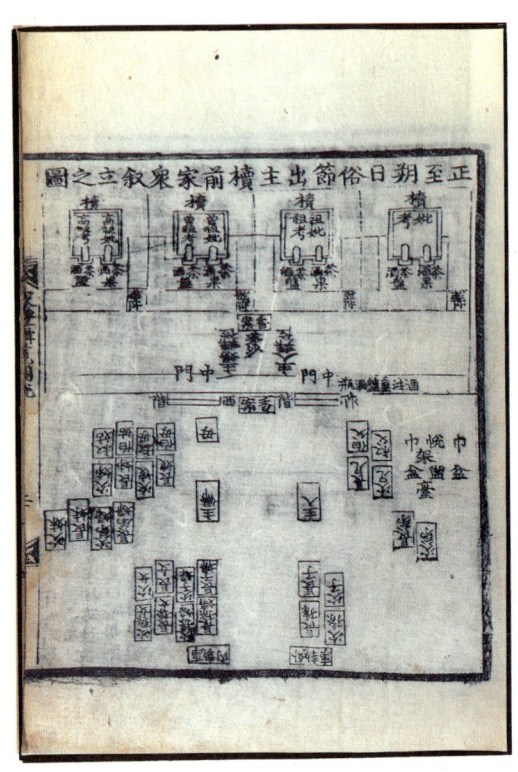

우리 나라 예학의 태두인 사계 김장생이 쓴 『가례집람도설』에 그려진 초하루와
보름에 지내는 차례상에는 신주 앞에 오른쪽에 술, 왼쪽은 찻잔을 놓고 그 앞쪽에는
과일 접시만 놓여 있다. 이 가례도는 『주자가례』의 내용을 그림으로 설명한 것이다.

『주자가례』의 예법대로 제사에 차 올리는 주자의 후손

신안 주씨 경안 종가

우리의 큰 명절 설, 추석을 맞이해 조상에게 예를 올리는 제례를 차례(茶禮) 또는 차사(茶祀)라 한다. 이름은 차례라 하면서도 제상에 차는 보이지 않고 술이 오른다. 술을 올리는데 왜 주례(酒禮)라 하지 않고 차례라는 말을 그냥 쓸까? 차례라는 말은 언제부터 쓰였으며 왜 기호 음료인 '차'가 '례'의 앞자리에 놓여졌을까.

차례뿐만이 아니라 기제사 등 각종 제례에 차를 올리도록 한 『주자가례』를 쓴 주희(朱熹·1130~1200)의 한국 후손들을 만나러 가는 길은 차를 공부하는 사람으로서 설레지 않을 수 없었다.

마침 추석을 며칠 앞두고 종가의 가장 큰 행사인 불천지위 제사에 처음으로 차를 올린다는 기별을 받고는 신안 주씨 경안종가(朱景顔·1536~1614)를 찾았다.

『주자가례』의 예법은 고려말에 들어와 지금까지 700여 년, 이 나라 각종 제례의 바탕이 되어 왔지만 그 기록대로 제례에 차를 올리는 집은 흔치 않은 것이 현실이다. 그런데다 주자의 고향인 중국에서조차 제례에 차를 올리는 풍습은 물론 제례라는 의식조차 사라져 가고 있다는 사실을 감안한다면 주자의 한국 후손들이 앞으로 영원히 차를 올리겠다는 맹약은 동양 삼국에서도 주자의 후손으로서는 유일하다고 할 것이다.

이 집을 지을 때 심었다는 500년 된 백일홍이 때마침 붉은 꽃을 피워 정취를 더해주고 있다.

남송(南宋) 때 대유학자이자 차인이었던 주자는 태어난 곳도 차산지인 강서성 무원(婺源)이었고, 주자학을 완성시킨 곳 또한 차의 본고장인 복건성 무이이다. 그뿐 아니라 8대 선조는 황실의 차밭을 관리하는 최고의 관직인 제치다원공(制置茶園公)으로 신안 주씨는 한때 '다원 주씨'로 불려지기도 했다.

2년 여 회의 끝에 제례에 차를 올리다

이태 전 여름에도 울진에 있는 종가를 찾은 적이 있다. 『주자가례』를 쓴 주희 후손 집에서는 제사에 차를 올리는지 궁금해서였다. 효자로 이름높은 충효당 경안공의 14대 종손 주명돈(朱明暾·70) 씨께 제사에 차를 올리는지부터 물었다. 30여 년

공직생활을 하다 부모님이 세상을 뜨자 종가 살림을 맡아 뿌리공부인 보학(譜學)에 열중하고 있는 종손의 대답은 차대신 숭능을 올린다는 것이었다.

"사실 집안에 전해오는 홀기(笏記·제사지내는 순서)에도 국을 내리고 차를 올리도록 기록되어 있습니다만 수많은 변란통에 차를 구하기 어려워 차대신 물을 올린 것이 선례가 되어 지금까지 그대로 행해 왔을 뿐입니다. 이제는 차를 쉽게 구할 수 있으니 문중회의를 거쳐 선조께서 기록하신 그대로 설, 추석 차례뿐 아니라 각종 제례에도 차를 올리도록 해 보겠습니다."

그로부터 2년 여 여러 차례 회의를 거듭한 끝에 『주자가례』 그대로 모든 제례에 차를 올리기로 결정을 보았다는 연락이 왔다.

2년 여 문중회의 끝에 처음으로 가을 향사에 차를 올렸다.

어머니 등창고름을 입으로 빨아 치료한 효자

"예란 일상생활에서 그 실천이 중요하다"는 『주자가례』의 머릿글처럼 손님을 정성스레 맞이하는 예를 모를리없는 종가에서는 울진읍까지 사람을 보내 마중을 나왔다.

울진읍 터미널에서 1킬로미터 채 못되는 가까운 거리에 종가가 있었다. 전형적인 농촌 마을이었다. 시원스레 펼쳐진 구만동 푸른 들을 앞으로 두고 선비의 지조를 상징하는 울창한 소나무와 대나무가 종가를 품고 있었다. 어머니 등창의 고름을 입으로 빨아 치료한 효자, 아버

© 윤종상

구만동 푸른 들에 서 있는
충효당을 알리는 이정표
(위). 마을 들녘에 세워져
있는 효자비각(아래).

지 병을 고치기 위해 손가락을 잘라서 불에 태워 마시게 해 학질을 물리친 아들. 전설 같은 효행이 알려져 살아있는 사람인데도 특별히 '효자 정려(旌閭)'가 내려졌던 경안 선생이 출생한 종가다. 그 어떤 벼슬보다 조촐한 선비의 삶을 지향하며 『삼강행실록』에 오른 효자를 귀하고 자랑스레 여기는 후손들에 의해 지켜진 효자비각도 마을 들녘에 세워져 지나는 사람을 숙연케 한다.

종가는 종가의 상징 같은 솟을대문은 있지도 않았다. 특별히 쳐진 울타리의 경계도 없다. 자동차 한 대가 지날 수 있는 좁은 골목길이 끝나면 바로 종가의 충효당이 한 눈에 들어온다. 충효당은 1644년에 경안공의 사당과 같이 지어졌으나 일제강점 때 화재로 소실되었다가 1927년에 다시 지은 건물이다. 충효당과 사당은 새로 단청을 해 산뜻했다. 경안공이 태어났다는 안채는 오랜 세월 견디지 못하고 옛집은 없어졌다. 그 자리에 살림하기 편한 현대식 한옥이 새로 지어져 있다. 고색 창연한 종가라곤 할 수 없지만 문중 사람들의 정성과 종손의 의지가 곳곳에 엿보이는 종가이다. 이 집을 지을 때 심었다는 500여 년 된 백일홍 두 그루가 때마침 붉은 꽃을 피워 종가의 정취를 더해 주고 있었다.

도포와 유건으로 예복을 갖춘 종손과 신안 주씨 울진군 종친회 회장

주진용(朱鎭容·65) 씨 등 30여 명이 충효당 누마루에서 기다리고 있었다. 주인은 동쪽에 서고 손님은 서쪽에 서는 전통의 예법을 그대로 지키며 절로써 인사를 했다. 종손은 손님의 이력을 소개하고 문중의 대표가 종가의 내력을 간단하게 설명해 주었다. 이어 사당에서 모시는 효자 경안공의 불천지위 제사에 차를 올리는 모습을 볼 수 있었다.

제사에 승늉대신 차를 올리다

이날 경안공과 그 부인 울진 장씨에게 400여 년 만에 처음으로 차를 올리는 가을향사는 종손을 비롯한 문중분들의 엄숙하고 정결한 분위기 속에서 진행되었다. 도포와 유건으로 예복을 갖춘 문중어른들도 경안공의 불천지위 제사를 위해 모였다. 문중어른들이 정성을 다해 모신이날 제례는 주자 선생의 가르침인 『주자가례』의 예법대로 제상에 차를 올렸다. 경안공의 제사는 종가뿐 아니라 문중 사람들에게도 가장 큰 제례이므로 매년 음력 2월 27일에 모시고 있다. 하지만 차를 올리기로 결정을 했으니 추석 전에 할아버지께 먼저 차로써 제사를 모신후에야 아랫대에도 올릴 수가 있어 가을 향사를 조금 앞당겨 모시게 된 것이라 했다.

세 칸 건물의 아담한 사당 안 제상 위에는 종부 황옥조(黃玉祚·71) 씨와 문중부인들이 정성을 다해 마련한 제물이 한 상 가득했다. 더운 날씨 탓에 떡은 절편과 찰편, 기주편을 준비했다. 식혜 대신 수정과를 올린 것도

경안공과 그의 부인 울진 장씨에게 400여 년 만에 처음으로 차를 올린 14대 종손 주명돈 씨와 종부 황옥조 여사.

분향강신 후 첫 술잔을 올리는 종손(위). 문중분이 제사순서를 적은 홀기를 읽고 있다(가운데). 두번째 술잔을 올리기 위해 손을 씻는 문중어른(아래).

더운 날씨 때문이라 한다. 이곳의 특산품인 영덕 대게가 모양 그대로 올려진 것도 이례적이었다.

더욱 눈길을 사로잡은 것은 길이 50센티미터나 되는 문어 한 마리가 살짝 데쳐진 채 올려져 있어 다른 지역의 제상 음식과는 달라 보였다. 제사 음식은 가가례라 할 수밖에 없다는 것을 실감할 수 있었다.

제례 순서는 『주자가례』에 준거해서 먼저 식어도 관계없는 과일 등을 올려놓고 독문을 열어 신주께 인사를 올리는 참신으로 시작됐다. 이어 종손이 분향강신을 하고 떡과 적을 올리는 진찬이 끝나면 종손이 첫잔을 올리는 초헌을 한다. 술잔을 올린 후에 축관이 독축을 했고, 문중어른 한 분이 손을 씻고 사당에 들어 두번째 술을 올리는 아헌을 한다. 마지막 종헌 역시 문중 분 중에 연장자가 올렸다.

종손이 음식과 술을 권하는 첨작과, 음식을 잡수시라는 뜻으로 숟가락과 젓가락을 시접과 밥에 꽂는 삽시정저 후 조용히 식사를 드시라는 뜻으로 합문을 했다. 제관 모두 무릎 꿇어 앉아 있다가 축관이 헛기침을 하고 계문(啓門)을 한 다음이 차를 올리는 헌다 순서였다.

이때 종부가 옥색 치마저고리와 옥색 당의 제례복을 입고 안채에서 하얀 분색 찻잔에 차를 담아 왔다. 주자선생의 가르침 그대로 차를 올리는 역사적인 모습이었다. 새로운 차의 명가가 탄생되는 순간이었다. 차를 올린 후에는 수저를 내리고 잠깐 후에 제주 이하 참제자 모두 두

번 절하여 조상을 보내는 사신의 예를 취했다.

　제사를 마친 종손은 『주자가례』에 기록된 제례편에는 계문 후에 "주인과 주부가 차를 받들어 할아버지와 할머니 앞에 나누어 바친다"라는 기록이 있는데 그 기록 그대로 차를 올렸다고 했다. 그러나 주부인 종부대신 집사가 대신 차를 올렸다. 『주자가례』에는 두번째 술잔을 올리는 아헌(亞獻)은 주부가 올리도록 기록돼 있지만, 큰제사여서 문중어른이 올리도록 했다고 한다.

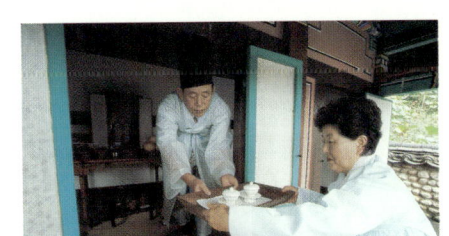

나라에 충성하고 부모에 효도함을 가정의 보물로 삼아

　"충효전가보(忠孝傳家寶) 시서처세장(詩書處世長)". 나라에 충성하고 부모에 효도하는 것은 가정의 보물로 전하는 것이며, 시와 글은 세상을 살아가는 으뜸이라는 주자선생이 남긴 글은 종가의 가훈뿐 아니라 주씨 문중 모두의 가훈이다.

　가훈이 걸려 있는 충효당 누마루에서 음복 겸 점심상이 차려졌다. 제상에 오른 대게는 먹기 좋은 크기로 잘라져 나왔다. 문어는 한입에 먹을 수 있는 크기로 썰어서 초장과 함께 올려졌다. 종가와는 가까운 거리에 있는 영덕의 특산물인 영덕 대게는 '큰 게란 뜻이 아니라 발 모양이 대마디 같다는 뜻에서 대(竹) 게'로 부른다는 종손의 설명을 들으면서 모처럼 싱싱한 대게 다리살을 발라먹는 맛에

옥색 당의 제례복을 입고 종부가 안채에서 다려내온 차(위). 문중 어른이 제상에 올릴 차를 종부로부터 받고 있다(가운데). 제사순서인 홀기에도 진다, 점다가 적혀 있다(아래).

모두가 말이 없었다.

제상에 오른 나물은 물나물이라 하여 국물을 넉넉히 부어 국처럼 먹도록 했다. 여러 가지 생선은 갯가를 끼고 있는 탓에 싱싱하고 간이 알맞아 비린 맛이 전혀 없어 서울에서 먹는 생선과는 비교할 수가 없었다. 남다른 음식 솜씨라는 문중부인들의 종부자랑에 공감이 갔다.

종손은 20살, 종부는 21살에 중매로 혼인을 했다. 딸 여섯을 내리 낳으면서 아들을 낳지 못해 얼마나 마음을 조렸던지……. 일년에 열 다섯 번이 넘는 제사와 그에 따른 수십 명이 넘는 제관들을 대접하는 일보다 대를 못 잇는 마음고생이 더했다. 조상이 돌보았는지 일곱번째로 늦둥이 아들을 생산했다. 그제야 소임을 제대로 한 것 같아 눈물이 나더라고……. 그런데 노복이 터졌는지 그 아들 동국(東國·33) 씨가 혼인을 하자마다 첫 손자를 안겨 주었다. "손주 돌날에는 시어른이 하셨듯이 전통적인 돌상을 그대로 차려볼 생각입니다. 사람 사는 맛이 바로 이런 데 있는 것 같아요." 종부의 얼굴에 피어오르는 넉넉한 미소는 수많은 문중사람을 편안하게 감싸주는 그런 미소였다.

주희 선생 영정을 모신 도통사에서 처음으로 차로써 고유를 했다.

주자의 영정 앞에 고유하다

종가에서 영덕으로 가는 국도를 따라 1킬로미터 가량 산성 길로 접어들면 주자 선생의 영정을 모신 도통사(道統祠)가 있다. 1932년 30세손인 주병열(朱秉烈) 씨가 중국 산동성 곡부까지 가서 구해 온 것이다. 가로 53센티미터 세로 90센티미터의 주자 영정 좌우에는 한국 시조가 된 청계공 주잠

주자 선생의 영정을 모신 도통사(위).
경안공을 모신 종가의 사당(아래).

불천지위 제례를 위해 두
손을 맞잡고 사당으로 드
는 문중어른들(위). 충효당
에서 집안 내력을 설명하
고 있다(아래).

(朱潛)과 잠의 손자 문절공 주열(朱悅)을 함께 모시고 매
년 음력 3월 9일에 제향을 모시고 있었다.

　이날 문중어른들은 주자 선생의 영정을 모시고 고유제
를 올렸다. 우선 문중 대표가 차 한잔을 올리면서 그 동
안 후손들이 미련하여 할아버지가 좋아하신 차를 올리지
못했던 점을 너그러이 용서해 주시고 앞으로는『가례』의
예법대로 제향 때뿐 아니라 초하루 보름마다 차를 올려
드리겠다고 고하였다.

　고유제를 끝낸 문중어른들은 도통사 옆에 있는 계개당
(繼開堂) 누마루에서 차를 마시면서『주자가례』「통례편」
을 펼쳐 들었다.

　사당조에는 있는 "정월초하루(설)와, 동지 때와, 초하루 보름에는 신주
앞에 찻잔과 받침, 술잔과 받침을 각각 하나씩 진설한다"는 대목과, "주
부가 차선(茶筅·가루차를 휘젓는 솔)을 잡고 집사가 탕병을 들고 따라가
서 차를 넣는 것이다"라는 구절을 꼼꼼히 살폈다. 또「상례편」에는 수많
은 상중제례에 차가 올랐으며 일년에 네 번 모시는 사시제와 조상이 돌
아간 기일에 모시는 기제뿐 아니라 추석 차례까지 차를 올리도록 한 대
목을 확인하면서 다시 한 번 시조 할아버지의 차사랑에 놀라워했다.

　울진에 신안 주씨가 정착은 것은 전적공 주선임(典籍公 朱善林) 때부
터이다. 그로부터 500여 년 동안 높은 벼슬을 하기보다 은둔선비의 삶
을 지향하면서 효자와 충신을 배출했다. 무엇보다 동양삼국의 정신적
인 지주인 주자의 후손으로서 남다른 자긍심을 지녔음인지 문중어른
들 눈빛 하나에도 기품이 엿보였다.

성리학의 대가 주자는 차인이었다

주자가 대대로 살아왔던 신안군(新安郡)은 오늘날 중국이 자랑하는 명차의 생산지인 황산, 또 세계 3대 홍차의 생산지인 기문(祁門), 그리고 무원(婺源)이 소속된 지역이었다. 주자는 무원에서 송나라 황실의 차밭인 어차원(御茶園)이 있는 복건성의 북쪽 무이에서 『가례』를 완성시킨 차인이었다.

종가 근처의 구만 동산에 있는 효자 경안 선생이 임진왜란 때 이곳에 단을 쌓고 7년 동안 왜적이 물러날 것과 백성들의 안녕을 위해 새벽마다 기원했다는 축천대(祝天臺).

선생은 남송 때 사람으로 이름은 희(熹)이며 관례 때 받은 자는 원회(元晦) 또는 중회(仲晦)라 했고 호는 회암(晦庵), 회옹(晦翁)으로 불렸다. 그의 묘는 중국 복건성 건양현 당석리 황갱다구 봉상대림곡에 있는데, 그 지역 역시 차의 산지다. 주자의 기념관도 중국 복건성에 있으며 아름다운 무이구곡을 시로 남긴 분이 바로 주자선생이다. 아름다운 시와 아름다운 글씨와 만인의 사표가 될 문집이 700여 권에 달하는 현인으로 추앙받고 있는 분이다.

왜장을 끌어안고 순절한 논개는 주자의 후손

그 주자 선생의 후손이 한국에 정착한 것은 800여 년 전, 증손인 주잠(朱潛·1194~1260) 때이다. 송나라 한림원 태학사이던 주잠이 원나라의 침공으로 남송이 망하자 1224년에 문하생 칠학사와 아들과 딸을

종가일이라면 발벗고 나서
는 문중어른들.

데리고 고려로 망명해 왔다. 전남
화순군 능주면에 정착하고부터 한
국의 신안 주씨 시조가 되었다. 그
따님 또한 구씨 집안으로 시집가서
능성 구씨(綾城 具氏)시조가 된다.

그러나 주잠의 후손들은 원나라
의 핍박을 피해 한동안 신안이란
본을 숨긴 채 살아야만 했다. 그러
므로 사는 곳에 따라 본관을 따로

썼기 때문에 한때는 45개 파로 갈려지기도 했는데 고종 때 주선면(朱
錫冕)의 상소로 1901년 신안 주씨로 통일이 됐다.

신안 주씨들은 본을 숨기고 살아야 할 만큼 핍박을 받았으면서도 많
은 인물을 키워냈다. 고려 때는 세자 사부가 된 인물도 있었고, 조선조
때는 임진왜란 때 의병을 일으켜 왜적과 싸웠으며, 왜장을 끌어안고
남강에 투신하여 장열하게 순절한 유명한 주논개를 비롯 숱한 충열지
사를 배출한 명문집안이다. 🏵

삼국유사에 기록된 1600년 전의 차례

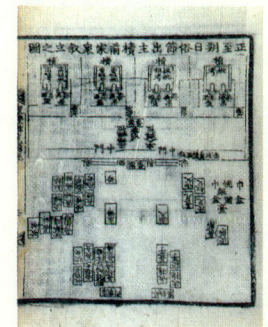

우리의 큰 명절 설, 추석을 맞이해 조상에게 예를 올리는 제례를 차례(茶禮) 또는 차사(茶祀)라 한다. 이름은 차례라 하면서도 제상에 차는 보이지 않고 술이 오른다. 술을 올리는데 왜 주례(酒禮)라 하지 않고 차례라는 말을 그냥 쓸까? 차례라는 말은 언제부터 쓰였으며 왜 기호 음료인 '차'가 '례'의 앞자리에 놓여졌을까.

조선초(1416년) 태종은 전국에 술을 빚지 못하게 하고 차례나 기제를 지낼 때 차대신 술을 올리는 일은 없도록 하라는 왕명을 내렸다. 영조 34년(1758년)에는 흉년이 들어 금주령을 내리면서 '궁중의 중요한 제사에도 술을 금하고 차를 사용하라'는 법령을 내렸다. 백성들의 허기진 배를 채우는 쌀로 제사를 핑계 삼아 술을 빚어 마시는 것은 나라의 흥망성쇠가 달린 일이며 이를 어기는 자는 엄하게 다스리라는 어명이었다.

율곡 이이(栗谷 李珥·1536~1584)가 지은 국민윤리서인 『격몽요결(擊蒙要訣)』에는 명절 차례에는 "주인과 주부가 차를 받들어 돌아간 부모의 신주 앞에 나누어 올린다"고 했다. 예절의 종장으로 추앙받고 있는 사계 김장생(沙溪 金長生·1548~1631)의 『상례비요(喪禮備要)』나 『가례집람(家禮輯覽)』에는 정초 차례상에는 신주를 중심으로 오른쪽에는 술잔, 왼쪽에는 찻잔을 놓도록 했다. 잔 앞쪽에는 과일 한 접시가 올려져 있어 명절 차례는 조상이 돌아가신 날 지내는 기제사와 다르게 간략한 제물을 올리도록 하고 있다. 그 외에 수많은 예서(禮書)와 조선조 사대부들이 행하는 제사의식을 적은 홀기(笏記·제사순서를 적은 글)에 차를 올리는 순서가 기록되 있는 것으로 볼 때 예를 정치이념으로 삼았던 조선시대의 법도 있는 가문에서는 반드시 제례에 차를 썼음을 알수 있다.

제례에 차가 오른 기록은 조선실록보다 1000년이나 거슬러 올라가는 삼국시대의 역사서 『삼국유사』 「가락국기」에서도 발견된다. 이 책에는 신라의 30대 국왕인 법민왕(재위 661~681년)이 "가락국을 세운 수로왕 제례에 제물로는 차, 술, 떡, 밥, 식혜, 과일을 올리라"고 한 구절이 있다. 또 고려시대에는 국가의 크고 작은 의례마다 차를 올렸다고 한다. 그러나 조선 후기에 수많은 변란을 겪으면서 차는 쇠퇴기를 맞았고 차를 구하기 어렵게 되자 숭늉이나 물이 차를 대신했다. 이 때문에 조선 후기로 올수록 예학자들은 차례의 본질을 살피지 않고 '차례는 중국에 있는 일이지 우리 풍습에는 없다'고 단정짓고 차를 멀리하고 있다. 그러나 각종 자료가 말하듯 중국 송나라에서 『주자가례』가 들어오기 전부터 차례상에 차를 올렸음을 알 수 있다.

신토불이의 정신이 담긴 차

매년 차생산량이 1000톤에 달하는 요즘에는 마음만 먹으면 얼마든지 조상의 차례상에 차를 올릴 수 있다. 이는 신토불이의 정신과도 일맥상통한다. 무엇보다 조상께 올렸던 차를 어린이들도 음복할 수 있어 자연스레 우리 차맛에 길들여지는 기회가 된다. 이는 커피 등을 수입하는 데 쓰이는 외화를 줄이는 방편이기도 하다.

차례의 기본 제물은 술, 차, 과일이 전부다. 여기에 떡국이나 전 등을 올려도 무방하지만 이는 차례가 끝난 후 가족들이 모여 좀더 푸짐한 음복을 하기 위해서일 뿐이다. 차례를 시작하기 직전 주부가 제상 한켠에서 차를 우려 식지 않게 다관에 담았다가 찻잔에 따르면 된다. 술을 올리게 되면 적(炙)과 전(煎) 등 안주를 장만해야 하지만 차는 다식과 과일만 올려도 되므로 주부들의 일손이 줄어든다. 제례 경비가 절약되는 것은 물론이다. 이런 차례의 의미를 알고 나면 신세대 주부들도 군이 차례를 기피하지 않을 것이다. 또 휴양지에서 돈을 주고 형식적으로 만들어진 차례상을 사서 모시는 해프닝도 없어질 것이다. 가방 속에 찻잔과 밤, 대추, 곶감만 조금씩 준비해 가면 어디에서든 차례를 지낼 수 있기 때문이다. 옛 선비들도 길을 떠나 객지에서 부모님의 기일이나 명절이 되면 찬물 한 그릇이라도 정성껏 올려 조상에게 예를 다했다.

『주자가례』에는 차례때 남자 조상에게는 술을, 여자 조상에게는 차를 올리도록 했다

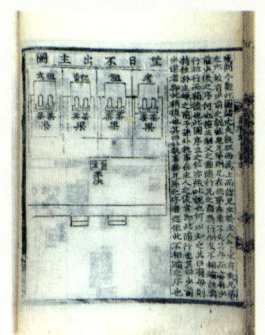

조선시대 수많은 예서의 바탕은 바로 『주자가례』이다. 조선을 건국한 이태조는 새로운 개혁과 사회 질서를 추구하는 이념적 체계로서 이 가례를 생활의 준거로 삼고자 했다. 그리고 사대부 관료들에게 필수적으로 『가례』를 권장했다. 태조는 즉위교서에서 "관혼상제는 나라의 대법(大法)이며 인륜을 두텁게 하고 풍속을 바르게 하는 것이다"라고 하였다. 정도전도 『조선경국전』에서 "관혼상제가 예의 가장 근

것이다"라고 하여 사례(四禮)를 강조하였다. 그리고 평양부에서는 가례 150부를 배포하기도 하였다.

『주자가례』권1의 「통례편」 '정지삭망즉참(正至朔望則參)'(정월 초하루, 동지, 초하루, 보름이 되면 참배한다)조에는 술보다 차가 오히려 앞자리에 있다. 『가례』통례편의 내용은 다음과 같다.

재계(齋戒)

하루 전에 물뿌려 쓸고 목욕재계하고 하룻밤을 지낸다. 이튿날 일찍 일어나 문을 열고 발을 걷고 감실마다 새 과일 소반을 탁자 위에 놓는다. 신위마다 찻잔과 받침, 술잔과 받침을 각각 하나씩 신주독 앞에 진설한다. 띠풀과 모래두엄을 향탁 앞에 진설한다. 따로 동쪽 계단 위에 탁자를 놓고 술 주전자와 잔과 잔받침을 그 위에 놓는다. 세숫대야와 수건 각각 두 개를 동쪽 계단 아래의 동쪽과 남쪽에 놓는다. 그리고 수건은 모두 북쪽에 둔다.

서립(序立)

주인 이하가 성복을 하고 문 앞으로 들어와 제자리로 나아간다. 주인은 동쪽계단 아래서 북향하고, 주부는 서쪽 계단 아래서 북향하여 선다.

주인에게 어머니가 계시면 주부의 앞에 따로 계시게 하고 주인에게 여러 숙부, 백부 형

들이 있게 되면 주인 오른편에 약간 앞에 따로 계시게 한다. 두 줄로 서면 서쪽이 상이 된다. 여러 백모, 숙모, 형수들이 이르게 되면 주부의 왼쪽 조금 앞에 여러 줄로 자리하는데 동쪽이 위이다. 여러 아우는 주인의 오른쪽에 약간 물러나 서고 자손과 집사자는 주인의 뒤에 두 줄로 서쪽을 상석으로 하여 선다. 아우의 아내와 여러 손아래 누이는 주부의 왼쪽에 약간 물러나 선다. 며느리와 손주며느리와 여집사자는 주부의 뒤에 두 줄로 서게 한다.

개독(開櫝)

자리를 정해 서고 나면 주인은 손을 씻고 올라가 홀을 꽂고 신주독을 열어 신주를 모셔다가 독앞에 놓는다. 주부도 손을 씻고 올라가 여자 조상의 신주를 받들어 모셔 남자 신주의 동쪽에 놓는다. 장자, 맏며느리 혹은 맏딸에게 명하여 손을 씻고 올라가서 향렬이 낮은 신주를 나누어 모셔내기를 또한 이와 같이 한다. 끝나면 주부 이하는 먼저 내려가 자리로 돌아간다.

강신 분향(降神 焚香)

주인은 향탁 앞에 나아가 강신 분향하고 재배한 뒤 조금 물러나 선다. 집사가 손을 씻고 올라가 술병을 열고 술주전자에 술을 채운다. 한 사람은 술을 받들어 주인의 오른쪽에 나아가고 한 사람은 잔과 잔 받침을 잡고 주인의 왼쪽으로 나아간다. 주인이 무릎 꿇으면 집사자도 다 무릎을 꿇는다.

주인은 주전자를 받아서 술을 따르고 주전자를 돌려준다. 잔과 잔받침을 받들어 왼손으로는 잔받침을 잡고 오른손으로는 잔을 잡아 모사 위에 붓고, 잔과 잔받침을 집사자에게 돌려준다. 집사자는 모두 내려와 제자리로 돌아간다. 제주는 홀을 빼어 들고 고개를 숙여 엎드렸다가 일어나 조금 물러나서 두 번 절한다.

참신(參神)

주인이 제자리로 돌아가서 그 자리에 있는 사람들과 함께 남자는 두 번 절하고 여자는
네 번 절하여 참신한다.

헌주 헌다(獻酒 獻茶)

주인이 올라가 주전자를 잡아 술을 따르는데 먼저 고조할아버지에게 하고 장자에게 명
하여 여러 신위에 술을 따르도록 한다. 고조할머니에게 주부가 올라가 다선을 잡고 집
사가 탕병을 들고 따라가서 찻잔에 차를 넣고 주부가 휘젓는다. 큰아들이나 큰며느리나
장녀에게 명하여 역시 그대로 한다. 며느리와 집사가 먼저 내려가 자리로 돌아간다. 주
인은 홀(忽)을 빼어들고 주부와 딸도 향탁 앞의 동쪽과 서쪽에 나누어 서서 절하고 내려
가 자리로 돌아간다.

사신(辭神)

주인 이하 주부 참제자 모두 재배사신 물러간다.

동지에 시조를 제사지내고 마치는데 위의 의식과 같이 한다. 보름에는 술을 진설하지
않고 신주도 내놓지 않는데 주인이 차를 넣을 때 장자가 이를 돕고 먼저 내려간다. 주인
은 향탁의 남쪽에 서서 재배하고 내려간다.

종가는 한라산 백록담을 뒤로하고 태평양 푸른바다가 넘실대는 명당에 자리했다.

큰길에서 종가로 들어가는 골목길을 이곳에서는 '올레'라고 한다. 외부로부터 시선을 차단하고

바람을 막기 위해 만들어진 공간이다. 골목 담은 까만 현무암으로 만들어졌는데 그 돌담에

기대 피어난 새하얀 꽃창포가 가을 바람에 살랑이며 객을 반겼다.

초가집 마루 부섭에서 찻물을 끓이다

제주 양씨 유향별감 양통해 종가

돌·바람·여자가 많아 삼다도라 불리는 제주도의 종가풍습은 어떠할까? 오랜 수소문 끝에 제주도 남쪽 서귀포시에서 동쪽으로 10여 킬로미터를 더 가면 제주 양씨들의 집성촌이 있음을 알게 됐다.

제주밀감의 원산지로 알려진 제주시 남원읍 신례리가 그곳이다. 마을 전체 400여 가구 중 80%가 양씨들로 이뤄진 이 마을 입향조는 고려 말엽에 중랑장공 양홍(中郞將公 梁鴻)의 손자 부위공 양윤(副尉公 梁潤)이라 했다.

600여 년 유서 깊은 마을이지만 23세 대종손 양완호(梁完湖·75) 씨 집을 비롯해 전통적인 옛집의 향취는 찾을 수가 없었다. 이곳 사람들에게 가장 아픈 상처로 남아 있는 1948년 4·3 항쟁 때문이라 했다.

그런데 그 참혹한 변란에도 굳건히 살아남은 전통 초가 한 집이 있

었다. 조선말 유향별감직을 지냈던 양통해(梁通海·1824~1884)의 현손
이 살고 있는 집이다. 종가라고 하기에는 짧은 연륜이지만 제주도 양반
풍습을 고스란히 지키고 있는 이만한 집을 찾기도 그리 쉽지 않았다.
제주시는 이 집을 '양씨 종가집'으로 시도민속자료로 지정해 두었다.

지난 2002년 태풍 루사 때는 지붕이 날아갔지만 이번 태풍 매미에는
피해가 없었다는 종가 안채에는 보기 드문 실내 난방용 '부섭'이 원형
그대로 남아 있었다. 하늘과 땅, 달과 별의 모양을 갖춘 이색진 제사떡
도 전해지고 있었다. 종손 양금석(梁錦錫·67) 씨와 종부 고방순(高芳
順·67) 씨가 노모 정인숙(鄭仁淑·92) 할머니를 모시며 봉제사도 받들
고 있었다.

삼성혈 입구 건시문 앞에있
는 제주의 상징 돌하르방.

제주 양씨 시조설화 무대 '삼성혈'

"태고 적에는 제주도에 사람이 살지 않았다. 어느 날 홀연히 세 신
인(三神人)이 땅에서 동시에 솟아났다. 한라산 북쪽 기슭에 있는 삼성
혈(三姓穴)이 바로 그곳이다. 세 신인은 고을나(高乙那) 양을나(良乙那·
良은 뒤에 梁으로 바뀜) 부을나(夫乙那)였다. 이후 이 세 을나는 배를 타
고 온 벽랑국의 세 공주를 각자의 배필로 맞아들여 농목축업을 시작
하며 뿌리를 내린 것이다."

제주 양씨 시조설화는 그 자체가 바로 제주도의 개국신화이기도 하
다. 남제주군 성산읍 온평리에 있는 혼인지(婚姻地)는 제주 양씨와 벽
랑공주가 혼례를 올린 곳으로 전해지고 있다.

제주시의 자랑거리이자 제주 양씨의 시조설화 무대인 삼성혈은 제

주시내 이도 1동에 있다. 가까운 거리에 제주공항이 있어 모두가 둘러보는 기본 관광코스기도 하다.

찾아간 날이 마침 삼신인의 제삿날이었다. 양씨 시조의 제사날이기도 하다. 삼성혈 입구 건시문 앞에는 제주의 상징 돌하르방이 좌우에 서서 반갑게 객을 반겼다. 건시문에 들어서면 하늘을 가린 나무들이 무성하고 숲 사이에 넓은 잔디밭이 있다. 잔디밭 가운데 품(品)자 모양으로 배열된 우묵하게 패인 구덩이가 3개 있는데 여기가 바로 삼신인이 솟아올랐다는 신화의 현장이다. 삼성혈 둘레에는 24절기를 상징하듯 24개의 오래된 돌 울타리가 둘러쳐져 있어 신령스러움을 더했다. 돌 울타리 옆에는 혈단비가 세워져 있고 그 옆으로 삼신인의 위패를 모신 삼성전(三聖殿)이 있다. 그곳에서 제사를 모시고 있었다.

이날 전국에서 모인 고·양·부씨들의 후손들로 구성된 제사는 오전 10시부터 시작됐다. 오랜 제사경험을 바탕에 두어서인지 경건하고 엄숙하게 홀기(笏記·제사지내는 순서)에 따라 진행됐다. 무엇보다 동·서로 나뉘어서 부르는 두 집사의 리듬 있는 홀기소리로 분위기는 더욱 숙연해졌다.

제례를 지휘하던 삼성사재단 사무국장 부희종(夫熙鐘·58) 씨는 삼신인의 제사 형식은 종묘제례에 따른다고 했다. 이는 1785년 정조임금이 삼성사라는 편액을 내리면서 삼신인 제사를 임금의 예우로 모시도록 했기 때문이다. 그러기에 절도 4배를 했다. 시조제는 매년 양력으로 4월

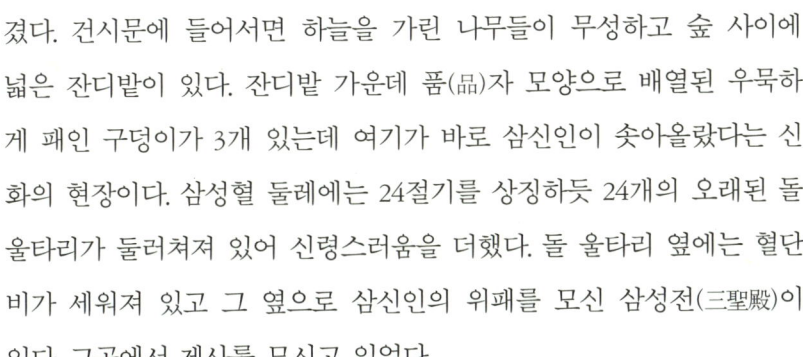

"태고 적에는 제주도에 사람이 살지 않았다. 어느 날 홀연히 세 신인(三神人)이 땅에서 동시에 솟아났다……."는 제주 양씨 시조 설화. 잔디밭 가운데 품(品)자 모양으로 배열된 우묵히 패인 구덩이가 3개 있는데 여기가 바로 삼신인이 솟아올랐다는 신화의 현장이다.

10일에 춘제, 10월 10일에 추제를 모시는데 삼헌(三獻)관은 윤번제로 하고 있다. 고·양·부씨는 누가 먼저라는 서열이 없어 윤번제로 돌아가며 정한다고 했다. 삼성혈 앞에 마련된 제단에서는 12월 10일에 도민제로 건시제를 모시고 있다. 이곳에서 제주도의원을 지내기도 했던 종손 양씨를 만났다. 종가로 가는 길은 승용차로 50분 거리다. 자갈에 뿌리를 박은 억새가 온통 은빛으로 빛나는 제주의 가을 풍광을 즐기며 종손의 뿌리 이야기를 들었다.

제주도의 정체성이 그대로 녹아 있는 돌담의 '초가'

종가에 터잡은 것은 유향별감직을 역임했던 고조 때라 한다. 할아버지는 유학자로 성균관 향교 전의였으며 선친은 법관이었다. 그런데 그 당시 악몽 같은 4·3사건이 터졌다. 선친은 사법관 시보로 재직하다가 까닭없이 그 사건에 연루되었다는 죄목으로 모진 고문을 당했다. 결국 무죄 판결을 받고 돌아왔지만 병을 얻어 세상을 떠났다. 종손은 선친의 명예회복을 위해 제주 4·3사건 진상규명 및 희생자 명예회복실무위원회 위원직을 맡아 동분서주하고 있다고 했다.

종가는 한라산 백록담을 뒤로 하고 태평양 푸른 바다가 넘실대는 명당에 자리했다. 큰길에서 종가로 들어가는 골목길을 이곳에서는 '올레'라고 한다. 외부로부터 시선을 차단하고 바람을 막기 위해 만들어진 공간이다. 골목 담은 까만 현무암으로 만들어졌는데 그 돌담에 기대 피어난 새하얀 꽃창포가 가을 바람에 살랑이며 객을 반겼다.

달콤한 밀감 향기가 넘쳐나는 종가에는 육지의 솟을대문 같은 그런

초가 둘레 1000여 평의 대지에는 밀감나무가 빼곡이 심어져 있었다.
밀감나무에 가려 이웃집이 잘 보이지 않을 정도이다.
『탐라순력도』에는 왕실에 당유자를 진상하는 장면이 있는데
그 마을이 바로 이곳으로 당시에는 당금귤, 동정귤 등
10여 가지의 다양한 이름으로 불리운 귤이 생산되었음을 알려준다.

대문은 없다. 정주석과 정낭이 이를 대신한다. 정주석은 정낭을 거는 돌로 구멍이 세 개 나 있다. 이 세 개의 구멍에 막대인 정낭이 세 개 걸리면 주인이 출타한 것이고, 한 개만 걸쳐 있으면 가까운 곳에, 세 개 모두 내려져 있으면 주인이 안에 있다는 신호다. 이는 삼다(三多)와 더불어 도둑과 거지와 대문이 없다는 삼무(三無)의 풍속을 고스란히 보여주는 것이다.

오른편에 사랑채가 있고 마주보는 곳에 안채가 있는데 이곳에서는 사랑채를 '밖거리 한채'라 하고 안채는 '안거리 한채'라 했다. 안채와 사랑채 사이에는 고방채 한 채가 더 있다. 예전에는 안채 동편으로 조상을 모시는 공간인 '사당채'가 있었지만 지금은 없다.

남제주군 남원읍 신계리는 제주 양씨의 집성촌. 4·3사건, 새마을운동 등으로 옛 모습을 갖춘 초가는 거의 없다. 조선말 유향별감직을 지낸 양통해 종가가 유일하다고 할 수 있다.

차를 나누는 다실이 되기도 했던 마루 부섭

바람이 많이 불어서인지 대청마루에도 통나무로 된 여닫이 문이 달려 있는 제주만의 독특한 집안구조를 구경하던 중에 눈길을 잡아 끄는 것이 있었다. 안채마루 한쪽에 있는 겨울난방 '부섭'이었다. 마루를 네모나게 판 다음 흙을 바르고 불을 피울 수 있게 화로처럼 만들어 놓았다. 턱이 높지도 낮지도 않아 다양한 쓰임새로 쓰여졌다.

불을 피워놓고 언 몸을 녹이고 고구마를 구워 먹기도 했고 뚝배기가 끓기도 하였다. 따뜻한 차를 나누는 추운 겨울에는 여기서 차를 다려 마시는 다실이 되기도 하였다. 여자들은 곁에서 바느질을 하면서 담소하는 소박한 화로였다. '부섭'에서 새어나는 연기는 집안에 벌레를 없애는 역할도 한다. 이 때문에 마루와 벽과 문이 까맣게 그을린 것도 바람많은 제주 가옥의 특징으로 볼 수 있다.

마루를 네모나게 판 다음 흙을 바르고 불을 피울 수 있게 화로처럼 부섭을 만들어 놓았다. 추운 겨울에는 여기서 고구마를 구워 먹기도 하고 찻물을 끓이기도 하였다.

이 부섭은 일본의 전통차실에서 볼 수 있는 '이로리'와 그 기능이 같아 보였다. 다다미 방바닥을 네모나게 파서 바닥을 흙으로 메우고 그 위에 화로를 걸어두고 솥을 올려 찻물을 끓이는 모습 그대로였다. 혹시 일본 사람들이 제주도의 '부섭' 모양을 모방하지 않았을까 하는 생각마저 들었다.

일년에 한 번씩 이어야 하는 초가지붕, 재래식 화장실, 허리를 굽혀 일해야만 하는 아궁이 부엌 등 지금 시대에 이런 주거환경에서 생활을 한다는 것은 힘든 일이다. 형편이 아주 어려운 집이 아니고서는 있을 수 없는 일일 것이다. 하지만 종가 사람들은 이 집에서 모두 생활을 했

큰길에서 종가로 들어가는
골목길을 이곳에서는 '올
레'라고 한다.

다. 아직도 손때 묻은 가구들이 그 쓰임새에 따라 제자리에 그대로 놓여져 있다.

지금은 초가를 보수하기 위해 초가 옆에 현대식 집을 짓고 살림을 한다. 관리하기 힘든 초가를 굳이 지키고 있는 이유를 종손은 이렇게 말했다. "참으로 관리가 어려웠습니다. 하지만 92세의 내어머니가 평생을 이집에서 생활을 했고, 그 이전에는 고조 할아버지가 살았습니다. 이 집을 없애버리면 어디에서 전통생활을 이해할 수 있겠습니까. 박물관에 전시된 박제된 유물밖에 없지 않겠습니까? 땅이 척박한 어려운 환경을 헤쳐 온 우리 선조들의 삶의 방식을 다음세대들에 꼭 전하고 싶었습니다. 제주도의 정체성이 담긴 집이이까요."

일주일 후에 있을 아들 진혁(眞赫·31) 씨의 혼인식도 종가 마당에서 치룰 것이라 했다.

초가 둘레 1000여 평의 대지에는 밀감나무가 빼곡이 심어져 있다. 이 마을은 밀감나무 집산지여서 밀감나무에 가려 이웃집이 잘 보이지 않을 정도였다. 조선 영조 때 제주목사 이형상(李衡祥·1653~1733)의 『탐라순력도』에는 당유자를 왕실에 진상하는 장면이 있는데 그곳에 그려진 곳이 바로 이 마을이라 한다. 당시에는 당금귤(唐金橘), 동정귤(洞庭橘) 등 10여 가지의 다양한 이름으로 불리운 귤이 생산되었음을 알 수 있는 그림이다. 마을 입구에 있는 대종가댁을 과원(果園)댁으로 부르는 것도 이 마을이 유명한 밀감산지임을 말해 주는 것이다.

중등학교 교감으로 퇴임했다는 종부 고씨는 걸음이 어려운 92세의 시어머니를 극진히 모시고 일년에 10여 차례 봉제사를 지내면서 육지 종부와 다를 바 없는 종가살림을 꾸려나가고 있다.

육지와 다르지 않는 제주도의 제례 풍습

이 마을 대종손 양완호 씨 댁은 옛집이 아니어서 취재를 못했지만 풍습과 내력은 소상히 들을 수 있었다.

"마을의 옛 지명은 '예촌(禮村)'입니다. 예를 숭상하는 마을이란 뜻이지요. 밀감나무 집산지로 경제적으로 다른 지역보다 윤택했기 때문에 우리 마을은 오래전부터 통과의례를 유가의 법도대로 지키려 했습니다. 흔히 제주도 풍습은 육지와 현저히 달라서 제사도 형제들이 나누어 지내고, 부모도 모시지 않고 따로 사는 모습을 제주도의 전통적인 풍습이라 말하고 있지만 이는 일부만을 보고 평가한 것입니다. 한라산을 가운데 두고 산 남쪽과 북쪽의 기후와 토양이 다르듯 제주도 내에서도 지역에 따라 생활풍습도 무척 다릅니다. 우리 마을은 아직도 장손이 4대 봉제사를 모시고 있습니다. 부모님을 모시는 것은 물론이구요."

얼마전까지만 해도 한식이나 단오제까지 4대 명절 차례를 모셨지만 현재는 설과 추석, 기제사와 가을시제를 모시는 육지종가 풍습과 같다. 그러나 조상들의 유물은 전해진 것이 없다고 했다. 왜구의 침입이 잦은데다 일제 강점기 때는 어느집에

입향조로부터 23대 대종손 양완호 씨. 마을의 풍습과 내력을 자세히 설명해 주었다(위). 옛 모습 그대로 종가 가옥을 유지하는 데 힘쓰는 종손 양금석 씨와 종부 고방순 씨(아래).

서 제사를 지내는지 속속들이 조사를 한 후 제사를 모시는 시간에 덮쳐서 유기로 된 제기를 뺏어 갈 정도였으니 무엇이 남아 있겠는가.

그뿐 아니라 4·3사건 때는 이 마을 모두 지붕을 없애고 피난을 갔다. 지붕이 남아 있으면 불을 질러 마을 전체를 없앨 우려가 있었기 때문이다.

옛집을 보존할 수 없었던 것은 그런 연유도 있었지만, 박정희 전 대통령 시절에는 새마을 시범마을로 지정되어 집들을 모두 현대식으로 고쳤기 때문이라 했다. 그러나 대종손은 제사음식에는 제주도의 정체성이 그대로 남아 있다고 했다.

하늘·땅·해·달을 상징하는 독특한 모양의 떡을 제사에 올린다(위). 제상에는 또 메밀로 묵을 쑤어 꼬치에 꿰어 구운 묵적을 올리기도 한다(아래).

하늘·땅·해·달을 상징하는 제사떡

이 마을 양씨 가문에서는 기제사를 지낼 때 올리는 삼적(三炙) 중에 묵으로 만든 적을 올린다. 메밀 생산이 많기 때문이다. 묵을 쑤어 사방 4센티미터 정도로 썬 후 4개씩을 한 꽂이에 끼워 다섯꽂이를 만든 다음 참기름을 발라서 팬에 살짝 지져 제상에 올린다. 4개를 꽂는 것은 4대(四大·땅·물·불·바람)를 상징하며 다섯꽂이를 올리는 것은 오상(五常)으로 사람이 마땅히 지켜야 할 도리인 인의예지신(仁·義·禮·智·信)을 뜻한다고 했다. 또 제상에 올리는 떡에도 자연의 이치를 담았다.

제사에 올리는 다섯 가지 떡은 사람이 세상을 뜨면 그 자식들이 상복을 입을 때 지내는 성복례(成服禮)에 올리는 떡이다. 이때 이 떡을 올리지 못하면 제사 때는 물론 그 아랫대도 올리지 못하는 풍습이 있다.

제주 특산물 중 으뜸인 성게를 넣어 끓인 미역국

다섯 가지 떡이란 백시루편을 제기 바닥에 놓고 그 위에 올라가는 떡을 말한다. 네모 모양의 절편은 땅을 상징했고, 둥글게 빚은 떡을 겹쳐놓고 가운데 햇살무늬를 찍어 만든 은절미는 해를 상징했으며, 반달 모양의 달떡은 달을 상징했지만 종가에서는 솔잎을 넣고 찐다 하여 '솔편'으로 부른다. 둥글게 만든 떡 가장자리를 톱니바퀴처럼 뾰족뾰족하게 별모양으로 만드는데 그 떡은 별을 상징했다. 별모양의 떡을 이곳에서는 '웃징'이라 했다.

바람과 비, 태풍 등 끊임없는 재앙이나 재난을 예방하기 위해 조상에게 올리는 재물에도 이 같은 문양을 표현해 재난에서 보호해주기를 빌었다. 종가에는 이 네 가지 문양의 떡쌀이 대대로 전해오고 있었다.

성게는 제주의 특산물 중에 으뜸이다. 종가에서는 큰일을 치를 때면 성게를 넣은 미역국을 끓인다. 껍질을 깨면 노란색이 나오는 성게는 향긋하고 달콤한 맛을 낼 뿐 아니라 단백질과 비타민, 철분이 많아 임산부에게 더없이 좋은 음식이다.

성게미역국은 끓이려면 성게는 껍질을 까놓고 미역을 불려서 먹기 좋은 크기로 썰어둔다. 냄비에 물을 붓고 물이 끓으면 성게와 미역을 넣고 소금으로 간을 맞춘다. 성게미역국은 간장보다 소금을 넣어야 향긋한 바닷맛을 더해 준다고 한다.

조금 끓일 때는 미역과 함께 넣지만 많이 끓일 때는 미역을 미리 국그릇에 담아두고 뜨거운 성게국물을 부으면 미역이 붓지 않아 맛있다는 비결도 일러주었다. 먹을 때는 깨소금을 넣어 고소한 맛을 더하기도 한다. 성게의 또 다른 이름은 '구살'이라 했다.

메밀과 무맛의 환상적인 조화 '쟁기떡'

논농사보다 밭농사가 많은 제주 지역의 특성 때문에 명절이나 특별한 날에는 별미로 쟁기떡을 만든다. 메밀가루로 만든 대표적인 음식으로 쟁기떡을 북제주에서는 '빙떡'이라 부르기도 했다.

쟁기떡은 메밀가루에 소금을 넣고 묽게 반죽을 한 다음 팬에 기름을 두르고 얇고 둥글게 지진다. 여기다 곱게 채썬 무를 뜨거운 소금물에 데친 후 성근 배수건에 넣어 물기를 뺀 다음 지져 둔 메밀떡에 놓고 돌돌 말아서 속이 나오지 않게 양끝을 살짝 눌러 주면 끝나는 간단한 음식이다. 하지만 메밀의 고소한 맛과 맵싸한 무맛이 어우러져 음식궁합으로는 환상적이다. 이 떡은 썰지 않고 손으로 들고 베어먹어야 제 맛을 느낄 수 있다. 보통 때는 무에 실파를 다져 넣으면 매콤한 맛이 더욱 깔끔하지만 제사에 올릴 때는 파를 넣지 않는다.

쟁기떡은 제주의 특미로 종가가 아니어도 맛볼 수 있지만 종가 안채 마루에 있는 '부섭' 위에 솥뚜껑을 걸치고 전통적인 방법대로 만든 쟁기떡의 맛은 또 다른 별미였다. 종가 사람들의 겨우살이 멋은 이 '부섭'에 둘러앉아 쟁기떡을 지져 먹고 차를 마시며 오순도순 이야기 꽃

메밀가루를 묽게 반죽하여 프라이팬에 기름을 두르고 얇고 둥글게 지진 다음 소금물에 데친 채썬 무를 얹어 돌돌 말아 만든 쟁기떡. 메밀가루로 만든 쟁기떡을 북제주에서는 '빙떡'이라 부르기도 했다.

을 피우는 거라 했다.

종손은 법대를 나와 고시준비 하느라 노총각이 되었고, 종부는 시집 안 간 언니 때문에 혼인이 늦어져 서른일곱 동갑나기로 늦은 혼인을 했다. 아드님과 따님 두 자제분을 두었는데 그 아들이 며칠 후 종가 마당에서 혼인을 치른다고 했다. 그 잔칫날에도 성게국과 쟁기떡을 만들어 손님접대를 할 거라며 종부는 며느리 맞이하는 기쁜 마음을 감출 줄 몰랐다. ◈

제주 양씨 삼성사 제례

이 홀기(笏記)는 2003년 10월 10일 제주도 삼성사(三姓祠)에서 행하였던 추기대제(秋期大祭) 순서를 옮긴 것이다.

1. 알자(謁者)는 대축(大祝)관과 여러 집사를 인도해 배례석으로 나아가 신주를 향해 모두 4번 절한다.
2. 손을 씻는 관세(盥洗) 위로 나아가 서쪽을 향해 손을 씻은 다음 모두 제 위치에 선다.
3. 알자는 삼헌관(三獻官)을 각각 인도해 배례석으로 나간다.
4. 알자는 헌관의 왼쪽에 서고 유사(有司)는 "삼가 행사하려 합니다"라고 아뢴다. 헌관은 4번 절한다.

전폐례(奠幣禮)

1. 알자는 초헌관을 인도하여 손을 씻는 위치로 나간다.
2. 헌관은 서쪽을 향하여 서서 홀(笏)을 가다듬고 손을 씻은 후 다시 홀을 잡고 탐라시조 삼을나(三乙那) 신위 앞으로 나간다.
3. 서쪽을 향하여 꿇어앉아 홀을 가다듬어 3번 향을 사르고 폐백을 드린다.
4. 홀을 잡고 부복하였다가 일어나 몸을 바로 한다.
5. 알자는 성주(星主) 왕자(王子) 도내(徒內) 삼고씨(三高氏) 신위 앞으로 헌관을 인도한다.
6. 헌관은 꿇어앉아 홀을 가다듬고 향을 3번 사른 후 폐백을 드린다.
7. 헌관은 홀을 잡고 부복하였다가 일어나 몸을 바로하고 제자리로 돌아간다.

초헌례(初獻禮)

1. 알자는 초헌관을 인도하여 술동이가 있는 곳으로 가서 선다

2. 술동이를 든 집사는 술보자기를 걷어 술을 잔에 채운다.

3. 알자는 헌관을 인도해 삼을나 신위 앞에 나간다.

4. 헌관은 서쪽을 향해 꿇어앉아 홀을 가다듬고 잔을 올린 다음 다시 홀을 잡고 부복하였다 일어나 조금 뒤로 물러나 꿇어앉는다.

5. 대축은 축문을 읽는다.

6. 헌관은 부복하였다가 일어나 몸을 바로한다.

7. 알자는 성주, 왕자, 도내 삼고씨 신위 앞으로 헌관을 인도한다.

8. 헌관은 꿇어앉아 홀을 가다듬고 잔을 올린 후 홀을 잡고 부복하였다가 일어나 몸을 바로하고 제자리로 돌아간다. 아헌례(亞獻禮)와 종헌례(終獻禮)는 초헌례와 같다.

복주(福酒)를 마시고 조육(俎肉)을 받음

1. 알자는 초헌관을 인도하여 음복하는 자리로 나간다.

2. 헌관은 남쪽으로 향해 꿇어앉아 홀을 가다듬으면 집사가 헌관에게 잔을 드린다. 헌관은 잔을 받아 마시고 집사자에게 빈잔을 돌려준다. 집사자는 빈잔을 받고 헌관에게 조육대(俎肉臺)를 드린다. 헌관은 조육을 받아 먹은 다음 빈 조육대를 집사자에게 주면 집사자는 빈 조육대를 받는다.

3. 헌관은 홀을 잡고 부복하였다가 일어나 몸을 바로하고 제자리로 돌아간다.

4. 삼헌관(三獻官), 축관(祝官), 전사관(典祀官) 모두 4번 절한다.

5. 대축은 변(籩)과 두(豆)의 뚜껑을 닫고 삼헌관 및 집전위원(執典委員) 모두 4번 절한다.

축문과 폐백을 불사르다

1. 알자는 초헌관을 인도하여 망료(望燎)로 나간다.

2. 헌관은 서쪽을 향해 선다.

3. 축문과 폐백을 불사른다.

4. 알자는 헌관의 왼쪽으로 가서 행례가 끝났음을 아뢴다.

5. 초헌관 이하 차례차례 나간다.

6. 여러 집사 모두 절하는 자리로 나가 4번 절한다

"삶은 이세상에 붙어 있는 것이고, 죽음은 저세상으로 돌아가는 것이다.
비록 천명이라 하나 나는 홀로 우리 임금 앞으로 돌아가거니와
나를 알아 줄 사람은 송은과 야은, 목은뿐이다" 하여 후세 사람들은
이 삼은의 절개를 추앙하게 된다.

태풍으로 세상에 드러난 고려 고분 풍속벽화

밀성 박씨 송은공파 시위공 종가

"고려시대의 복식을 이제야 재현할 수 있게 됐다." "삼국에서 고려, 조선으로 면면히 이어지는 회화사 변천을 구체적으로 규명할 획기적인 자료다."

학계가 이 같은 찬사를 보내면서 흥분했던 것은 2000년 9월 태풍 '사오 마이'에 의해 밀성 박씨 선산에 있는 고분 한 기가 내려앉으면서 600년 전 무덤 안에 그려진 벽화가 드러났기 때문이다. 무덤 석실 내부에서 발굴된 풍속벽화에는 고려 후기 양식의 저고리와 치마를 입고 행차하는 붉은색, 먹색, 남색 등으로 채색된 채 발랄하고 생기 있는 필치로 그려진 귀족여인들의 행렬도가 완벽하게 보존돼 있었다.

무덤의 주인공은 두 임금을 섬길 수 없다며 벼슬을 버리고 은둔선비로 살았던 고려말 팔은(八隱) 중 한 분인 송은 박익(松隱 朴翊·1332~

1398) 선생이다. 벽화에서 개인적인 관심사는 출토된 분청차완(茶碗)과 무덤 속 서쪽벽화에 보이는 찻잔이다. 그림과 출토품은 분명 찻그릇으로 보이지만 문헌적인 뒷받침이 따르지 않으면 단정짓기 어렵다. 그것을 확인하기 위해 밀양시 초동면 신월리에서 400여 년을 살고 있는 송은 선생의 손자 시위공(侍衛公) 종가를 찾았다.

무덤의 주인공 박익, 그는 누구인가?

우선 분묘를 그처럼 화려하게 만들려면 부와 명예와 권력과 덕망이 없고서는 어림없는 일이다. 그 무덤의 주인공은 어떤 인물일까?

무덤의 주인공 송은 박익 선생의 가계도를 훑어보면 궁금증이 풀린다. 선조는 신라왕자로서 밀성대군(密城大君)으로 봉해졌던 분으로 밀성 전역은 그들의 식읍지였다고 한다. 지금도 밀양 사람들은 박씨를 밀성의 토성으로 떠올리게 될 만큼 토호로서 밀양지방 지배족이었던 최고 명문에 속해 분묘를 그처럼 꾸밀 수 있었을 것으로 보고 있다. 밀양의 옛 지명이 밀성이므로 밀성 박씨는 밀양 박씨와 같다.

송은 선생은 그런 명문 집안의 자손으로 밀양에서 출생했다. 어렸을 때부터 품성이 뛰어나 기대를 모았는데 고려 공민왕 때 문과에 급제한 후 지금의 차관급인 사재소감을 역임한 당대의 대학자가 되었다.

하지만 태조 이성계가 조선을 건국하자 두 임금을 섬길 수 없다며 벼슬을 버리고 고향인 밀양으로 돌아와 후학을 양성하며 평생을 은둔 선비로 보낸, 고려가 자랑하는 팔은(八隱) 중의 한 분이다. 무덤 벽화에는 충절을 상징하는 매화와 대나무가 그려져 있어 그의 삶을 대변하

고 있다. 선생은 고향에 있으면서도 포
은 정몽주, 야은 길재, 목은 이색과 서
신으로 시를 주고받으며 충절을 함께
했는데 그 중 40여 편의 시가 아직 남
아 있다. 그 분들이 뜻을 함께 하기로
한 대목 중에는 포은 선생이 죽기 전
송은 선생을 불러 "삶은 이세상에 붙어
있는 것이고, 죽음은 저세상으로 돌아
가는 것이다. 비록 천명이라 하나 나는
홀로 우리 임금 앞으로 돌아가거니와
나를 알아 줄 사람은 송은과 야은, 목
은뿐이다" 하여 후세 사람들은 이 삼은
의 절개를 추앙하게 된다.

두 임금을 섬길 수 없다며
벼슬을 버리고 은둔 선비로
살았던 고려말 팔은 가운데
한 분인 송은 박익 선생의
영정을 모신 모선정.

　조선왕조에서는 높은 벼슬을 다섯 번
씩이나 내리면서 관직에 나와 정사를
돌볼 것을 권했지만 '눈이 어둡고 귀가 멀었다'는 핑계로 나가지 않았
다. 그러나 선생의 네 아드님에게는 "나는 왕씨의 혼령 앞에 돌아가거
니와 너희들은 이씨의 세상에 있다. 이미 남의 신하가 되었으니 충성
을 다하라. 선천(先天)과 후천(後天)에 부자간에도 시대가 달라졌다"라
는 유언을 남기고 67세로 세상을 떴다.

　송은 선생의 충절은 조선 조정에서도 기려져 충숙(忠肅)이라는 시호
(諡號)가 내려졌다. 밀양 덕남서원과 용강서원, 신계서원 등에 영정을
봉안하고 봄, 가을 향사를 모시고 있다.

종가에서 그리 멀지 않은
모선마을에 있는 모선정
은 송은 선생의 증손자 박
수견이 어머니 상을 당하
여 초막을 짓고 3년간 시
묘 생활을 한 곳으로 선생
의 호를 따 이름지었다.

고려말 사람들의 옷과 그릇

고려후기 양식의 채색 풍속벽화로는 사상 처음으로 출토되어 국보급 자료 가치를 가지고 있는 송은 선생의 무덤은 경남 밀양시 청도면 고법리의 밀양 박씨 선산에 있다. 두 번의 도굴로 벽화가 훼손되기도 했지만 벽화에서 나타난 고려사람들의 생활복을 볼 수 있다는 사실은 복식을 연구하는 사람들에게는 대단한 자료적인 가치가 될 것이다.

사람들이 들고 있는 무덤 속의 용기는 어떤 용도로 쓰이기 위함인지 찻잔과 찻병으로 보이는 그릇들은 실제 찻잔이었는지도 궁금했다.

벽화의 그림은 4명이 한 조가 되어 유해 머리가 있는 동북쪽으로 모두가 움직이고 있는 모습도 관심사였다. 동북쪽은 망자가 가는 북두칠성이 저녁마다 떠오르는 방향이다. 여기다 무덤 속에서 출토된 길이 54센티미터, 폭 23.5센티미터, 두께 18센티미터의 모습도 비석형의 돌에는 자주색의 연꽃 일곱 송이가 음각되어 예부터 우리 민족의 기층 신앙인 북두칠성임을 암시하고 있다. 무엇보다 600년 세월 동안 벽화가 훼손되지 않고 있었는지도 궁금했다.

이 풍속벽화의 발굴조사팀인 동아대학교 박물관팀의 조사 내용을 살펴보았다. 우선 그 당시 남녀 복장을 보자.

여자들의 복장은 색깔만 다를 뿐 모두 같은 형태의 옷을 입었는데 고름이 없는 긴 저고리에 치마를 입었다. 저고리 길이가 삼국시대보다는 짧아지는 형태이고 깃의 여밈이 오른쪽 옆구리로 완전히 여며지는 게 고려시대에 많이 나오는 모양이라 한다. 여자들 허리에 가는 띠를 맨

건 옷고름이 생기기 전인 조선시대 전까지 나타나는 형태로 복식연구가들은 보고 있다.

또한 머리 모양은 모두 두 갈래로 나눠 동그랗게 올렸던 것은 삼국시대 이후에 전해 내려온 전통적인 여인의 머리 모양으로 벽화 속에 등장한 여인들의 옷차림과 머리 모양은 고려시대 여인들의 평상복으로 보고 있다. 여자들이 머리에 꽃관 형태의 관을 쓰고 있는 것은 송은 선생을 추앙하기 위한 것으로 보고 있다.

남자들의 옷은 고려시대 관리들이 많이 입던 것이 둥근 형태의 포로 단령(團領)이라고도 한다. 신발은 긴 장화인 목화(木靴)다. 고려시대 관리들이 단령과 함께 신던 신발이다. 고려시대 관리의 일반적인 복장은 목화와 단령 그리고 모자는 복두를 썼으나 벽화 속의 남자들은 신발과 옷은 관리들의 복장이지만 모자는 복두가 아니라 원나라의 영향을 받은 모자 형태로 보고 있다.

특히 벽화 중의 인물들이 들고 있는 용기는 이 시대의 국교였던 불교 의식에서 가장 기본적인 공양물을 담아 나르는 용기들로 보고 있다. 이 행렬도는 송은 선생을 극락으로 천도하길 기원하는 천도공양행렬이고 말고삐를 잡은 사람은 박익을 극락세계로 데려갈 사자인 것으로 분석

모선정에 있는 박익 선생의 영정 앞에 고유를 하는 후손들.

송은 선생의 무덤 안에 있
던 벽화. 벽화가 세상에 알
려지면서 고려시대의 복식
과 삼국에서 고려, 조선으
로 이어지는 회화사의 변
천을 보여주는 귀중한 자
료가 되었다.

하고 있다.

　영원히 역사 속에 묻힐 뻔했던 이 벽화가 우연히 발견됨으로써 고려말 이땅에 살던 사람들의 생활상을 짐작해 볼 수 있었다는 점에서 큰 의미를 두고 있다.

　하지만 이번 태풍으로 무덤의 봉분이 쓰러져 세상에 알려지기 훨씬 전인 15년 전에 봉분은 이미 도굴꾼들에 의해 2차례나 훼손당한 것으로 보여 안타까움이 더한다.

　밀성박씨대종회 총무 박희학(朴熙鶴) 씨는 이때 훼손된 묘를 보수하면서 벽화가 있다는 사실을 알았지만 조상의 묘를 함부로 파헤칠 수 없다는 어른들의 강경한 반대로 그대로 메울 수밖에 없었다고 한다. 2차례의 도굴로 묘는 원형이 그대로 보존되지 못하고 습기가 배어들어 벽화가 더 많이 훼손되었을 것이라는 아쉬움을 남겼다.

벽화에는 찻잔과 찻병이, 출토품에는 차완이 있었다

　시간을 거슬러올라가 행렬도에 있는 사람들에게 말을 걸듯 벽화를 들어다보고 있자니 서쪽 벽면의 그림에서 찻병으로 보이는 병을 들고 가는 여자의 모습과 그 뒤에 희미하게 보이는 찻잔을 잡고 있는 손에 눈의 초점이 모아졌다.

　이 부분은 많이 훼손되어 찻잔을 든 사람이 여자인지 남자인지는 알 수 없으나 분명 뚜껑을 덮은 작은 찻종을 두손으로 공손하게 감싸안은 그림이 있다. 여기다 이 고분에서는 일본이 국보로 애지중지 여기는 분청차완 하나도 깨어진 채 출토되었다. 이때의 차문화사를 살펴보면 말차시대와 잎차시대가 교차되던 시기여서 두 개의 대비되는 찻잔을 발견하는 순간 가슴이 두근거리지 않을 수가 없었다.

나라가 어지러운 이 시대의 은둔선비에게는 차가 지우지정으로 여겨졌던 기록들이 많다. 포은 정몽주, 야은 길재, 목은 이색 선생 등은 많은 차시를 남겼다. 그들과 뜻을 같이한 무덤의 주인공인 송은 선생도 분명 차를 마셨을 것이며 차시 한 수쯤은 남아 있을 것이다.

특히 밀양은 차의 산지로 유명하지 않은가. 특히 이때는 국가적인 행사에도 차를 썼으며 불전에 공양물로 왕이 직접 차를 올린 기록들도 많기 때문이다. 그런 이유로 종가에서 얻은 벽화 사진 속에서 희미한 찻잔을 찾아내고는 송은 선생 문집을 갈피갈피 뒤졌지만 찻자는 보이지 않았다.

남자들의 옷은 고려시대 관리들이 많이 입던 깃이 둥근 형태의 포로 단령이라고도 한다. 이 부분은 많이 훼손되어 찻잔을 든 사람이 여자인지 남자인지는 알 수 없으나 분명 뚜껑을 덮은 작은 찻종을 두손으로 공손하게 감싸안은 그림이 있다.

혹시 문중의 제사 홀기(笏記)에라도 진다(進茶)나 봉차(捧茶)에 대한 글이 있지 않을까 애써 찾아 보았지만 옛날 홀기는 찾을 길이 없고 옮겨 적은 홀기에는 그것마저 보이지 않았다. 차문화사에 또 하나 획을 그을 찻잔의 모습은 문헌적인 뒷받침이 없어 그림과 유물로만 남겨질 수밖에 없었다.

태풍이 찾아낸 벽화를 만나러 빗길을 가다

태풍이 찾아낸 벽화의 주인공 송은 선생의 후손이 살고 있는 종가를 찾아 떠난 날은 공교롭게도 지난번 수해로 종가 마을의 전화선이 침수된 상태였다. 사전 답사를 위해 나섰던 8월 1일은 피서철의 절정기여서 서울에서 밀양까지 10시간이 걸리더니 촬영날로 잡은 12일은 장마로 교통까지 두절되어 취재에 어려움이 더했다.

꼼꼼한 사전 답사와 취재 촬영까지 그간 80여 차례 이상 전국의 종가를 다녔지만 이번 같은 재앙은 처음이었다. 아마도 600년 신비에 쌓였던 그 벽화의 숨겨진 이야기를 밝히려는 작업이니 통과세를 단단히 치뤄야만 하는 모양이다.

무엇보다 무덤의 주인공인 송은 선생 종가를 찾을 수가 없어 밀성 박씨대종회 총무이사 박희장(朴熙章·74) 씨의 추천을 받았다. 송은공의 둘째 아드님의 둘째 아드님인 시위공(侍衛公)의 19대 종가를 찾는 일도 그다지 쉬운 일은 아니었다. 선대가 지었던 집에 종손이 살아야 하고 특히 조상을 모시는 사당이 있는 곳을 추천해 달랬더니 지금의 종가를 찾아보라 했다. 종가는 송은공의 묘역과 영정을 모신 모선정에서 불과 500미터 떨어진 곳에 있을 뿐 아니라 19대 400년 넘게 한곳에 터 잡고 사는, 밀성 박씨로는 드문 집이라 해서 취재하게 된 것이다.

종가로 가는 길은 구마고속도로에서 부곡온천 교차로를 빠져나와 7킬로미터 쯤 가다보면 밀양시와 무안면으로 가는 좌회전 이정표가 보인다. 이곳으로 들어가지 않고 다시 직진해 3킬로미터 더 가면 오른쪽에 신월리 우체국이 있다. 우체국을 지나 오른쪽 농로로 접어들면 바로 보이는 곳에 수령을 알 수 없는 아름드리 크기의 포구나무가 의젓

송은 선생의 영정을 모시고 제사를 지내는 재실.

하다. 그 나무 사이로 종가의 돌담과 먹기와 지붕이 드러나 보여 종가 임을 알게 한다.

19대 400여 년 세월을 한곳에서 보낸 종가

앞으로는 실개천이 흐르고 문전옥답이 푸르게 펼쳐진 전형적인 양반가옥의 종가 사랑채에서 송은 선생의 21대손인 박용수(朴鏞守·75)씨와 조용두(趙鏞斗·69) 할머니를 만났다. 마치 친정에 온 딸을 반기듯 정겹게 맞아주어 빗길에 위험을 무릅쓰고 찾은 보람이 있었다. 솟을대문과 안채, 문간채, 행랑채, 초가지붕의 방앗간 등은 허물어지고 4칸의 사랑채와 5칸의 안채, 사당채가 남아 있었다.

집이 무너질 지경이라 주춧돌을 갈았더니 문화재 선정에서 제외되어 아쉬운 감은 있지만 살기 편하게 집을 손볼 수 있어 오히려 잘 됐

한 번도 종가를 떠나 살아본 일이 없다는 종손 박용수 할아버지. 이날 종손은 모선정에 보관 중인 송은 선생 문집 목각본을 특별히 보여 주었다.

다는 이야기를 문중어른이 들려준다. 아마도 문화재로 지정되어 잘 다듬어진 종가를 의식한 모양이다. 종가취재의 목적은 문화재가 아니라 사람의 향취가 베어나는 종가 사람들의 모습을 담는 일이다. 잘 다듬어진 정원이나 페인트 냄새 풍기는 화려한 단층칠의 웅장한 기와집이 아니라 초라하지만 옛모습을 그대로 지닌 종가라면 발길이 빨라진다. 그래서 소문난 종가보다 알려지지 않은 종가를 찾으러 애를 써 왔다. 그런 의미에서 종가다운 종가를 찾은 듯했다.

이 마을을 한번도 떠나 살아본 일이 없다는 종손은 28세 때 혼인해 슬하에 따님만 둘을 두었다. 하지만 종손의 소임

은 가맥을 잇는 일이라 동생의 아들을 양자로 들여 1남 2녀가 됐다. 마을 면장직을 오랫동안 맡고 있다가 지병으로 그만두고 조상의 문집을 정리하면서 농사를 짓고 있다는 종손은 양반의 권위보다는 정 많은 이웃어른을 대하는 듯 편안했다.

빗속에서도 문중 어른들이 예복을 갖추고 여러분이 와 있어 종가일에 발벗고 나서는 우애 있는 문중임을 느낄수 있었다. 여든세살로는 믿어지지 않는 정정한 어른 한 분이 "우리 종가 같은 곳은 전국에서도 드물 것입니다. 말만 종가지 도회지에 살다가 무슨 날 때만 찾는 그런 종가가 아니라 여기는 19대째로 내려오면서 한 번도 종가를 비워 본 일이 없습니다." 입향조로부터 400년이 넘게 밀양 박씨들로만 살았던 마을이라 지금도 이 마을 300여 호가 모두 종가에서 분가한 후손들이라 한다.

"빗길에 천리길을 나서다니 용기가 대단합니다." 종손은 장대비를 맞으면서 찾은 것이 대견했던지 다시 칭찬을 해주셨다. "종남산에서 발원한 초동천이 마을을 휘감고 흘러 낙동강에서 만나는데 이번 비는 낙동강물이 역류하면서 마을 논 일부가 침수되는 비 피해를 입었지요." 그런데 대문 앞이 개천임에도 종가는 끄떡 없었다. 천년대계를 바라고 잡은 집터라 질긴 장마도 종가만은 피해 가고 있었다.

종가가 이곳에 터 잡게 된 내력은 송은 선생의 네 분의 아드님 중 둘째 아드님의 둘째 아드님 후손인 박중번(朴仲蕃) 시절이다. 지금의 경호실장 같은 벼슬인 시위공을 지내신 분으로 이 마을에 터 잡은 이래로 마을 이름도 신기(神技·샛터)라 짓고 지금껏 토박이로 살고 있다 한다.

송은공의 영정 모신 모선정

종가에서 500미터 떨어진 신호리 모선 마을에 있는 모선정(慕先亭)은 송은 선생의 고손자 박수견(朴守堅)이 어머니 상을 당하여 초막을 짓고 3년간 시묘(侍墓) 생활을 한 곳으로 선생의 호를 따 모선정이라 했다. 시묘 생활이야 그 당시는 흔한 일이지만 모선정의 특별함은 3년 시묘가 끝나고도 이곳을 떠나지 않고 벼슬도 버린 채 평생을 어머니 묘소를 돌보았던 지극한 효성 때문이다.

그런 연유로 이 일대의 지명이나 산이름까지도 모선동, 여모산이라 부르고 있다. 모선정은 연산군 6년에 지어졌으나 임진왜란으로 불탔고 영조 때에 다시 지어져 오늘에 이르고 있다. 모선정 후원에는 송은 선생을 모신 영당(影堂)이 있고 여기서 가을에 향사를 모시고 있다. 고려 시대 영정이라면 보물 중에 보물일진데 허술한 이곳에서 어떻게 보관이 가능할까 싶더니 영당에 있는 영정은 얼마전에 그린 것이라 한다.

송은 선생의 유물이나 유품들은 연대가 오래되어 보존된 것이 없다가 1835년 경북 청도군 매전면 북지리 어느 촌락 나무함에서 선생의 유고와 교지, 영정 등이 발견되어 문중 사람들을 깜작 놀라게 했다.

특히 영정을 소장하고 있었던 집에서 어느날 불이 났는데 종이 한 장이 바람에 날리어 나뭇가지에 걸려 있어 불을 끄고 살펴보았더니 '고려충신 송은 박선생 화상'이라는 글귀가 확인되어 선생의 영정임을 확인 할 수 있었다고 한다. 그 영정은 또다시 1975년 서원에 보관했다가 도난당하고 지금껏 찾지 못했다고 한다. 모선정에는 송은 선생의 목판각 40장도 보관돼 있다. ◈

추석 차례상에 올리는 박나물·박탕·박산적

그 당시 여자 이름으로는 흔치 않은 '용두'라는 이름을 가진 종부는 이름과는 달리 단아하고 깔끔한 매무새로 음식 솜씨도 좋아 추석 차례상에 올린다는 박나물과 박탕, 박산적을 만들어 주었다.

두께 0.5센티미터, 가로세로 2센치미터 크기로 반듯하게 썬 박과 기름기 없는 고기도 박 크기로 썬다. 참기름에 2가지를 볶다가 자작하게 물을 붓고 끓여 국간장으로 간해 탕그릇에 담아 올린다. 언뜻 보면 탕같이 보이지만 종가에서는 분명 나물이라 했다. 한편 새우살, 조갯살, 명태, 다시마, 쇠고기와 박을 같은 크기로 썰어 끓인 박탕도 건지만 담아 냈다. 또 길이 10센티미터, 넓이 1.5센티미터로 박을 썰고 쇠고기, 파, 버섯, 홍당무도 같은 크기로 썰어 고기는 고기양념으로 익히고 파만 빼고 나머지는 소금물에 살짝 데쳐 꽂이에 꽂은 뒤 달걀 옷을 입혀 구워내는 박산적도 제사상에 오른다.

성씨가 박씨여서 박이 오르지 않을까 하는 기대는 혼자만의 생각이었다. 박나물에 대한 유래를 묻자 집안어른 박중규(75) 씨가 지금이야 비닐하우스에서 키운 무가 추석에도 구할 수 있지만 예전에는 초가지붕에 박을 키워 그 박이 무를 대신했다고 한다. 특히 추석 차례는 천신제(薦新祭·새로운 것을 올림)로 묵은 것은 쓸 수 없어 박을 쓴다는 이야기를 어른들에게 들었다고 했다. 이 마을 박씨뿐 아니라 밀성 박씨들은 차례상에 박나물을 쓰고 있다고 한다. 그리고 추석 차례에도 술을 석잔 올리는 이 가문만의 고유한 전통을 아직도 지니고 있었다.

… 남쪽에 서실 열어 새롭게 환하고 북쪽의 서까래 밑에 다락을 놓았도다

늙은이 창에 기대어 거드름 피우고 자손들 책을 펴고 글을 읽으리

문득 선친의 이사하란 말씀을 생각하니 우리 자손에게 백세의 복을 열어 주셨도다

시제를 봄에 지내고 '조상의 날' 정해 기제사를 지내다

선산 유씨 문절공 유희춘 종가

전남 담양군 대덕면 장산리 213에 있는 조선 선조 때의 이름난 문신 미암 유희춘(眉巖 柳希春·1513~1577) 선생의 종가에서는 조상의 묘에서 지내는 가을 시제를 만물이 소생하는 봄에 지내고 있었다. 그리고 가족이 모두 쉬는 4월 5일 식목일을 '조상의 날'로 정해 종가에서 지내는 모든 기제사를 이날에 모시고 있었다.

가히 제사의 혁명이라 할 수 있다. 수많은 제사가 버거워 젊은 종손들이 종가를 떠나고 있는 세태에서 미암 종가는 다른 종가들의 본보기가 될 수 있을 것이다. 이 종가에서의 관심은 무엇보다 시제에 차를 올렸다는 사실이다.

흔히 '설, 추석을 차례(茶禮) 지낸다'라고 말하면서 정작 제상에 차를 올리고 있는 종가는 극히 드물다. 제사 순서를 적은 홀기(笏記)를 살펴보면 진다(進茶), 헌다(獻茶)라고 하며 "국을 내리고 차를 올려라"고 기록되어 있지만 그대로 하고 있는 집은 흔치 않았다. 시제에 차를 올리고 있는 곳은 이 종가가 처음이다. 차의 달 5월에 차제사를 지내는 종가를 찾게 되었으니 의미는 더욱 컸다.

시제날 정성스런 손길로 우린 후손이 올린 차를 맛보았던 주인공은 보물 제260호로 지정된 『미암일기』의 주인공 유희춘 선생과 16세기 여류시인이었던 그 부인 홍주 송씨 송덕봉(宋德峯)이다. 그들 부부가 주고 받았던 450여 년 전의 편지에서도 차를 마셨던 기록이 남아 있다.

기제사를 한날에 모시고 차를 올리다

지난 4월 2일 선산 유씨들이 자랑스레 앞세우는 조선조 선조 때의 문신 미암 유희춘 선생과 그 집안 조상들이 잠들어 있는 전남 담양군 대덕면 비철리 선산이 있는 재각(齋閣)을 찾았다. 남도라지만 아직도 봄기운은 미미해서 군데군데 매화와 목련이 피어 있을 뿐 생기를 돌게 하는 초록빛은 물기를 머금은 채 때를 기다리고 있었다.

재실은 종가에서 5킬로미터 쯤의 거리에 있었다. '파실 재각'이라 불렀다. 3칸의 솟을 대문과 5칸 일자형의 재실이 묘역을 뒤로한 채 청솔과 산죽에 묻혀 단아하다. 동·서로 온돌방 두칸을 놓았고 가운데는 제사를 모실 제청이 있다. 수백 년 전에 지어졌다고 하지만 최근에 대대적으로 손을 보아서인지 고풍스런 느낌은 그리 들지 않았다. 하지만 제사지내기에는 편하게 설계되어 있었다. 제청에는 신위를 모실 제단(祭壇)이 마련돼 있고 그 앞으로 제상을 놓았다. 제상 아래에 향상이 놓여져 있다.

서쪽 방에는 유희춘 선생의 15대 종손 유근오(柳根塿·50·내과의사) 씨와 문중 어른들이 모여 제관들의 역할분담을 위해 분정기(分定記)를 쓰느라 분주했다. 동쪽 방에는 노종부 노혜남(盧惠男·73) 할머니의 가르침을 받고 차종부 오미영(吳美映·47) 씨와 문중부인들이 음식을 준비하고 있었다. 시제음식은 문중유사들이 장을 보아 음식 장만은 재실을 지키는 분이 만들게 돼 있지만 이날은 재실을 지키는 분이 몸이 불편해 노종부와 문중 부인들이 종가에서 음식을 준비해 이곳까지 운반해 왔다.

종손과 종부(위). 노종부와 문중 부인들이 종가에서 음식을 준비해 이곳 재실까지 운반해 왔다(아래).

도포를 입고 유건을 쓰고 제례복을 갖추어 선조들이 행하였던 옛 풍습의 의례를 지키려 노력하는 흔적이 역력했지만 제물은 예전보다 많이 간소화되었고 참석 인원도 예전만은 못하다며 노종부는 와자하고 풍성했던 예전의 제삿날 풍경을 그리워한다. 하지만 휴일도 아닌 평일날 전국에 흩어져 있는 후손들 70여 명이 모였다는 사실은 전통을 지켜 나가려는 명문가다운 면모를 보여 주는 것이다.

시제는 기제사가 끝난 조상들께 일년에 한 번 가을 추수 후에 모시는 것이 일반적이지만 종가에서는 오래전부터 만물이 소생하는 음력 3월 1일을 택해 모셔오고 있다 한다.

이날 시제의 집례는 선산 유씨 문절공(文節公) 대종회장인 유원적(柳元迪·57·목포대학교 인문대학장) 씨가 맡았다. 문절공이란 유희춘 선생이 세상을 뜬 후 나라에서 그의 공적을 기려 내린 시호(諡號)다. 그 후 손들은 훌륭한 선조의 핏줄임을 자랑스레 여기고 그 시호에 따라 자신들을 문정공파라 소개한다.

시제는 그래서 문중제사로 치러진다. 이날은 오전 11시에 시작에서 오후까지 다섯 위의 시제를 모시게 되는데 묘제라면 묘 앞에서 모시는 것으로 알고 있는 상식과는 달리 재실 대청에서 모신다. 이날 제사를 지낼 조상 중에는 이곳에 묘가 없는 분도 있기 때문이란다.

첫 술잔을 올릴 초헌관은 문중에서 항렬이 높고 연세가 많은 분으로, 그 다음 아헌관은 덕망 있는 분, 마지막 잔을 올리는 종헌관은 먼 곳에서 참석한 분 등으로 소임이 정해졌다.

먼저 유희춘 선생의 아버지 유계린과 모친 탐진 최씨 양위분을 합설(合設)해 모셨다. 다음이 유희춘 선생과 그 부인의 제사 순서인데 이때는 종손 유근오 씨가 첫 술잔을 올리는 제주가 되었다.

제사의 기본음식인 떡은 인절미와 절편이었다. 돼지 수육을 육적(肉炙)으로 올렸고 삶은 닭을 계적(鷄炙)으로 올렸다. 전어·낙지·홍어·병치·굴비 다섯 가지를 구워 제기 하나에 담아 어적(魚炙)이라 했다.

파·미나리·무·당근을 꼬지에 끼워 소적(蔬炙)으로 올렸다. 간전·구운두부·생선전의 3전도 올렸다. 어탕·육탕·소탕 3탕에 명태포·오징어·문어 순으로 3포를 올렸다. 취나물·고사리·도라지 3가지 나물을 놓았다. 나박김치도 있었다. 밥반찬으로 꼬막을 데쳐서 껍질째 올렸다. 남도의 특산품으로 올려진 것이다.

식혜와 간장과 꿀도 있었다. 과일 줄에는 제주의 오른편으로 대추·밤·배·곶감·사과·밀감·딸기, 이렇게 7가지를 올렸다. 조과는 쌀

강정과 엿이었다. 종가의 제물은 높이 괴어 올리는 형식보다는 조촐하고 성의 있게 차려졌다. 제사는 일반 기제사의 순서대로이었다.

첩의 제사 지내주다

이날 시제의 특징은 헌다례(獻茶禮)와 첩(妾)의 제사였다. 차종부 오씨가 제상의 오른편에 차상을 펴고 헌다잔 2개와 다관과 차통을 차렸다. 뜨거운 물도 준비했다. 뜨거운 물로 다관을 먼저 헹궈내고 잔도 데운 후 지난 봄에 구해 둔 첫물차를 다관에 2스푼 넣어 뜨거운 물 2잔을 부었다. 조금 후에 차가 우려졌다. 우려진 차는 뚜껑 있는 분청잔에 나누어 부은 다음 옮김 다반에 올려 종부가 집사에게 주었다. 그리고 종부는 종손 옆에 앉아 집사가 건네주는 찻잔을 덕봉할머니에게 올렸다. 종손은 유희춘 선생에게 찻잔을 올렸다. 헌다례(獻茶禮) 순서는 초헌·아헌·종헌 다음 합문 후에 국을 내리고 차를 올렸다. 종가의 시제 순서에 기록된 철갱봉다(撤羹捧茶)의 순서대로 국을 내리고 차를 올린 것이다.

이날 미암 선생 부부에게 헌다례를 주창한 것은 유원적 종회장이었다. 유회장 자신이 차를 좋아하기도 했지만 선생의 일기에는 "점심을 먹은 후 차를 마신다"는 대목과 "식후 혜민서(惠民署)에 가서 다시(茶時)를 갖는다"는 기록과 그 부인과 다담상을 마주하고 담소한 기록들이 많이

가을시제를 봄에 모시는 미암 선생 종가의 제상 차림.

나오기 때문이다. 특히 몸이 약한 선생은 여름에도 따뜻한 차를 즐겼다는 이야기가 군데군데 보이지만 제사에 선뜻 차를 올리자고 할 수가 없었다.

한번 올리게 되면 제사 때마다 이어져야 하고 그러자면 문중의 어른들을 이해시켜야 하기 때문이다. 유회장은 예전처럼 차를 구하기 어려운 시절도 아니고 특히 담양 주변이 바로 차산지여서 차를 준비하는 데 어려움이 없을 듯하다는 설명으로 문중분들을 설득시켰다.

제상에 올려졌던 차는 시제가 끝난 후 노종부와 차종부가 정겹게 음복하면서 할머니가 마셨던 차인지라 유난히 차향이 좋다고 했다.

또 하나 주목되는 것은 유희춘 선생의 첩에게 제사를 지내 주는 풍경이었다. 선생이 19년간 유배생활을 할때 시중을 들었던 첩 방굿덕에게도 제사를 지내 주는 것이다. 첩의 제사를 지내는 것은 조선시대 예법에서는 매우 드문 일이다. 그러나 종가에서는 400년 넘게 첩의 제사를 지내 줄 수밖에 없었던

이 댁의 가장 특별한 점은 시제에 차를 올린다는 사실이다. 차종부 오미영 씨가 정성스레 우린 차를 집사에게 건네 제상에 차를 올렸다.

사연이 있다.

노종부의 설명에 따르면 첩 방굿덕이 임종을 맞으면서 "내가 죽으면 영감 곁에 묻어서, 제사 지내고 남은 퇴주라도 부어줄 수 있게 해주시오"라며 간곡한 유언을 남겼던 것이다. 방굿덕은 유희춘 선생과의 사이에 딸 넷을 두기도 했다.

그의 소망대로 유희춘 선생 내외의 묘지 약간 아래에 방굿덕의 묘가 있다. 그리고 제사 때마다 음식은 그대로 두고 밥만 한 그릇 다시 올려 축문 없이 종손이 술을 한잔 올리고 절을 한다. 아무리 유언을 남겼다지만 조선시대 풍습에 양반집에서 첩의 제사는 어림없는 일이다. 그럼에도 수백 년 이어오면서 첩의 유지를 받들어 주는 것은 사람을 소중하게 생각하는 후손들의 미덕으로 보여졌다.

제상에 올린 차는 노종부 노혜남 할머니와 차종부가 음복하였다.

900평 연못과 600살 느티나무

종가를 찾을 때마다 감탄하지 않을 수 없는 대목이 바로 대부분의 종가 집터는 명당이라는 점이다. 언제나 안채 뒤로 산이 있고 양옆으로는 조금 더 낮은 산들이 병풍처럼 둘러쳐져 강한 비바람을 막아 주는 형국이다.

유희춘 선생의 종가에는 그 앞으로 인공연못까지 만들어 아름다운 풍경을 만들어 내면서 만약의 화재에 대비하는 지혜도 엿보였다. 집 앞으로는 좀더 먼 거리를 두고 안산이 아득히 바라보인다. 산과 들과 하늘과 땅이 종가만을 위해 있는 듯한 느낌을 주는 곳에 종가는 자리잡고 있었다.

유희춘 선생이 살았던 종가도 예외는 아니었다. 700평의 인공연못이 종가 앞에 그림처럼 펼쳐져 있다. 그 방축 길은 한없이 걷고 싶은 산책로였다. 7월이면 넓은 연못 가득 아름다운 연꽃으로 풍광은 절정을 이룬다. 무엇보다 못 속에 뿌리를 내리고 자라는 600살이 넘는다는 느티나무는 신령스럽기까지 하다.

음력으로 정월 보름에는 마을 사람들이 이곳에 모여 당산제를 지낼 정도로 마을을 지켜 주는 나무로 신격화하고 있다. 연지 가운데는 1959년에 축조된 석조 건물 모현관(慕賢館)이 있다. 이곳에는 보물로 지정된 『미암일기』와 목판각의 미암문집과 재산소유권인 분재기, 선조임금이 선생께 내린 인장 등 수백 점의 유물이 보관되어 있다.

연못 가운데 작은 섬이 있었더라면 격이 한층 높아 보였을 텐데 우뚝한 석조 건물의 유물관이 오히려 경관을 해친 것 같아 못내 아쉬웠다. 종가에서는 조만간 유물관을 옮기고 못 가운데는 본래의 모습을 살릴 거라고 했다.

산자락에서 그 연못을 바라 보는 연계정(漣溪亭) 또한 종가의 명물이다. 유희춘 선생이 후학을 가르치고 문우들을 모아 시회를 즐기던 곳이라는데 처음에는 초가 지붕이었는데 후에 선생의 학덕을 기리기 위해 지금의 기와지붕으로 고쳤다고 전한다.

연지 가운데는 1959년에 축조된 석조 건물 모현관(慕賢館)이 있다. 보물로 지정된 『미암일기』와 분재기, 목판각 등 수백 점의 유물이 보관되어 있다.

희귀한 채색 벽화 전해오는 400년 사당

… 남쪽에 서실 열어 새롭게 환하고
북쪽의 서까래 밑에 다락을 놓았도다.
늙은이 창에 기대어 거드름 피우고
자손들 책을 펴고 글을 읽으리
문득 선친의 이사하란 말씀을 생각하니
우리 자손에게 백세의 복을
열어 주셨도다.

미암의 부인 송덕봉은 이곳에 집을
짓고 그 기쁜 마음을 위와 같은 시로써
나타냈다. 하지만 450년된 그때의 종가
는 50여 년 전에 허물어졌고 그 자리에
현대식 한옥 한 채를 지어 놓아 『미암
일기』에서 느낄 수 있는 종가는 아니었다.

유희춘 선생이 후학을 가르치고 문우들을 모아 시회를 즐기던 연계정, 산자락에서 종가 앞의 연못을 바라보도록 되어 있어 종가가 연출하는 또하나의 아름다운 풍경이다.

다만 안채 오른편에 유희춘 선생의 신주를 모신 사당건물은 얼마전
까지만 해도 옛 모습을 그대로 지니고 있었건만 그 사당마저 시도민속
자료 36호로 지정되면서 쓰러져 가는 사당을 해체하고 보수 복원에 들
어갔다. 건물을 해체하는 과정에서 사당의 건축연대를 밝혀주는 명문이
있어 화제가 되기도 했다. 상량문에는 유희춘 선생이 세상을 떠난 두
해 뒤인 1579년에 사당을 지었던 것으로 기록되어 있으며 사당을 지었
던 도목수 이름도 있었다.

그 목수는 인근에 있는 용천사 절의 스님이었고 사당뿐만 아니라 종가도 스님이 지었던 것이 『미암일기』에서 확인되었다. 또한 사당에는 보기 드문 채색 벽화도 있었다. 백학도(白鶴圖)와 등룡도(登龍圖), 봉황도(鳳凰圖)가 그것이다. 백학도는 유희춘 선생의 고고한 절의를 나타내고 있으며, 등룡도는 마침내 뜻을 얻었다는 의미를 상징했고, 봉황도는 이 가문의 화려한 출세도를 나타낸 것이라 한다.

종가의 제사 혁명

종가에는 노종부 노혜남 할머니 혼자 살고 있었다. 종손 유근오 씨는 병원을 운영하는라 따로 살고 있다. 가까운 거리에서 할머니를 모시는 분은 둘째 아드님인 유근영(柳根永·48) 씨다. 종가의 내력은 이분이 세세히 설명해 주었다.

미암 유희춘 선생과 부인의 묘.

종부는 한국전쟁이 발발하던 시절에 종가에 시집을 왔다. 그리고 20여년 전에 종손을 먼저 보내고 혼자 되었다. 3남 1녀와 일년에 수십 번의 제사를 책임져야 하는 무거운 짐만 남겨졌다.

종손이 없으면 종부가 첫 술잔을 올리는 제주가 되어야 한다는 문중 어른들의 명에 따라 한겨울 제사 때는 온 밤을 지새워야 했다. 새벽 1시

쯤 시작된 제사는 4시 쯤 첫닭이 울어야 철상을 하기 때문에 상 앞에 꿇어앉아 밤을 새워야만 하는 것이다. 제사를 모시는 날도 종부는 따뜻한 밥그릇을 대하지 못한다. 먹거리가 귀한 시절이니 양반집 제삿날만 기다리던 이웃에게 나누어 주어야 하기 때문이다.

냉장고가 없던 시절에는 일년 동안 두고 써야 할 제물 간수도 예삿일이 아니었다. 곶감에 곰팡이가 필까봐 장롱 속에 넣어 두기도 했다. 닭이 알을 낳으면 아껴 두었다가 제사 음식 마련에 쓰기 위해 자식들 도시락에 달걀 한 번 넣어 주지 못했단다.

남들은 종가집 자제들이라 하여 잘먹고 잘입고 자랐을 것으로 생각하겠지만 모든 생활은 제사 중심이라 자식들에게는 눈길 한 번 따뜻하게 줄 수 없었다고 한다. 그런 자식들이 잘 자라 주어 고맙고 그러기에 아직도 종가를 지킬 수 있어 행복하다고 했다.

종손이 병원일로 종가를 지킬 수 없기도 하려니와 노종부마저 세상을 뜨면 수많은 제사를 며느리에게까지 물려줄 수가 없어 문중어른들과 의논 끝에 기제사를 한 날에 모시기로 결정했다. 종가의 기제사는 양력 4월 5일 식목일날 합동제사로 모시고 있다. 영원히 모셔야 하는 유희춘 선생의 불천위와 종손으로부터 4대조 제사를 신주가 모셔진 사당에서 가족이 모두 참석할 수 있는 한 날에 모시고 있다.

제사의 형식은 불천위 한 상만은 따로 차리고 고조까지 4대조는 한 상에 차리되 밥과 국과 술은 한 분마다 올린다. 의식은 불천위제사 한 번과 4대조는 합동으로 한 번으로 모신다. 설, 추석 차례도 사당에서 제사를 모시고 축도 읽으며 술도 석잔을 올리는 기제사 형식의 차례를 모시는 특징도 있었다.

여자도 제사 상속받았던 시대

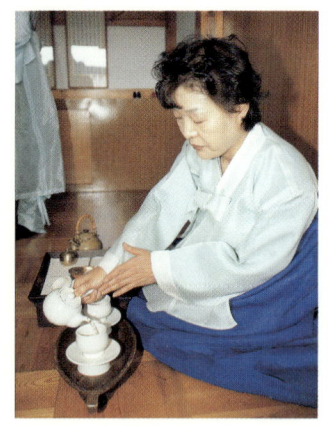

시제에 차를 올리기 위해
준비하고 있다.

    어떤 이는 말한다. 남녀를 차별하는 호주제가 조선시대 유교
문화의 악습이라고. 그런가 하면 또 어떤 이는 호주제를 폐지
하는 것은 전통 미풍양속을 해치는 일이라 한다. 그런데 실상
은 어떠한가. 조선시대 생활을 살펴보면 호주제가 유교문화의
유산도 아니려니와 가부장적 가족 제도도 우리의 뿌리 깊은
전통도 아니었다. 성리학적 지배이념이 자리를 잡기 전인 조
선 전기만 해도 남녀의 차별이 엄격하지 않았고 오히려 여권
이 소리를 낼 수 있었던 시대. 혼인을 하면 분가를 하기도 하고 남편의
처가살이도 자연스럽게 받아들여지던 때. 부모가 죽으면 딸 아들 구별
없이 고루 재산을 물려받고 제사도 돌아가며 지내던 사회 조선. 당당
했던 여성들 만큼이나 생소하고 신선한 모습이 조선이다.

16세기 양반 가정의 일상생활사

    450여 년 전 명문세가에서 태어나 본이 선산(善山)이고 호가 미암,
이름은 희춘인 선생은 그가 집을 떠나거나 혹은 부인이 출타하는 등
서로 떨어져 있을 때는 부인에게 편지를 썼다. 그가 쓴 편지를 읽어보
면 그가 얼마나 부인을 공경했는지를 역력히 알 수 있다.

    그의 편지는 또 우리가 옛날 선비에 대해 갖고 있는 인식이 편견임
을 깨우쳐 준다. 원래 유학자라면 부부유별에 충실하며 부인을 낮추어
보고 어깨에 힘만 주고 있는 것으로 알고 있는 요즘 사람들의 상식이
잘못임을 여지없이 드러내고 있는 것이다.

편지에 담긴 글은 처음부터 끝까지 존칭을 썼으며 부인의 조그만 병에까지 세세하게 마음을 쏟는 내용을 담고 있다. 또 편지를 자세히 읽어보면 미소를 떠올리게 하는 부분도 적지 않다. 선비 체면상 대놓고 얘기하기 어려운 부인에 대한 사랑을 문장의 대가답게 교묘히 표현하고 있어 친근감을 더해 주고 있다. 미암이란 호는 해남에 있는 미암바위의 이름을 따서 스스로 자호(自號)한 것이다.

선생은 전라도 해남현 해리의 외가에서 태어났다. 아버지 유계린은 성리학에 조예가 깊었으나 벼슬에 뜻을 두지 않았고 어머니 탐진 최씨는 『표해록(漂海錄)』의 저자인 최부의 따님으로 두 분 사이에 둘째 아들로 태어났다.

어려서부터 글읽기를 좋아해서 26세에 과거에 급제한다. 이 뒤로 벼슬길에 오르게 되는데 홍문관 수찬, 무장 현감 등을 지냈으나 35세 되던해 '양재역 벽서사건'이 일어난다. 이 사건에 연루되어 선생은 제주도로 유배된다. 이후 제주도뿐 아니라 함경도 종성 등으로 이동하면서 19년 간 유배생활을 하게 되는데 유배생활 동안 선생은 수많은 책을 읽어 지식을 쌓는다.

이때의 지식으로 『속몽구(續蒙求)』와 『육서부록(六書附錄)』 등 20여 권

『미암일기』는 조정의 정치사에서부터 집안의 대소사 및 개인의 신변잡기에 이르기까지 광범위한 일들을 담고 있다.

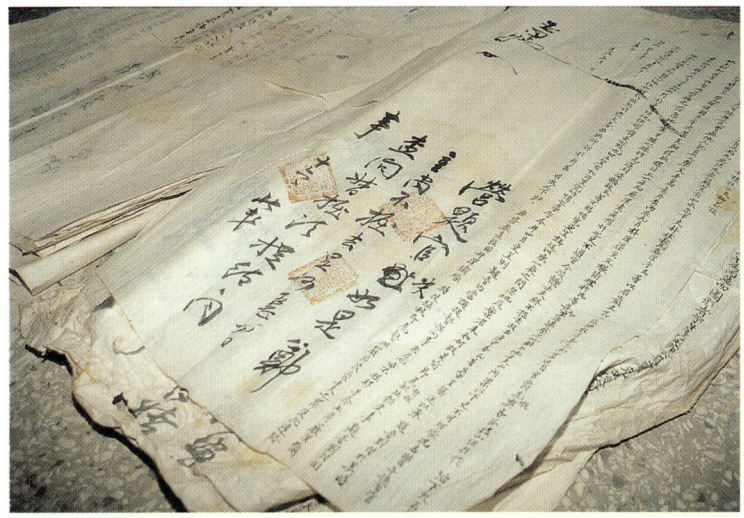

의 책을 쓰기도 했다. 그 소문은 선조임금에게도 알려져 그가 55세 되던 해 죄가 사면된다. 사면과 동시에 정5품 홍문관 교리에 제수되어 임금께 글을 가르치는 직책을 맡는다. 이후 사헌부 대사헌, 홍문관 부제학 등의 관직을 두루 거치다가 병을 내세워 관직에서 물러난다. 고향에서 세상을 뜰 때까지 손자들을 가르치고 장가를 보내는 등 한가한 노후를 보낸다. 🂠

못 속에 뿌리를 내리고 자라는 600살이 넘는다는 종가 앞 연못가의 느티나무. 음력으로 정월 보름에는 마을 사람들이 이곳에 모여 당산제를 지낼 정도로 마을을 지켜 주는 나무로 신격화하고 있다.

ⓒ 윤종상

『미암일기』는 어떤 책인가

『미암일기』는 미암 유희춘 선생이 다시 벼슬살이를 하던 55세 되던 해인 1567년 10월부터 세상을 떠나기 직전인 1577년 5월까지 대략 11년에 걸쳐 거의 매일같이 한문으로 기록한 일기나. 현새 보현관에 소상되어 있는 일기는 모두 11책으로 친필일기 10책과 미암과 부인 덕봉의 시문을 모은 부록 1책으로 이루어져 있다.

개인 일기 중 가장 방대하여 『선조실록』 편찬에도 중요한 사료가 되었다고 한다.

일기의 내용은 조정의 정치사에서부터 집안의 대소 및 개인의 신변잡기에 이르기까지 광범위한 사실을 담고 있다. 이 일기에서 선생이 살았던 16세기 사람들의 생활상을 엿볼 수 있다.

신랑이 신부집으로 가서 장가를 들고 사정에 따라 처가살이를 하기도 하고 재산도 남녀를 가리지 않고 똑같이 분배했으며 여자가 친정 부모의 제사를 지내는 모습도 보였다. 선생도 이때의 풍습에 따라 처가에서 생활한 것으로 일기에 적고 있고 그래서 지금의 종가는 그의 처 덕봉의 친정동네이다. 덕봉이 친정에서 받은 집과 재산이 그대로 전해져 온 것이다. 그의 처 덕봉의 시를 모아 한권의 책으로 펴내는 등 여자들의 권익을 존중했던 모습도 엿볼 수 있다. 『미암일기』는 『홀로 벼슬하며 그대를 생각하노라』는 단행본으로 출간되기도 했다.

제 3 부

그곳에 살아있는 우리의 뿌리

종가의 일이라면 누구 할 것 없이 나서서 도와 주는 가풍은 장담그기 같은 소소한 집안일에만
해당되는 것이 아니라 20년을 이어온 '풍양 조씨 뿌리교육'에서도 여실히 드러난다.
해마다 여름방학을 이용해 중학생부터 대학생 남녀를 대상으로 4박 5일 동안
대종가 양진당에서 무료교육을 실시하고 있다.

400년 장맛과 20년 뿌리교육

풍양 조씨 입재공 종가

'오작당(悟昨堂)'은 '잘못을 깨달아 뉘우치는 집'이라는 뜻으로 경북 상주시 낙동면 승곡리 132에 있는 풍양 조씨 입재공 조대윤(立齋公 趙大胤·1638~1705) 선생의 400년 된 종가 당호(堂號)이다.

정월 대보름을 하루 앞둔 2003년 2월 14일 말날(戊午), 봄볕 같은 따스한 햇살이 내리쬐는 오작당 안채 장독대에서는 종가 음식의 맛을 내는 장을 담그느라 분주하다. 이날은 장을 담기 좋은 길일로 시집간 두 딸도 모처럼 친정 나들이를 왔고 이웃에 사는 문중부인도 품앗이를 해준다.

종가의 일이라면 누구 할 것 없이 나서서 도와 주는 가풍은 장담그기 같은 소소한 집안일에만 해당되는 것이 아니라 20년을 이어온 '풍양 조씨 뿌리교육'에서도 여실히 드러난다. 해마다 여름방학을 이용해 중학생부터 대학생 남녀를 대상으로 4박 5일 동안 대종가 양진당에서 무료교육을 실시하고 있다. 교육을 받은 학생이 자라서 강사로 참가하기도 하는데 자기 집안의 내력뿐만 아니라 우리 나라 전통과 문화 전반에 대한 이해의 폭을 넓히고 훌쩍 커서 나가는 학생들이 많다고 한다.

이렇게 넉넉한 고장에 풍양 조씨들이 터 잡게 된 것은 임진왜란 때 의병장으로 활약했던 검간 조정(黔澗 趙靖·1555~1636) 선생 때였다.

뿌리교육의 터전 양진당과 오작당

경상북도의 군 중에서 가장 너른 평야를 가진 상주는 조선시대에 교통의 요지였다. 경상도에서 서울을 가려면 이곳을 거쳐 충북 영동이나 괴산을 통해 가야 했다. 그러기에 조선 세종 때에는 경상도 감영이 설치되기도 했는데 '경상도'라는 명칭도 경주(慶州)와 상주(尙州)에서 한 자씩 따와 만들었다고 하니 상주가 얼마나 큰 고을이었는지 짐작하게 한다.

이렇게 넉넉한 고장에 풍양 조씨들이 터 잡게 된 것은 임진왜란 때 의병장으로 활약했던 검간 조정(黔澗 趙靖·1555~1636) 선생 때였다. 류성룡의 제자이면서 김성일의 조카사위가 되어 퇴계학파의 맥을 이은 조정 선생은 상주 최초의 서원인 도남서원을 세우기도 한 선비였다. 향약(鄕約)을 실시하여 임진왜란 뒤 민심이 흉흉했던 향촌 사회를 성리학적 질서로 안정시키기도 했던

양진당은 지금 생활하는 사
람은 없지만 해마다 여름이
면 풍양 조씨 뿌리교육의
장으로 활용되고 있다.

분으로 선생이 임란 때 쓴 『임란일기』는 보물로 지정되어 있다.

검간 선생이 상주에 터를 잡고 1601년에 지은 집이 바로 '오작당'이
다. 그후 선생의 둘째 아들 손자인 대윤이 오작당을 400미터 거리에
있는 지금의 자리로 옮겼고 '오작당'이 있었던 자리에는 '양진당(養眞
堂)'이 지어졌다고 한다. 유형문화재로 지정된 '양진당'을 검간 선생
종가라 하고, 민속자료로 지정된 '오작당'은 입재공 종가라 부른다.

'오작당' 종가는 지금껏 후손들이 살고 있지만 '양진당'은 비어 있
다. 그러나 '양진당'을 그냥 비워두지는 않는다. 해마다 8월 10일에서
15일까지는 전국에 흩어져 있는 풍양 조씨 후손들의 뿌리교육장으로
쓰여진다. 벌써 20년째다.

"아마 전국에서 뿌리교육의 효시는 우리 문중이 아닐까 싶어요. 이 것만은 우리 문중의 자랑거리입니다. 입학식 때는 사회인사들도 초청 합니다. 장학재단도 설립되어 일년에 봄, 가을 학기를 나누어 40명에게 주는 대학 등록금도 이때 수여합니다."

풍양 조씨들의 뿌리 교육은 이들 가문의 후손들만이 아니라 우리 나 라 전체 학생들의 필수과목으로 채택하여 문화민족으로서 자부심을 갖도록 발전시켰으면 좋겠다는 생각도 해본다.

봄을 가장 먼저 알리는 꽃,
산수유 나무에 에워싸인
오작당 종가

희귀한 이층독 전해오는 장독대

종가는 봄을 가장 먼저 알리는 꽃, 산수유 나무에 에워싸여 있다. '일가유원(一家莪圓)'이란 편액과 '오작당'이란 당호가 걸린 종가의 사랑채에 들면 사랑채와 행랑채를 잇는 공간에 중문이 있어 안채로 들 수 있다. 일(一)자형 안채가 단아하게 객을 맞는다. 동편에는 조상들의 공간인 두 칸짜리 조촐한 사당이 있고 서쪽에는 여자들의 공간인 부엌이 있어 전형적인 양반주택의 형식을 갖추었다.

종가대문에는 입춘대길(立春大吉) 건양다건(建陽多建)이란 글귀를 붙혀 복을 빌었다.

안채 부엌 앞 오른편에는 우물터와 장독대가 있다. 우물은 18년전 상수도가 들어오면서 메워져 수도꼭지가 두레박을 대신했지만 종가 건물과 함께 터 잡은 장독대는 긴 세월 동안 수많은 종가 사람들의 입맛을 챙겨 주고 건강을 지켜 주는 구실을 하고 있다. 사람의 수명보다 수백 년을 더 살아있는 장독대의 독들은 비록 비바람을 맞고 아무렇지도 않은 듯 태연하게 서 있지만 옹기를 연구하는 사람들의 눈으로 보면 박물관 유리관에 고히 모셔져야 할 귀한 독들이었다. 양반네 살림살이라지만 알뜰하기는 여느집과 다를 바 없다. 금이간 옹기들도 버리지 않고 철사 줄로 꽁꽁 동여매어 사용한다.

나이를 가늠할 수 없다는 다섯 개의 장독은 장을 담은 햇수에 따라 묵장, 햇장의 서열을 지키며 줄지어 서 있다.

"예부터 묵장과 햇장을 함께 섞으면 집안에 우환이 생긴다는 속설이 있지요. 간장은 묵힐수록 단맛이 좋아요. 첫아들 낳았을 때 시어머니께서 끓여 준 미역국은 묵장으로 간을 맞춰 끓어 주셨는데 보약 같

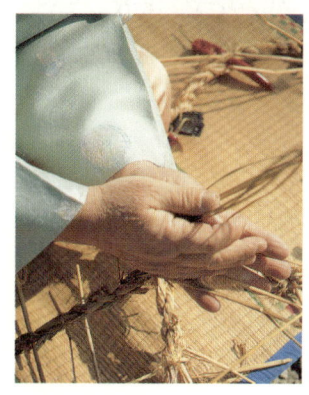

나이를 가늠할 수 없다는 다섯 개의 장독은 장을 담은 햇수에 따라 묵장, 햇장의 서열을 지키며 줄지어 서 있다(위). 짚으로 꼰 새끼줄에 숯과 고추를 끼워 독 입구를 감아 부정한 기운이 들지 않도록 한다(아래).

은 느낌이었습니다."

그래서 5년씩이나 된 장이 지금도 있다고 한다. 종부는 수많은 제사에 쓰여질 간장도 따로 떠서 작은 항아리에 정갈하게 보관한다고 했다. 된장도 오래된 된장, 햇된장을 구별해 두었는데 해묵은 된장은 약이 없던 시절에는 상비약이 되기도 했다. 상처에 된장을 붙여 두면 지혈이 되고 상처가 빨리 아물었다. 요즈음에는 그 묵은 된장이 항암제가 된다고 해서 따로 간수했다가 몸이 좋지 않을 때는 이것으로 된장찌개를 끓여 먹는데 소화가 특별히 잘되는 것 같다고 한다.

장독뿐 아니다. 고추장 항아리, 막장 항아리, 집장 항아리 등이 옹기종기 모여 있고 각종 씨앗을 보관하던 씨앗독도 장독대에 있다. 또 제사 때와 손님 접대용으로 담았던 가양주 술독도 여럿 있다. 크고 작은 떡시루도 장독대에 놓여 있다. 키작은 각종 젓동이도 키 큰 독들 사이에서 조화를 이룬다.

이들 옹기 외에도 종가에는 조형미의 극치를 이루는 2단짜리 특이한 독 2개가 눈길을 잡아 끈다. 이 독은 독 전체 키의 5분의 2선에서 개미허리처럼 잘록한 테를 둘렀고 꽃잎 모양의 연결사슬을 올려 바깥전을 만들었다. 그 안으로 또 하나 전을 만들어 전과 전 사이에 오목하게 생긴 둘레에는 물을 채웠다.

이렇게 해두면 단지 속에 있는 음식물이 변하지 않도록 온도 조절 역할을 하고 개미, 지네 등의 벌레들이 들어가는 것도 막을 수 있다고 한다. 가히 그 과학성과 기능성에 매료되지 않을 수 없다. 옹기 전문가들은 이런 조형은 청자나 백자에서는 흉내낼 수 없다고 한다. 아마도 옹기쟁이들이 도예기술을 한껏 발휘해 만들었을 것이다. 희귀한 이층 독은 쌀이 두어 가마 들어갈 수 있는 큰 독으로 하나는 집안의 터주신 으로 모시는 '성주독'으로 쓰여지고 있다.

장독대에 놓여진 것은 그 본래의 쓰임은 잘 알 수 없으나 종부의 시어머니 시절에는 겨울에 수정과나 감주를 담아 두고 사랑채 손님들의 접대용으로 쓰여졌다고 한다. 본래의 뚜껑은 없어졌고 나무뚜껑을 덮어 두었다. 종부의 기억에는 장독대가 독들만의 공간이 아니었다. 시어머니께서 이른 새벽에 일어나 월정수(月井水)를 떠다가 독 위에 올려 놓고 가족의 편안함을 빌었던 신전이기도 했다. 그래서 장독은 바닥보다 높이 있고 제사상 모양의 방구형인 사각이라 한다.

명태밀가루찜과 마른 미나리나물

이날 장담그기가 끝나고 미리 준비한 보름 음식으로 차린 푸짐한 점심 상이 나왔다. 잡곡밥과 아홉가지 나물, 청어구이, 냉이콩가루 된장국, 유채 나물 겉절이, 돼지수육에 상추쌈까지 있었다. 종가의 특미로 올려진 명태 밀가루찜은 종가의 내림음식이다. 이 요리를 만들려면 명태는 머리와 꼬리를 없애고 물에 불린 후 물끼를 꼭 짠다. 무는 곱게 채 썰어 소금간을 한 다음 꼭 짜 둔다. 밀가루를 걸쭉하게 푼 다음 채썬 석이버섯과 검은깨, 다진 파, 다진 마늘과 짜 둔 무를 넣는다. 집간장으로 간 한 다음 명태 위에 발라서 찜통에 10분간 쪄 낸다. 마지막으로 실고추를 고명으로 올린다.

이날 장담그기가 끝나고 미리 준비한 보름 음식으로 차린 푸짐한 점심상이 나왔다.

상에 낼 때는 먹기 좋은 크기로 썰어 초간장과 함께 낸다. 무가 들어가 명태가 부드럽고 단백한 맛이 좋았다. 수많은 제사에 올려지는 명태포를 이렇게 근사한 요리로 만든 종부의 지혜가 돋보인 요리였다.

이뿐 아니라 아홉 가지 나물 중에 특이한 것은 마른 미나리나물이었다. 미나리꽝에서 제철에 다 먹지 못한 미나리를 살짝 삶아 말려 두었다가 다시 삶아 나물로 볶아낸 것이다. 쫄깃하면서 미나리 특유의 향이 살풋이 났다.

수많은 제사에 올려지는 명태포를 맛깔스런 요리로 변신시킨, 종부의 아이디어가 돋보이는 북어밀가루찜.

2남 3녀의 자녀들은 모두 출가했고 종가에는 종손과 종부만이 살고 있다. 집앞이 바로 큰길이라 종가 구경 오는 이들부터 연구와 취재 등 수많은 사람들이 드나들어 차 한 잔만 내더라도 종부는 쉴 틈이 없다. 특히 전통가옥의 높은 문턱을 오르 내리느라 힘든 종부를 위해 종손이 사랑채에서 직접 차를 타 손님에게 접대하는 것으로 아내 사랑을 실천하기도 한다.

경상도 특유의 무뚝뚝한 억양이지만 종손은 친화력이 있어 뵈는 인상으로 유머감각이 풍부하고 속정이 깊어 보였다. 종부가 일에 지쳐 힘들어 하면 "종부는 아무나 하나. 고래등 같은 기와집의 안주인은 당신이 아니고 누구냐"라는 우스개 말로 피로를 풀어 주는 자상한 분이기도 하다. 노년에 조상의 위업을 받들고 살 수 있다는 사실이 참으로 행복하다는 종손은 종가가 언제까지 지켜지겠느냐는 물음에 장남 조용권(趙庸權·42) 씨까지는 가능하겠지만 손자 대에서는 장담할 수 없다고 한다.

400년 장맛을 내는 장담그기 비결

식구가 적다고 장을 적게 담을 수는 없다. 장독이 큰 것밖에 없기도 하려니와 넉넉하게 담아야 아파트 생활하는 아들네 집과 친척들 집에 나누어 줄 수 있다. 그런데 딸들에게는 절대 간장이나 된장을 주지 않는다. 친정에서 장을 가져다 먹으면 딸네가 못산다는 속설 때문이다.

종부의 젊은 시절에는 마을 아낙들이 산에서 나물을 캐와 종가에 가져오면 된장이나 간장을 한 바가지 퍼 주었던 기억도 있다. 살림이 어려워 장을 담지 못하는 집들이 그때는 많았다. 나물을 무쳐 먹을 장이 없어 대갓집에 나물을 캐다주고 된장이나 간장으로 바꾸어 갔던 것이다.

그 시절에 비할 바는 아니지만 지금도 콩 2말로 메주를 쑨다. 그러면 길이 15센티미터, 두께 10센티미터 정도의 메주가 열 덩이 정도 된다. 종가에는 오래된 메주 틀이 있어 레시피를 대신한다. 메주가 이 정도면 굵은 소금은 대두 12되가 든다. 물은 6동이를 잡는다. 요즘 양동이가 옛날 옹기물독과 용량이 같다. 식구가 많았을 때는 콩이 2말이면 물 10동이를 잡았는데 지금은 장맛을 위해 물을 적게 잡는다.

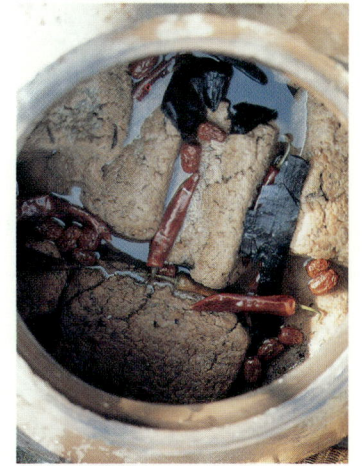

늦가을에 쑤어 겨우내 말린 메주는 흐르는 물에 담가 지푸라기로 솔을 만들어 문질러 씻는데 재빨리 씻어야 메주가 불어터지지 않는다. 광주리에 담아 물기를 빼고 햇볕에 이틀 정도 말린다.

종가에는 해마다 정월에 장을 담근다. 이때 담은 장은 변질의 우려가 없고 기온 차이로 서서히 맛을 내기 때문에 장맛이 좋다. 정월이라 해도 아무 날에나 담그는 게 아니다.

"시어머니께서는 신일(辛日)과 오행(五行)의 수일(水日)은

피해야 한다고 했어요. 신일은 장맛이 시다하여 피하고, 수일은 장이 묽어진다고 해서 피해야 한다는 거지요. 가장 무난한 날은 말날인 오(午)일을 택하라고 했습니다."

장담기 하루 전에 소금물을 만드는데 먼저 넓은 그릇에 소쿠리를 놓고 소금을 조금씩 넣으면서 준비한 물을 붓는다. 아래로 소금물이 모이는데 막대기로 휘휘 저어가며 소금이 다 녹게 한 다음 침전물이 바닥에 가라앉도록 하룻밤을 재운다. 그런데 간이 문제다. 간을 보아 짜고 덜 짠 것을 가늠하기가 어렵다. 이럴 때 달걀을 간수에 집어넣어 달걀이 수면 위에 반 정도 떠올라 있으면 염도가 알맞은 것으로 친다. 간이 짜면 달걀이 더 위로 뜨고 싱거우면 가라앉는다. 지금은 염도계가 있다지만 종가에서는 옛 방식대로 달걀로 염도를 조절한다.

장담는 날 아침에는 장독을 소독한다. 짚에 불을 붙여 연기로 독안을 소독하고 마른 행주로 깨끗이 닦아 낸다. 닦아 낸 장독에 메주를 차곡차곡 넣고 가라앉힌 소금물을 붓는다. 간수를 다 붓고 나면 메주가 둥둥 뜬다. 그 위에 청정제 구실을 하는 숯, 군내와 균의 번식을 막아주는 붉은 고추, 단맛을 내는 대추를 띄운다. 그리고 짚으로 꼰 새끼줄에 숯과 고추를 끼워 독 입구에 느슨하게 감아 조심하도록 한다.

그 다음부터는 메주가 햇볕을 쬘 수 있도록 해가 나면 장독 뚜껑을 열어 두었다가 저녁이면 뚜껑을 덮는 일에 신경을 써야 한다. 60여 일이 지나면 메주와 소금물이 섞이면서 까므스레 한 간장이 장독 안에 가득하게 된다. 이때쯤 대나무로 만든 '용수'

를 거꾸로 박아 간장을 떠내거나 메주를 먼저 조심스레 들어내고 장은 소쿠리에 받히기도 한다. 간장은 무쇠솥에서 달여내어 장독에 담아 보관했다가 30여일 지나면 먹을 수 있다. 또 진장을 만들고 싶을 때는 따로 떠내 달일 때 검은콩과 검은설탕을 조금 넣으면 달콤하고 고소한 진간장이 된다. 메주는 부수어 단지에 담고 그 위에 소금을 뿌려두면 된장이 된다. 이후에는 날씨가 좋은 날은 옹기 뚜껑을 열어 햇빛을 쪼여야 장맛이 변하지 않는다. 종가의 장맛 비결은 수입콩을 쓰지 않고 수입소금도 쓰지 않는 데 있다. 그리고 볕이 잘 드는 장독대에서 장이 잘 익도록 정성을 다하는 것이 비결이라면 비결이라 했다.

담소를 나누면서 메주를 씻는 모습도 보기 드문 풍경인데 더욱 정겨운 모습은 11대 종손 조정희(趙正熙·70) 씨가 종부 채춘식(蔡春植·68) 씨를 도와 함께 장을 담그는 것이다. 종손은 짚을 태워 독을 소독하고, 그 짚으로 꼰 새끼줄 사이사이에 숯과 고추를 끼워 장맛이 잘나게 하는 액막이 금줄을 만들어 독 둘레에 느슨하게 걸어 주었다. 그리고 사랑채에서 따뜻한 커피를 타와 종부의 추운 몸을 녹여주는 애틋한 정성도 엿보였다. 일손이 턱없이 부족한 지금의 종가에서는 근엄하게 위엄만 차리는 권위적인 종손의 모습으로는 종가를 지켜내기가 무척 어려운 시대다. 종손도 변해야 종가가 살아남을 수 있다는 사실을 실감할 수 있는 종가였다. 그래서 더욱 훈훈한 사람의 향취가 느껴지기도 했다. ✿

20년 동안 계속되어 온 뿌리교육

뿌리교육에는 해마다 40~50명씩 참가하고 있다. 강사진은 풍양 조씨들 중에서 대학강단에 있는 분들이나 저명인사들로 구성되어 있다. 정체성 교육은 물론이고 귀감이 되는 선현들의 어록과 전통생활 예절교육도 한다. 입단식 때는 자의반 타의반으로 오지만 해단식 때는 핏줄에 대한 강한 자부심과 가문의 정신문화에 긍지를 가지고 기수별로 친목계를 만들기도 한다. 그 동안 뿌리교육을 받은 학생 중에는 저명인사들이 많이 배출되어서 강사가 되기도 한다.

풍양 조씨 뿌리교육 연수 프로그램

■ 아　래 ■

1. 때 : 2003년 8월 11일~15일까지(4박 5일)

2. 곳 : 풍양 조씨 연수원(경북 상주시 낙동면 승곡리 소재 양진당)

3. 등록 : 8월 11일 오후 5시까지 등록 마감

4. 준비물 : 세면도구, 운동복, 운동화

5. 회비 : 10,000원

6. 연수원행 시내버스 시간표

　　상주에서 용포, 선산행(승곡리 회관에서 하차)

　　오후 3시 10분, 4시 30분, 5시 30분, 7시 30분

　　연수 희망자 사전 연락바람(연수 준비 관계상)

　　참가 신청 및 문의 전화

　　부원장 : 성길 054) 532-5257, 011-733-5257

　　교무 : 원희 011-9935-5274

　　　　용중 011-535-5339

일정표

	8월 11일(월)	8월 12일(화)	8월 13일(수)	8월 14일(목)	8월 15일(금)
06 08		기상 / 체조 / 청소 조찬			
09		연수생 환영특강 조성만(전원장)	시조이후 각파분파 세계의 형성 유래 조오연(자효회)	계촌법 및 예절교육 조중연	시조묘소 참배 및 수료식 (부사공종희회관)
10		시조 할아버지의 생애 조중연 (전부회장)	대동보 간행과 수단의 참여 조병희 (대종회 총무이사)		
11		개강식 및 사진촬영		제례와 제수 조용태 (대진대교수)	
12		풍육회와 장학사업 조남익 (장학회장)	족보찾아보기 조병희		
13		오찬			
15	21기 연수원 희망자 입소 및 등록	족보의 개설 및 용어해설 조웅연 (사임당교육원)	족보찾아보기와 가첩만들기 조병희	특강	
18		특강 조성운(원장)	대종회와 문중활동 조병희	체육활동 및 상호친교	
19		만찬			
22	상호인사 및 자치회구성 조원희(교무)	분임토의 및 상호친교 (자치회)	분임토의	풍양인의 밤	
	취침				

설날 아침 차례를 지낸 후 세배를 한다.
부부 사이에도 서로 맞절을 하는데 새해에도 종가일에 전념할 수 있도록
서로가 도와 달라는 의미가 담겼다.

태양떡국과 희귀한 피편 전해오는 종가의 설풍경

경주 최씨 백불암 최흥원 종가

대구시 동구 둔산동 옻골마을, 경주 최씨 백불암 최흥원(百佛庵 崔興遠·1705~1786) 선생 종가 안채에서는 민족의 명절인 설날을 앞두고 명절 음식 준비로 왁자했다. 가래떡을 둥글게 썰어 태양 모양의 떡국거리를 만들고 쌀강정과 종가의 별식인 피편(皮片)을 만든다. 13대 종부 김윤현(金胤鉉·80) 할머니의 가르침을 받으며 종부 이동희(李東姬·54) 씨와 문중 부인네들이 모여앉아 담소를 나누며 차례 음식을 준비하는 모습은 요즘 시대에 참으로 보기 드문 정겨운 풍경이다.

종가 또한 대구에서 가장 오래된 조선시대 고옥으로 지방문화재로 지정된 곳. 400여 년을 지내오면서 이 마을은 자연스레 경주 최씨 집성촌이 되었다. 종가 차례에 참석하는 인원만 해도 100여 명이라는데 그래선지 명절 음식 전통이 오래오래 이어지고 있다.

특히 이 마을의 구심점인 종가에는 14대 종손 최진돈(崔晉惇·56) 씨 가족 3대가 살고 있는 보기드문 종가이다. 전통가옥의 불편함과 교통 때문에 노인들만 집을 지키는 종가에 비해 훈훈한 사람의 향취가 살아있는 활기 넘치는 집이다.

입향조 대암 선생은 가난한 이웃을 위해 보릿고개 때는 곳간을 열어 배고픔을 면하게 했다. 후손들이 보본당(報本堂)을 지어 지금까지 이곳에서 제사를 모시고 있다.

음양의 기운까지 세심하게 챙긴다

대구에서 옛 살림집 중 가장 오래되어 첫손에 꼽히는 명가여서인지 경부고속도로 동대구 톨게이트를 빠져나가 오른편으로 가다 보면 '경주 최씨 백불암 종가'라는 안내표지판을 만날 수 있다. 그 안내를 따라 우회전하여 대구 비행장 동편 담을 끼고 들어가면 탱자나무 울타리와 돌담의 고샅길이 사극의 한 장면처럼 펼쳐진다. 골기와 한옥이 정취롭게 앉아 있는 종가는 골목 끝자락에 있다.

종가의 들머리에 서 있는 백불암 선생의 효자비각이 유서 깊은 마을임을 알리고 있다. 1000여 평의 대지에 앉은 건물들은 대문채와 함께 전통가옥의 규범에 따라 잘 배치되어 있다. 입향조를 모신 별묘와 백불암 선생의 사당, 재실로 쓰여지는 보본당, 여자들의 공간인 안채와 남자들의 공간인 사랑채, 먹거리를 보관하는 고방채 등이 있다. 특히 내외벽이 건물마다 설치되어 있어 남녀 내외가 엄격했던 영남지방 양반주택의 전형적인 모습을 엿볼 수 있다.

종가 마을을 이곳에서는 옻골(漆溪)마을이라 부른다. 종가의 돌담을 끼고 흐르는 시냇가에는 온통 옻나무가 자라고 있기 때문이다. 팔공산의 한 자락이 내려앉은 종가 뒷산에는 기이한 바위 하나가 종가를 수호하듯 우뚝하다. 대암(臺巖)이라 했다. 입향조 동집 선생의 아호(雅號)도 바위 이름을 따 대암이라 지었다.

대암봉의 모양은 거북이를 닮았다. 그래서 생구암(生龜岩)이라는 별칭이 또 하나 생겼다. 종가에서는 풍수지리학상 거북은 물이 필요하다 해서 마을 입구 서쪽에 연못을 팠다. 해가 지는 서쪽 방향에 연못까지 팠으니 음의 기운이 강할 것에 대비해 연못 주위에 느티나무와 소나무로 숲을 만들었다. 이뿐 아니라 동쪽에 떠오르는 양의 기운을 강하게 받기 위해 이곳에는 아예 나무를 심지 않았다. 이렇게 음양의 기운까지 세심하게 챙겨 앞날을 내다보고 정성을 들였기 때문인지 종가는 참혹한 한국전쟁도 피해갔다.

살며시 들여다보이는 안채. 훈훈한 사람의 향취가 살아 있는 활기 넘치는 집이다.

선공고와 휼빈고 만들어 어려운 이웃 도와주다

입향조 대암 선생은 조선조 17대왕 효종의 대군시절에 사부(師父)로

종가 마을을 이곳에서는 옻 골마을이라고 부른다. 종가의 돌담을 끼고 흐르는 시냇가에는 온통 옻나무가 자라고 있기 때문이다.

천거받은 분이다. 그의 6세손인 백불암과 백불암의 증손자인 지헌공도 정조와 고종 때 세자 사부로 천거받았지만 나아가지 않고 은둔처사로 살았던 선비정신을 종가에서는 자랑으로 여긴다.

대암공은 팔공산 자락에 있는 부인동 주민들이 세금을 내지 못해 곤장을 맞는 것을 딱하게 여겨 세금을 대납해 주기도 하고 보릿고개 때는 곡간의 열쇠를 열어 배고픔을 면하게 했다. 이뿐 아니라 교육을 시켜 무지에서 헤어나게 한 공로로 유림에서는 숭정처사(崇禎處士)라는 유허비를 세워 칭송했고 보본당(報本堂)을 지어 지금까지 이곳에서 제사를 모시고 있다.

종가에서 받드는 백불암 최흥원 선생은 영남 사림으로서는 보기 드물게 실학정신을 생활 속에 뿌리내린 분이다. 5대 선조 대암공의 뜻을 따라 부인동 주민들에게 부인동동약(夫仁洞洞約)이라는 규약을 만들어 계(契)를 조직하게 하고 그 돈으로 토지를 장만하게 해 소출을 보관하는 창고를 지어 '선공고(先公庫)'라 했다.

이 선공고로 하여 세금과 부역 공포에서 헤어나게 했으며 '휼빈고(恤貧庫)'를 만들어 보릿고개며 흉년을 이겨내는 지혜를 일러주는 농촌 계몽운동을 폈다.

양반들의 횡포와 세금수탈로 허덕이던 무지한 백성들에게는 백불암은 어버이 같은 존재였다. 종가에서 20리 떨어진 부인동 주민들은 그때의 은혜를 잊지 못해 200여 년이 지난 지금까지도 종가 일이라면 발 벗고 나선다.

노종부가 시집왔을 때는 잔치에 쓰여지는 모든 음식을 준비해 왔고,

종손의 할아버지, 할머니가 세상을 떴을 때는 꽃상여를 만들어 받치기도 했다. '부인동동약'은 그 규약이 잘 되어 있어 박정희 대통령 시절에는 새마을 운동의 참고 서적이 되기도 했다. 부인동 어귀에는 그 당시 교육의 장으로 쓰였던 강당이 아직도 남아 있고 '계'도 지금까지 이어지고 있다.

400여 년 양자 없이 적통으로 잇다

종가를 지키려면 생활비가 가장 큰 문제이다. 종가를 비워두고 떠나는 이유도 생활대책이 없기 때문이다. 하지만 종가에서는 오히려 후손

영남지방 양반주택의 전형적인 모습을 엿볼 수 있다.

들의 자녀 교육비까지 마련해 주고 있다. 65세 이상 노인들에게는 월 10만원씩 용돈을 지불하고 있으며 길흉사 때는 그 경비도 보조하고 있는 보기 드문 문중이다.

문중의 보종의식 돋보여

선현들의 행적을 알리는 문집 발간도 열심이다. 또 문중자녀뿐 아니라 어려운 학생들에 장학금을 지불하기 위해 '백불암장학재단' 설립을 눈앞에 두고 있다. 종가의 이 같은 경비는 백불암 선생이 남겨 준 땅에 도로가 생기면서 토지 보상을 받았기 때문이다.

1000여 평의 대지에 앉은 건물들은 대문채와 함께 정통가옥의 규범에 따라 잘 배치되어 있다.

이 돈으로 종가의 생활비가 충당돼 종손은 다니던 직장을 그만두고 종가일과 문중일에 전념하고 있다. "조상을 높이려면 종가를 보호해야 하고 종가가 없으면 뿌리가 흔들린다"는 문중 사람들의 보종의식도 뒷받침이 되어 보기 드물게 흔들림 없는 융성한 집안으로 자리잡고 있었다.

400여 년 간 한번도 양자를 들이지 않고 종손의 큰아들만으로 이어 온 기적 같은 종가에는 '나'를 생각하지 않고 오로지 가문만을 생각하는 종부들의 삶이 있었다.

54세의 나이가 전혀 믿어지지 않을 만큼 탄력 있는 피부를 가진 종부 이씨는 종가의 적통을 잇기 위해 40세에 아들을 낳았다. 딸을 내리 다섯이나 낳은 후다. 두 딸은 이미 시집을 갔고, 종손 후보 기척(基拓·15) 군은 어느덧 중학생이 되었다.

1년에 15차례 지내는 제사 때마다 100여 명이 넘는 손님들, 하루에도 여러 차례 차려 내야 하는 접빈상, 여염집 주부들의 상상을 초월하는 일과를 보내는 종부들의 삶은 '나'라는 존재를 잊어야 한다. 그럼에도 어떤 힘으로 저토록 고운 모습을 지닐 수 있을까? 생각만 바꾸면 된다 했다. 모든 것을 긍정적으로 받아들이면 힘이 든다는 생각조차 들지 않는다고 노종부는 온화한 미소를 지으며 말한다.

젊은 종부야 부엌을 입식으로 고쳐서 지금은 그나마 편하지만 17세에 종가로 시집온 노종부 시절에는 재래식 부엌에서 허리 펼 날이 없었다. 조부모와 시부모, 일곱 자녀들 식사준비며, 제사 때마다 시장을 다녀오려면 20리 길을 걸어야만 했다. 한복이 필수여서 밤새워 바느질도 해야 한다. 밭일도 그 당시는 종부의 몫이었다. 그런 세월을 살았는데도 팔순의 나이에도 건강하고 기억력이 비상했다. 집안 부인 한 사람이 노종부를 두고 말한다.

"우리 형님은 속이 하나도 없는 사람 같아요. 손님이 오면 먹던 밥을 차려내고 본인은 굶기가 예사였지요. 그런데도 짜증 한 번 내는 일이 없었습니다."

육체적인 노동은 그만 두고라도 종부들에게 가장 힘든 것은 대 이을 아들을 낳는 일이다. 사람의 힘으로는 되지 않는 그 일을 종부 이씨는

'조상을 높이려면 종가를 보호해야 하고 종가가 없으면 뿌리가 흔들린다'는 문중 사람들의 뒷받침에 힘입어 종손은 다니던 직장을 그만두고 종가일과 문중일에 전념하고 있다.

딸을 다섯이나 낳으면서 다시 꿈을 가지고 지극한 정성을 들여 기어이 아들을 보았다. 그 소임을 거부 없이 받아들이는 종부를 두고 '종부는 하늘이 내리는 사람'이라고들 했다.

부부 맞절로 부부의 예를 차린다

종가 사람들은 설날 아침 6시 쯤에 모두 일어난다. 종손은 몸을 청결히 하고 도포와 갓을 쓰고 사당참배를 한다. 이 사당참배는 설날뿐 아니라 종손의 일과이다. 참배 후 안채에서 준비한 떡국을 가족이 모여 먹고나면 노모에게 먼저 세배를 올린다. 그런 다음 부부가 맞절을 한다. 새해에도 종가일에 전념할 수 있도록 서로가 도와 달라는 의미가 담겼다. 그리고나서 자녀들의 절을 받는다.

차례상은 불천위 제사 두 분과 4대조 제사를 합치면 모두 여섯 상이 된다. 여기다 재취한 분의 떡국까지 합하면 13그릇의 떡국을 올린다. 떡국 옆에는 탕도 13그릇이 된다. 어적(魚炙) · 육적(肉炙) 소적(蔬炙)을 한 그릇에 담아 여섯 그릇이다. 마른안주인 포(脯)와 밤 · 대추 · 감 · 배 4가지 과일과 조과(造菓)인 강정 · 약과도 오른다. 조기로 만든 식혜도 올린다. 이렇게 차례 음식을 준비해 두면 지손들이 하나 둘 종가를 찾는다. 지손들 집에서 차례를 모시고 오기 때문이다. 제관들에 의해 제물은 사당으로 옮겨지고 큰 사당인 별묘(別廟)부터 제사를 모시는 시간은 낮 12시가 된다.

명절 차례는 술을 한 잔만 올리고 축이 없기 때문에
기제사보다 간단하게 끝난다. 차사를 끝내고 떡국상을
받으면서 문중 사람들은 노종부와 종손께 세배하고
가문의 돈독함을 다지는 세배를 나눈다.

후손들의 정성이 담긴 귀한 음식 태양떡국

아랫사람들을 거느리던 예전과는 달리 종부들의 가
장 큰 어려움은 일손 부족이지만 경주 최씨 최흥원 종
가에서는 이것이 문제가 되지 않는다. 무슨 때가 되면
문중부인들 모두가 자기 일처럼 거든다. 우애 있는 문
중으로서 주위에 부러움을 살 만큼 종가 일을 바로 자
신의 일처럼 생각한다. 그러기에 종가 차례 때는 참석
인원만 해도 100여 명이 넘는다고 했다. 떡국준비도
만만찮겠구나 싶었지만 차종부는 걱정하는 기색이 하
나도 없다. 불천지위(不遷之位·영원히 지내는 제사) 때
찾아오는 200여 명의 손님도 예사롭게 치러내기 때문
이다.

특히 조상에게 올릴 떡국 거리만은 시대가 아무리 바뀌어도 방앗간
에서 썰어 오지 않는다. 가래떡 모양을 둥근 태양 모양으로 썰어야 하
는 종가의 풍습도 있지만, 종부의 손끝으로 빚은 정성이 있어야 하기
때문이다. 떡국을 먹으면 나이 한 살 더 먹는다는 이야기가 바로 이 해
를 닮은 가래떡 모양에서 유래된 것이라는 노종부의 설명도 설득력이

기계로 썰면 금방인 것을
종가에서는 칼로 하나하나
정성을 다해 썬다. 노종부
김윤헌 할머니는 옛날에는
가래떡 만드는 데 꼬박 3일
이나 걸렸는데 지금은 일도
아니라고 말한다(위). 종가
에서는 둥근해처럼 칼로 하
나하나 정성을 다해 동그랗
게 떡을 썰어 끓인다. 이 떡
국은 해를 닮았다해서 태양
떡국이라 한다(아래).

있다. 특히 가래떡을 둥글게 썰 수밖에 없었던 옛 이야기도 들려주었다.

몇십 년 전만 하여도 설이 다가오면 집에서 가래떡을 만들었다. 쌀을 불려 디딜방아에서 가루를 빻아 체로 쳐야 하는데 강추위에 체가 얼어붙어 화롯불에 녹여야 했고, 바람에 떡가루가 날리지 않도록 병풍을 둘러치기도 하면서 가루를 빻았다. 또 가래떡은 떡을 잘 쪄야 하므로 떡을 찔 동안에는 안방 아랫목에는 여자들은 앉지도 못했다. 조왕신이 노하지 않아야 떡이 잘 쪄지기 때문이다.

이렇게 정성을 들여 찐 떡은 떡판에 놓고 기운 센 장정들이 떡메로 치면 아낙들은 바가지에 물을 떠 놓고 떡메에 발라 주면서 떡밥이 튀거나 눌어붙지 않도록 한다. 다 친 떡은 조금씩 떼어 손으로 비벼서 둥글고 길게 늘여서 하룻밤 정도 굳기를 기다린 끝에 썰게 된다. 이렇게 손끝으로 만들어진 가래떡은 가늘게 만들기가 쉽지 않다. 굵은 가래떡은 돈짝처럼 썰 수밖에 없다.

떡국떡은 이렇게 최소한 3일이 걸리는 손작업 끝에 만들어진다. 그래서 후손들의 정성이 담긴 귀한 음식으로 설 차례 상에는 반드시 떡국을 올린다고 했다.

떡국맛은 육수가 맛있어야 한다는 기본 원칙이 종부의 손맛에는 그만 무색해진다. 이날 떡국을 맹물에 끓였는데도 국물맛이 매우 고소하고 단백했다. 떡국떡도 쫄깃쫄깃해서 노종부께 그 비결을 물었다.

"어려웠던 시절에 무슨 고깃국물을 만들겠어요. 맹물에 끓여도 떡국을 먹을 수 있었던 것만으로도 좋아들 했지요. 수백 명의 떡국을 끓이는데 언제 사골에, 멸칫물을 따로 만들겠어요. 무쇠솥에 장작불을 지펴 펄펄 끓는 물에 불렸던 떡국을 넣은 다음 불을 높여 빨리 끓여 내야 떡국떡이 쫄깃쫄깃하지요. 무엇보다 장맛이 좋아야 합니다." 여기에 다진 고기를 볶아 올리고 골패 모양으로 썰어둔 달걀 지단과 김도 부수어 올린다.

차례상에 올린 떡국은 퍼져서 맛이 없어지는데 종가에서는 이 떡국을 여러 사람이 먹을 떡국에 함께 넣어 끓인다. 조상이 흠향했던 음식이라 음복하는 의미도 되고 불은 떡국을 처리하기에 좋다는 지혜를 일러준다. ◈

소껍질로 만든 별식 피편

종가의 설 차례상에는 흔히 볼 수 없는 '피편(皮片)'이라는 이름의 별식이 올려진다. 피편은 족편(足片)과 같은 요리이다. 어려운 살림에 쇠족은 어림도 없었지만 소나, 상어 껍질 등은 손쉽게 구할 수가 있어 겨울철 영양식으로 만들었다. 쇠족이나 껍질류에는 '콜라겐'이란 아교질의 단백질이 많아 묵처럼 응고된다.

지금도 정육점에 부탁하면 쇠껍질을 구할 수 있다. 종가에서 만든 피편은 쇠껍질과 닭을 삶아서 만들었다. 닭은 좀더 구수한 맛을 내기 위해서다. 종가의 피편 만드는 법을 현대 레시피로 정리해 보면 다음 같다.

10인분 기준의 재료는 닭 반마리·쇠껍질 600g, 통후추·생강·통마늘 약간이 있어야 한다. 달걀 4개·메추리알 10알, 석이버섯 6g·실고추 약간·후추가루 약간·다진 파 1큰술·다진마늘 1큰술·잣 1큰술이 고명과 양념으로 들어간다. 피편을 찍어 먹을 양념장을 만들 때는 진간장 다섯 큰술·물 1큰술·식초 2큰술·다진파 2작은술·다진마늘 1작은 술이 들어간다.

이렇게 재료 준비가 끝나면 만들기에 들어간다. 닭은 뱃속을 갈라 깨끗이 손질하고 쇠껍질은 정육점에 부탁해 다듬은 뒤 따뜻한 물에 담가 부드럽게 한다. 닭과 쇠껍질을 큰 냄비에 넣어 푹 잠길 정도의 물을 붓고 센 불에 끓어 오르면 거품을 걷어 내고 낮은 불에서 3시간 정도 더 끓인다. 도중에 통후추, 생강, 마늘 등을 넣으면 누린내가 안 난다. 끓일 때 저어 주어야 껍질이 눌지 않는다.

고명을 만든다. 메추리알은 삶아 껍질을 벗기고 달걀 2개는 황백으로 나눠 도톰하게 지단을 붙여 굵게 채썬다. 석이버섯은 따뜻한 물에 담가 부드럽게 해 씻은 다음 도톰하게 채썬다. 실고추도 3센티미터 길이로 잘라 놓는다. 볶은 깨도 준비한다. 잣은 다져 놓는다.

쇠껍질이 허물허물해지면 국물을 조금 떠서 찬물에 굳혀 본다. 굳혀질 정도의 농도이면 불을 끄고 닭과 쇠껍질은 건져낸다. 육수에 떠 있는 기름기는 창호지로 말끔히 거둔다. 기름기가 없어야 고소하고 부드럽다. 닭은 살은 발라 내어 곱게 다지고 쇠껍질도 잘게 다진다. 국물에 다져 둔 고기를 넣고 다진 파, 다진 마늘, 후춧가루와 국간장으로 간한 다음 약한 불에서 눋지 않도록 저으면서 한번 더 걸쭉하게 끓인다. 달걀 2개를 풀어서 섞은 후 불을 끈다. 다 끓인 피편은 한김 식혀서 네모진 넓은 그릇에 쏟아 붓고 준비해 둔 고명을 넣어 고루 섞는다. 완전히 굳기 전에 잣가루, 통깨, 실고추를 위에 뿌려 굳힌 다음 납작납작하게 썰어 초간장과 곁들여 낸다.

또 기름진 음식이 많은 명절 때는 깔끔한 맛으로 메밀 묵채를 만든다. 묵채는 이 지방의 특미로 숙취에 그만이다.

묵은 5센티미터 길이와 2센티미터 넓이로 썰고 멸치 국물을 따로 만든다. 국간장에 파·마늘·고춧가루·깨소금 등으로 양념장을 만든다. 그런 다음 달걀 황백지단을 채썰어 둔다. 그릇에 묵채를 담고 따뜻한 멸치 국물을 자작하게 붓고 양념장을 끼얹은 후 달걀 지단과 부숴놓은 김을 고명으로 올린다.

가문의 명예가 되는 시호를 받는 날 후손들은 축하차 오신 손님들을 위해 다담상을 준비했다.
무려 230상이나 차려냈다고 하니 대단한 규모였으리라. 이 집안에서 전해오는
『덕은가승(德恩家乘)』에 기록된 다담상 차리는 법을 보면 손님에 따라 대상(大床)과
평상(平床)으로 나뉘어졌고 대상에는 35가지 음식이, 평상에는 25가지 음식이 올려졌다.

사대부가의 **다담상**에 오른 **35가지** 희귀한 음식

은진 송씨 문정공파 큰 종가와 후손 송병하 종가

"이 세상 만물은 봄과 함께 한다"하여 동춘(同春)이란 호를 가진 송준길(宋浚吉·1606~1672) 선생은 예학의 종장으로 성균관 문묘에 배향된 조선 효종 때 인물이다. 나라의 자존을 위해 북벌론을 강론하다 세상을 뜨자 1686년 숙종은 문정(文正)이란 시호(諡號)를 내려 그 뜻을 기렸다. 은진 송씨 문정공파는 선생의 시호에서 비롯된 것이다.

가문의 명예가 되는 시호를 받는 날 후손들은 축하차 오신 손님들을 위해 다담상을 준비했다. 무려 230상이나 차려 냈다고 하니 대단한 규모였으리라. 이 집안에서 전해오는 『덕은가승(德恩家乘)』에 기록된 다담상(茶啖床) 차리는 법을 보면 손님에 따라 대상(大床)과 평상(平床)으로 나뉘어졌고 대상에는 35가지 음식이, 평상에는 25가지 음식이 올려졌다.

320여 년 세월이 지난 지금도 그때의 다담상이 전해 오고 있는지,

또 그 시절 사대부 집들의 다담상에는 어떤 음식과 차가 올랐는지 궁금하여 햇차가 선보이는 4월을 앞두고 설레는 마음으로 대전광역시 대덕구 송촌동 129에 있는 동춘당 큰 종가와 선생의 둘째 손자 송병하 종가를 찾았다.

도심 속의 섬같이 외로이 남아 있는 동춘당과 동춘당의 둘째 손자 송병하의 종가. 옛날 이 일대가 은진 송씨의 집성촌이었으나 도시 개발로 옛 모습은 거의 찾아볼 수 없지만 종가 주변을 공원으로 조성해 시민들이 우리 건축물의 아름답고 단아한 모습을 즐길 수 있도록 했다.

만물은 봄과 함께 한다

대전 인터체인지를 지나 2킬로미터 쯤 가면 교통표지판에도 '동춘당'을 안내하고 있다. 대전시가 문화유적의 대표지로 내세우는 곳인지라 안내판이 자세하다. 송촌마을, 선비마을로 불려지는 지명에서 보여지듯 그 옛날은 이 일대 모두가 은진 송씨들의 집성촌이었다고 했다. 그러나 지금은 동춘당과 종택은 아파트 숲에 가려 도심 속의 섬같이 외로이 남아 있고 종가 주변은 공원으로 조성돼 시민들의 휴식공간으로 활용되고 있다.

종가 입구에서 오른쪽으로 보이는 건물이 동춘당이다. 동춘당은 조선 효종 때 대사헌과 병조판서를 지낸 송준길 선생이 관직을 물러난 후 거처하던 별채 이름으로 보물 제209호로 지정되어 있다. '사철의 원기 가운데 봄이 으뜸이므로 만물과 봄을 함께 한다'는 뜻으로 지은 자신의 호를 따서 '동춘당'이란 당호를 짓고 이곳에서 정치를 논하고 후학을 양성했던 곳이다. 동춘당이란 편액 글씨는 친척이자 학문의 동반자인 송시열(宋時烈·1607~1689)의 글씨다.

동춘당 건물의 백미는 대청의 남쪽과 동쪽 벽면을 여닫는 문을 맹장지 문짝으로 만들어 이 문을 접어서 들어올리면 바깥 자연과 하나되게 하는 멋스러움에 있었다. 6칸 중에 2칸은 온돌방을, 4칸은 마루를 놓았는데 마루와 방의 경계를 문으로 처리해 필요에 따라 이 문만 들어올리면 한 공간이 된다.

온돌방의 굴뚝을 바깥으로 달지 않는 것도 이 건물의 특징이다. 온돌방 아래 초석과 같은 높이로 연기 구멍을 뚫어 놓아 유학자의 은둔적 사고를 표현했다는 전문가들의 평가다. 따뜻한 온돌방에서 편히 쉬는 것은 선비의 부덕으로 여겼던 선생의 사상이 배어나는 듯 굴뚝이 보이지 않았다. 80여 년 전만 하여도 동춘당 앞으로 대문이 있었고 행랑채도 있었는데 세월의 무게에 모두 허물어졌고 그 자리를 담으로 둘러놓았다. 동춘당 출입대문은 건물 뒤에 있었다.

동춘당 건물의 백미는 대청의 남쪽과 동쪽 벽면을 여닫는 문을 맹장지 문짝으로 만들어 이 문을 접어 올리면 바깥 자연과 하나되는 멋스러움에 있다.

동춘당의 긴 담과 사랑채 담 사이의 골목길을 따라 들어가면 대문이 있다. 대문에 들어서면 왼편에는 넓은 정원을 가진 ㅁ자 모양의 사랑채와 사랑채 뒤로 안채가 단아한 부인의 자태 모양 앉아 있다. 나즉한 내외담도 만들어 사랑채 손님과 마주치지 않게 했다. 동춘당 출입문 앞으로는 종가를 상징하는 두 개의 사당이 있다. 별묘(別廟)와 가묘(家廟)가 그것이다. 별묘에는 동춘 선생의 불천지위(不遷之位·영원히 모시는 제사)가 모셔져 있고 가묘에는 4대조 신주가 모셔져 있다. 건물마다 담을 쳐서 공간 분리를 해 둔 점도 여느 종가에서 볼 수 없는 특징이다. 동춘 선생 고택은 대전광역시 유형문화재 제3호로 지정되어 있다.

자연과 하나되는 동춘당 맹장지 문

안채에서 만난 동춘당의 13대 종부 김정순(金貞淳·68) 씨는 4남 1녀를 두었다. 이제는 모두 혼인해 분가했고 미혼인 막내아들 송영진(宋榮鎭·33) 씨와 함께 종가를 관리하며 살고 있었다. 14대 종손 송성진(宋成鎭·45) 씨는 직장 때문에 서울에 있다. 차분하고 조용한 성품을 가진 종부는 설, 추석 차례는 사당에서 지내며 아직도 한식차례, 단오차례, 동지차례를 지낸다는 예학자 가문다운 제례풍습을 잇고 있다.

동춘당 선생의 큰제사 때는 다섯 가지 탕과 세 가지 적을 올리며 여덟 가지 과일을 올린다 했다. 1년에 기제사만 12번을 지낸다는 종부는 예전과는 달리 제사 음식이 많이 간소화되었다고 한다. 시아버님이 살아 계실 때는 술안주로 올렸던

숙장아찌며 배추선 등 귀한 음식을 준비하곤 했지만 이
제는 손이 많이 가는 음식이라 만들지 않는다고 했다.

다담상 차림을 부탁해 보았지만 정중하게 거절했다. 11
년 전 종손과 사별한 종부는 "남편을 먼저 보낸 사람이
어찌 세상에 나설 수 있으며 더구나 다담상을 차려 본 지
는 오래 된다"는 명분을 내세워 품위있게 사양했다. 대갓
집 법도가 몸에 밴 종부로서는 당연한 거절이었다. 영진
씨도 종손이 아니어서 촬영에는 응할 수는 없다고 했지
만 좀처럼 열지 않는 동춘당 맹장지 문을 모두 들어올려
자연과 하나되는 동춘당 건물의 아름다움을 눈으로 확인
할 수 있게 해주었고 사당 문도 열어서 보여 주었다.

별묘에는 동춘 선생의 불
천지위가 모셔져 있다.

소대헌과 호연재

동춘당에서 나와 오른쪽으로 50미터 거리에는 대전광역시 민속자료
제2호로 지정된 동춘당의 둘째 손자 송병하(宋炳夏·1646~1697)의 집
이 있다. 첫손자는 장손으로 동춘당 종가에서 살았지만 집이 번창해지
면서 둘째 손자는 따로 분가를 시켰던 것이다.

이 댁은 동춘당과 달리 건물 전체가 단촐해 보였고 단아했다. 대문
을 잇는 낮은 담장 아래에는 영산홍을 심어 꽃이 필 무렵이면 꽃구경
오는 사람들로 문전성시를 이룬다고 한다. 대문에 들어서면 오른쪽과
왼쪽에 두 채의 사랑채가 길다랗게 놓여 있고 그 앞으로는 괴석으로
꾸며진 정원이 있다. 왼쪽의 큰 사랑채는 송병하의 둘째 아들인 송요

화(宋堯和)의 호를 따 소대헌(小大軒)이라 했고, 오른편 작은 사랑채는 송요화의 아들 송익흠(宋益欽)의 호를 따서 오숙재(寤宿齋)라 했다. 더욱 관심을 끄는 것은 안채에도 당호가 있었다. 소대헌의 부인 호연재 김씨가 살았던 집으로 김씨의 호를 따 호연재(浩然齋)라 했다.

무슨 아파트 몇동 몇호가 현대인들의 메마른 당호라면 옛 사람들은 각자가 거처하는 집과 방에도 멋스런 이름을 지어 그 의미를 새기면서 삶의 공간을 그윽하고 서정적인 분위기로 연출했던 것이다.

이 댁은 바로 이웃에 있는 큰댁의 우뚝한 그늘에 가려 일반인들에게는 많이 알려져 있지 않지만 종손이 운영하는 선비박물관에 전시된 종가의 유물을 살펴보면 330년 종가의 역사가 한눈에 펼쳐진다.

문집은 물론 종갓집 며느리들의 음식 솜씨를 전수하는 요리책도 2권이나 있다. 조선시대 놀이기구인 상영도, 종가식구들의 건강을 위해 탕약을 집에서 조제한 듯 50개의 서랍이 달린 약장도 있다. 뿐만 아니라 남자들의 성년식인 관례(冠禮)는 물론 여자들의 성년식인 계례도(筓禮圖)도 남아 있다. 글씨를 잘 썼던 동춘당이 손자 며느리를 맞이할 때 보낸 혼서지며 200여 권의 책력에는 그날그날 중요한 사항을 기록한 200년치의 생활일기가 오롯이 전해오고 있다.

수많은 전쟁을 겪으면서도 어떻게 이 많은 유물들을 간수할 수 있었을까. 조상의 유물을 목숨처럼 소중히 여겨 보관했던 종가 사람들에 찬탄을 보내지 않을 수 없었다. 이런 유물들로 하여 가문의 정체성이 확고히 빛나고 아름다운 문장들은 후손들에게 긍지를 갖게 한다.

특히 이 댁에서 남녀의 편견을 두지 않고 자랑스럽게 내세우는 인물은 며느리였다. 병하의 둘째며느리인 호연재 김씨가 그분이다. 호연재 김씨는 여성 특유의 섬세하면서도 서정적인 시를 많이 남긴 여류 문인으로서 허난설헌을 이어 조선 후기 여류문학사의 맥을 형성한 분이다. 현재의 글에는 이 가문의 생활이 담겨 있고 그 시대의 사회상이 펼쳐져 있다.

연회에 나타난 다담상 음식 35가지

종가에는 11대 종손 송봉기(宋鳳基·67) 씨와 종부 윤자덕(尹德·66) 씨가 구순의 노종부 송용억(宋容億) 옹을 모시고 있다. 1남 4녀는 모두 출가했고 큰집을 지키며 시아버지 대소변을 받아내는 종부. 안 그래도 힘이 부치는 종부에게 다담상 차림을 부탁한 것은 참으로 송구한 일이었으나 흔쾌히 음식을 만들어 주어서 종부의 손끝에서 사라져 가는 우리의 전통이 되살아나는 순간이었다. 종가에는 『우음제방(禹飮諸方)』과 『주식시의(酒食是儀)』라는 요리서가 전해온다. 이 두 책은 어느 한 사람이 기록한 것이 아니라 여러 대에 걸친 기록이다. 종손의 5대조인 송영노(宋永老·1803~1881)의 부인인 연안 이씨가 처음 기록하기 시작한 요리서에는 100여 가지가 넘는 음식과 술 만드는 법이 실려 있다. 여성들을 위한 책이어서 한글로 되어 있다. 이 책에 나오는 송순주(松筍酒)는 종부들의 내림솜씨로 끊어지지 않고 이어져와 현종부 윤자덕 씨는 송순주로 대전시 무형문화재 9호가 되었다.

종부는 시어머니께 배운 차상 차림을 차려 주었다. 이 댁 차상에도 차는 없었고 오미자 화채와 두텁떡이 올랐다. 종가에 전해오는 음식책

이 댁에서는 집에서 담근 술을 제사에 올린다. 봄에는 소나무 순을 따서, 가을에는 국화꽃을 따서 술을 빚는다. 이렇게 빚은 술로 일년 내내 제사에 올린다. 사진은 작년 가을에 담근 국화주 술독.

에는 두텁떡이 '가진 두텁떡'이란 이름으로 실려 있다. 책에 실린 한글 그대로 두텁떡 만드는 방법을 옮겨본다.

"찹쌀 가루를 꿀물에 반죽하여 거피 팥 속을 꿀에 섞어 붉게 볶아 계피, 호두 가루와 섞어 꿀에 재워 대추만큼 뭉치고, 체 밑에 꿀, 팥 볶은 것 펴고 그 위에 찹쌀가루 꿀에 버무려 화전같이 놓고, 소 뭉친 것 하나씩 그 위에 놓고 또 꿀 버무린 걸로 얇게 꽃 떡채로 하여 소마다 넣어 놓고 또 밤, 대추, 석이 채쳐 자옥자옥이 베어 그 위에 꿀 판 볶은 것 쌓아 모시 보자기 물에 축여 덮어 익게 쪄 쓰라"고 했다. 이 책에는 '매화차'가 보인다.

종가 제사 때는 반드시 집에서 담근 술을 올렸다. 봄에는 어린 솔순을 따서 술을 담가 가을 국화주가 익을 때까지 쓰고, 종가 앞마당에서 피어나는 국화를 따서 국화주를 담가 송순주가 익을 때까지 쓴다. 그래서 종가 안채 대청 마루에는 술이 다섯 말이나 들어가는 술독이 놓여 있다. 술이 익으면 용수를 박아놓고 제사에 올릴 술을 먼저 떠서 정갈하게 따로 간수하고 용수 그대로 두었다가 특별한 손님이 오면 술독에서 술을 떠서 종가의 특미 안주와 함께 낸다.

술안주는 배추선과 숙장아찌가 있었다. 동춘당 종가에도 있었던 음식이다. 이 음식은 종가의 음식책에도, 동춘당 연시례의 다담상에도 보이지 않지만 송씨 문중의 특미 음식임에는 틀림없다. 50여 집의 종가를 다녔지만 이런 음식은 처음이다. 손품이 많이 가는 고급 음식이었다.

문중에 전해오는 『덕은가승』에 기록된 동춘당 연시연(延諡宴)의 다담상 차림은 엄청난 규모의 음식이었다. 가짓수만 기록됐을 뿐 만드는 방법은 없었다. 그런데 이들 음식이 종가에는 많이 남아 있지 않았다.

수정과, 식혜, 잡과, 어만두, 잡채, 세면, 육회, 약과 등 손쉬운 음식만 남아 있을 뿐이다. 또 다담상(茶啖床)이라지만 차는 오르지 않았고 차 대신 식혜와 수정과가 올랐다. 평상(平床)은 대상에서 가짓수만 10가지 빠졌을 뿐 음식은 다르지 않았다. 조선시대 사대부가의 화려한 다담상에서 우리의 음식문화에 대한 자긍심이 느껴지기도 했다.

대전보건대학 김상보 교수는 충남향토연구회에서 발간하는 『향토연구』지 제18집에서 "다담(茶啖)은 조선 왕조때 면(麵)을 위주로 해서 차린 반과상과 같은 것으로 조선 왕조의궤 상에는 1609년에 처음 나타나는 것이다"라고 했다. 아래 음식 이름은 김교수가 『향토 연구』지에 발표한 「동춘당 선생의 연시연」에서 참고했다.

약과(藥果)·두제탕(頭蹄湯)·세면(細麵)·해삼증(海蔘蒸)·생복(生鰒)·어만두(魚饅頭)·잡채(雜菜)·세실과(細實果)·개자(芥子)·수정과(水正果)·중삼화(中蔘花)·죽합탕(竹蛤湯)·숙전복(熟全鰒)·생합회(生蛤膾)·잡전(雜煎)·생과실(生果實)·초장(醋醬)·식혜(食醢)·소삼화(小蔘花)·생선탕(生鮮湯)·전양초(煎䑋炒)·육회(肉膾)·건정과(乾正果)·면종감(綿種甘)·사색잡과(四色雜果)·삼어탕(三魚湯)·족보지(足甫只)·절육(切肉)·혜수(醯水)·저육장방(豬肉長房)·난숙(卵熟)·과제탕(瓜諸湯)·저육숙편(豬肉熟片)·잡소육(雜燒肉)·황육어음적(黃肉於音炙)으로 모두 35가지이다. 오랜 세월이 지나면서 그 원형이 남아 있지 않은 것이 못내 아쉬웠다. ◈

종가의 별미 배추선과 숙장아찌

배추선

겨자를 미지근한 물에 풀어서 뚜껑을 덮은 다음 따뜻한 곳에 하루 저녁 숙성시켜 매운맛이 나게 한다. 속이 노란 배추 한 포기를 가운데에 칼집을 넣어 두 쪽으로 나눈 후 흐르는 물에 배추가 부셔지지 않도록 씻는다. 냄비에 물을 부어 펄펄 끓으면 배추를 넣어 적당히 무르도록 삶는다. 배추는 건져서 찬물에 헹군 다음 물기가 빠지도록 한다.

은행은 볶아 껍질을 까고, 호도는 미지근한 물에 하루 저녁 담가 두었다가 속껍질을 벗기면 쉽게 벗겨진다. 이것을 절반으로 쪼갠다. 잣은 그냥 쓴다. 달걀은 황백 지단으로 부친다. 석이는 뜨거운 물에 불려서 양손으로 비벼 안쪽의 이끼를 말끔히 벗겨 낸다. 고기는 잡채고기 크기로 썰어 고기 양념을 한 다음 볶는다. 고기가 다 익을 무렵 결대로 찢은 느타리버섯과 채썬 양파를 넣고 한 번 더 볶은 다음 마지막에 3센티미터 길이로 썬 미나리와 실파를 넣고 씨를 뺀 홍고추도 채썰어 색이 살아 있도록 살짝 볶은 다음 식힌다. 매콤하게 발효된 겨자에 진간장과 집간장, 소금으로 간을 맞춘다. 설탕과 참기름, 식초도 조금 넣어 새콤달콤하게 한다. 간이 잘된 겨자소스에 잣과 은행, 호두를 넣는다. 볶아 둔 고기, 야채, 달걀지단과 석이버섯, 홍고추는 겉고명에 올릴 것은 골패 모양으로 썰고 나머지는 모두 채썰어 겨자소스에 섞는다.

물끼 빠진 배추를 한 번 더 꼭 짠 다음 포기 사이마다 겨자 소를 놓고 5센티미터 길이로 썬다. 보기 좋게 겉고명을 색맞추어 올린다. 이렇게 만든 배추선은 그릇에 담아 바닥이 따뜻한 온돌방에 하룻밤 정도 숙성시킨 후 상에 올린다. 달짝하고 말캉한 배추맛과 겨자의 매운맛, 고소한 잣이 어우러져 환상적인 술안주가 된다.

술안주에 숙장아찌

무 한 개를 기준하면 오이 3개, 홍당무 1개를 함께 준비하면 된다. 각각 4센티미터 길이와 5센티미터 두께로 썰어 소금간을 한다. 이때 오이는 씨를 빼고 썬다. 간이 배였다 싶으면 물에 두 번 헹군 다음 면보에 싸서 맷돌로 하루 저녁 눌러 놓아 물기를 쏙 뺀다. 쇠고기는 얄팍하게 채썰어 불고기 양념을 해 하룻밤 재운다. 양파는 채썰고 느타리버섯은 살짝 데친 후 결대로 찢어 놓는다. 미나리와 실파도 야채 길이로 썬다. 달걀은 황백지단으로 붙혀 채썰어 놓고 실고추도 준비한다.

팬에 재워둔 쇠고기를 볶는다. 고기가 익었다 싶으면 양파와 느타리버섯을 함께 볶고 마지막으로 미나리와 실파를 넣어 색이 변하지 않게 볶아 낸다. 냄비에 진간장과 설탕을 넣어 끓으면 무를 넣어 저어 가면서 아삭하게 익혀 낸다. 그 간장을 다시 끓여서 당근을 익히고 또다시 장을 끓여 오이를 익힌다. 넓은 그릇에 재료 모두를 함께 섞은 다음 참기름과 깨소금, 실고추를 섞어 그릇에 담아 상에 올린다. 간장에 익힌다 하여 '숙장아찌'라는 이름을 가진 음식이다. 아삭하게 씹히는 무맛과 고기맛이 별미였다.

최덕지 선생과 선생의 사위 신후경 선생이 지은 정자 영보정.
영보정이란 현판의 글은 조선시대 명필 한석봉의 글씨다.

제사음식 나누어 준비하는 수백 년 전통

전주 최씨 문충공파 연촌공 종가

종가하면 제사를 먼저 떠올린다. 그러기에 종부는 제사 음식 준비로 날이 새고 진다 해도 과언이 아니다. 종부자리에 시집가지 않겠다는 이유도 제사 때문이라 한다.

전남 영암군 덕진면 영보마을에 자리한 전주 최씨 연촌 최덕지(烟村 崔德之·1384~1455) 선생의 종가는 제례 때마다 문중 사람들이 제사 음식 한 가지씩을 준비해 오고 종가에서는 제기에 음식을 담기만 하면 된다. 제사 음식을 나누어 준비하는 것은 어제 오늘 일이 아니다. 수백년 전부터 행하던 종가의 아름다운 전통이다.

조선시대 사대부 초상화 중 가장 오래되어 보물로 지정된 최덕지 선생의 영정이 모셔져 있는 영당에서 모시는 제사 음식은 바로 여러 후손들의 정성으로 차려진 것이다.

정답게 이름을 나란히 적은 대문의 문패처럼 40여 년 동안 다복한 삶을 가꾸어온 종손 부부.

이뿐 아니라 이곳에 터 잡은 연촌 선생으로부터 22대째 이어져 오는 유서 깊은 종가로 제사 때 입는 검은색 제례복, 다섯 가지 나물과 세발낙지로 요리한 비빔밥도 종가만의 별미였다.

노루꼬리처럼 짧은 가을 햇살에 몸을 쬐는 노란 콩대, 붉은 수수대, 들깨단과 빨간 대추, 은행 등이 툇마루와 사랑채 누마루에 펼쳐 있어 풍요로운 가을 분위기가 물씬 느껴졌다.

550여 년 동안 장손만으로 가문의 대를 잇다

호남고속도로를 통해 광주에서 나주길 13번 국도로 가다 보면 누런 벼이삭이 황금빛 물결로 일렁이는 들판이 시원하게 펼쳐진다. 아직도 저렇게 널찍한 평야가 있다니 보기만 해도 배가 부르다는 생각을 하다 보면 어느새 장대하고 아름다운 월출산(月出山)이 시야에 들어온다.

사방 백리에 큰산이라고는 없는 들판에 마치 설악산을 떼어다 놓은 듯한 바위산이 떡 버티고 서 있는 이곳이 영암땅이다. 영암은 그 지명의 유래도 신령스럽게 전해온다.

1972년에 펴낸 『영암군 향토지』에는 "월출산에는 세 개의 움직이는 큰 바위가 있었다 … 이 바위 때문에 영암에 큰 인물이 난다고 하여 이를 시기한 중국 사람들이 바위 세 개를 전부 떨어뜨렸는데, 그 중 하나는 스스로 옛 자리로 올라가 앉았다. 그 신령한 바위가 내려갔던 자리라 하여 '영암(靈巖)'이라 전해온다고 했다." 또 『동국여지승람』에는 신령스러운 바위라는 뜻을 지닌 영암은 바로 돌 때문에 생겼다고 적고 있다. 지명 탓인지 일본에 백제문화를 전했다는 백제 때 학자 왕인 박사와 풍수지리에 우뚝한 도선국사가 이곳 출신이다.

전라도 여러 곳에 수령을 지냈던 최덕지 선생이 만년에 벼슬을 떠나 이곳에 집터를 정한 이유도 예사롭지 않은 영암의 기운 탓일 것이다. 그때 지은 그 집터에서 550년이 넘게 살면서 지금까지 가문의 장손만으로 대를 이어 왔다는 사실만으로도 길지가 아니라면 어림없는 일이다.

종가에는 입향조 최덕지 선생의 호를 따 이름붙인 존양루와 존양당이 있고 안채에서 조금 떨어진 곳에는 선생의 초상화가 모셔진 영당이 있다.

입향조 최덕지 선생의 초상
화가 모셔진 영당이 종가의
가장 높은 곳에 자리하고
있다(위). 영당 앞으로는 선
생의 목판본이 소장된 재실
이 있다(아래).

좌청룡 월출산, 우백호 백용산

영암에서 강진과 영보 쪽으로 갈라지는 삼거리에서 영
보 쪽으로 2차선 길을 가다보면 예사롭지 않은 마을이
보인다. 500년 넘게 한곳에 살다보면 가문이 번성할 수밖
에 없고 집성촌이 자연스레 형성된다.

이 마을은 한때 200여 세대가 모두 전주 최씨 최덕지
선생의 후손들인 적도 있었다. 특히나 눈에 띄는 종가는
울창한 대숲에 싸여 있다. 대나무는 지조가 있는 선비가
살았음을 상징한다.

종가에서 보면 그 웅장한 월출산이 좌청룡(左靑龍)이
되고, 백용산 형제봉이 우백호(右白虎)가 된다.

황금빛 들판이 문전옥답(門前沃畓)이 되고 그 앞으로 샛강이 흐르고
있다. 생명을 관장하는 곡식과 물이 넉넉해 보인다. 어쩌면 이런 곳에
집터를 정했는지 그 혜안이 놀랍기만 했다. 마을 어귀까지 마중 나와
반겨 주는 종손 최연창 씨의 차분한 첫인상도 평온해 보이는 이 마을
분위기를 빼어 닮았다.

"우리 집은 특별한 것이 없는데 먼길을 오셨구먼요."

겸양의 인사를 건네는 종손을 따라 들어간 솟을대문은 큰길에서 텃
밭을 지나서 있었다.

물밑같이 고즈넉해 보이는 고옥에 들어서면 가을하늘을 붉게 수놓
은 여러 그루의 감나무와 허리가 굵은 은행나무도 무거운 열매를 떨
어뜨리고 있었다. 흐드러지게 핀 구절초 한 무리가 향기롭게 반긴다.
구석구석 가을 풍광이 펼쳐지고 있다.

가장 오래된 조선시대 초상화

대문을 들어서면 왼편에 입향조 최덕지 선생의 호를 따 이름 붙인 4 칸의 존양루(存養樓)가 있고, 그 뒤로 지어진 5칸짜리 기와집은 사랑채 존양당(存養堂)이다. 최덕지 선생이 노년에 이곳에서 후학을 양성했다고 전하는 존양당과 존양루는 한국전쟁 때 허물어졌다가 집안사람인 우성건설 최주호 씨가 복원해 주었다고 한다. 종가 사람들의 우의가 돋보인다. 그리고 6칸의 안채는 일자형으로 지어져 있다.

종가에는 27살에 해주 최씨인 24세 종부와 혼인해 일곱 남매를 두어 다복해 보이는 종손과 종부가 혼인 전인 두 아드님과 함께 농사를 짓고 있다. 안채 왼쪽으로 돌아나가면 입향조 최덕지 선생의 초상화가 모셔진 영당이 가장 높은 곳에 자리했다.

이곳에는 문종 임금이 하사했다는 조선시대 사대부 초상화 중 가장 오래 된 영정(影幀)과 유지초본(油脂草本)이 모셔져 후손들이 하늘같이 받들고 있는 곳이다. 유지초본은 작가의 초안 과정이 여실히 나타나는 보기 드문 자료라 했다. 선생의 말년에 그려진 초상화는 머리에 쓴 모자가 몽고풍으로 이색적이다. 복장과 모자는 고려에서 조선시대로 넘어오는 과도기적 형태여서 당시 사대부의 한거한 모습을 볼 수 있다는 특징 때문에 보물로

조선시대 사대부 초상화 중 가장 오래 된 영정(影幀)과 유지초본(油脂草本)이 모셔져 후손들이 하늘같이 받들고 있는 곳이다. 유지초본은 작가의 초안 과정이 여실히 나타나는 보기 드문 자료이다.

지정돼 있다. 영당 앞으로는 선생의 목판본이 소장된 재실도 있고 정원
에는 눈처럼 하얀 목화나무가 따사롭게 다가온다.

양반의 도덕성 지킨 최덕지 선생의 행적

　전주 최씨는 시조를 달리하는 네 파가 있다. 최순작(崔純爵)을 시조
로 하는 문열공파(文烈公派), 최아(崔阿)를 시조로 삼은 문성공파(文成公
派), 최균(崔均)을 시조로 하는 사도공파(司徒公派), 최군옥(崔群玉)을 시
조로 하는 문충공파(文忠公派)이다. 네 파 선조 모두 전주에 봉군(封君)
을 받은 인연으로 전주를 근거지로 가문이 번창하게 되어 본관을 전
주 최씨로 불린다고 한다. 여기서 종가가 추앙하는 최덕지 선생은 문

성공의 5세손으로 조선초 태종 때 문과에 급제한
후 추천을 받아 사관이란 직분으로 관직에 입문했
다. 이후 남원부사를 지내다 사퇴하고 고향에서
학문에 몰두했는데 정종임금이 등극하면서 예문
관 직제학(藝文官 直提學)이란 벼슬을 내려 조정에
출사하게 됐다.

　고려사 편찬위원 33인 중 한 분이기도 한 선생
은 노령으로 사직하고 종가로 내려와 후학을 가르
치며 여생을 마친 분이다. 550여 년이 지난 지금
에도 영암의 녹동서원과 전주의 서산사, 남원의
주암서원 등에서 선생의 인품을 기리는 제향을 모
시고 있다.

선생의 집안을 두고 5제학 집안이라 부르기도 하는데 부친과 두 분의 형님, 사촌까지 대제학과 부제학 벼슬에 올랐던 분들이다. 높은 벼슬뿐만이 아니라 자신을 낮추고 어려운 사람을 배려하는 권력자의 도덕성을 중히 여기는 가문이라 명문으로 존경받고 있는 것이다.

검은색의 제례복과 나누어 준비하는 제례 음식

종가에는 사당이 따로 없다. 입향조의 영정이 모셔진 영당이 있기 때문이기도 하다. 한국전쟁 전에는 집안 벽장에 4대조 신주를 모시기도 했지만 지금은 지방을 써서 4대 봉제사를 모신다. 그러기에 음력으로 10월 정일에 지내는 선생의 제사날은 종가에서 가장 귀하게 여기는 날이다. 유림에서 주관하기는 해도 제물은 자손들이 준비한다.

이때는 미리 제사 음식을 맡는 유사라는 직분을 정하는데 생선과 육고기와 과일을 맡는 사람을 '어육과 유사'라 하고 쌀 한 섬으로 만드는 떡을 맡은 사람은 '편유사'라 하는데 문중사람 서로가 조상의 제물을 준비하려 해서 제사상은 언제나 푸짐하다. 이렇게 준비해 온 음식을 종가에서는 제기에 담기만 하면 된다. 제사는 자시(子時·밤 12시)에 올린다.

제사 음식 준비로 맏며느리 자리를 꺼려하는 지금의 세태에서 본받고 싶은 풍속을 종가에서는 오래전부터 실천하고 있었던 셈이다. 아주 오래전부터 내려오는 종가만의 특징적인 제사 문화로 볼 수 있다.

또 하나 이색진 종가의 전통은 제례복이다. 일반적으로 옥색이나 흰 도포를 입기 마련인데 종가에서는 언제부터인가 검은 도포를 입는다.

© 윤종상

노루꼬리처럼 짧은 가을 햇살에 몸을 쬐는 노란 콩대, 붉은 수수대, 들깨단과 빨간 대추, 은행 등이 툇마루와 사랑채 누마루에 펼쳐 있어 풍요로운 가을 분위기가 물씬 느껴졌다.

검은색의 도포에 대한 내력을 들어보지는 못했다고 한다. 종부는 옥색 치마저고리를 입고 집안 제사에서는 종부가 두번째 술잔을 올린다.

옛날에는 임금과 신하의 제례복이 달랐고 길례(吉禮)와 흉례(凶禮)의 제복이 각각 달랐다고 한다. 제사는 길례에 속하고 흉례는 사람이 죽은 후 졸곡(卒哭·100일)까지를 말한다. 제례복은 임금과 신하가 달랐지만 흉례인 상례 때는 왕이나 신하의 신분에 따라 제례복에 차이를 두지 않았는데 세상을 떠나면 신분의 차이가 없어진다는 의미를 담았던 듯하다고 종손은 풀이했다.

연천공 종가의 내림음식, 비빔밥

현대식으로 고쳐진 부엌에는 단아한 맵시의 종부와 영보마을 부녀회장 박희림 씨가 내림음식을 준비하고 있었다.

"지난 봄 왕인벚꽃축제에는 다섯 가지 나물을 곁들인 낙지비빔밥과 소머리수육을 선보였는데 수육을 하려면 소머리 하나를 준비해야 하기 때문에 오늘은 낙지비빔밥에 우거지국을 준비했어요."

종가 취재에서 가장 힘든 부분이 음식 부탁이다. 대체로 나이 많은 종부들이 종가를 지키고 있어 더욱 그러하다. 종가에서 사람의 향취를 느낄 수 있는 유일한 것이 내림음식이기 때문에 언제나 그 부탁은 무리할 수밖에 없었다. 고맙게도 지금껏 모두 협조를 잘 해주었다.

종가의 특징적인 음식은 '세발낙지 나물비빔밥'. 발이 가늘다 해서 이름 붙은 세발낙지는 영암의 특산물이다. 강진에서 유배생활을 했던 다산 정약용의 형님인 정약전이 쓴 『자산어보』에 "말라빠진 소에게 세발낙지 서너 마리를 먹이면 곧 강한 힘을 내게 된다"는 기록이 있을 만큼 영양가가 높다고 한다. 세발낙지와 찹쌀을 넣어 죽을 쑤어 환자가 먹으면 회복이 빨라진다고 한다.

낙지를 소금물에 씻어 뜨거운 물에 살짝 데친다. 그런 다음 먹기 좋은 크기로 썰어 마늘, 참기름, 소금으로 간한다.

무를 곱게 채썰어 양념해 생채를 만들고, 숙주나물도 데쳐 마늘과 참기름 소금과 파를 다져 넣고 무친다. 버섯은 마늘과 소금간으로 살짝 볶고, 향기로 맛을 돋우는 취나물은 데쳐서 갖은 양념으로 무친다. 시금치도 데쳐서 무친다. 이렇게 양념한 나물을 그릇에 각각 담고 낙지도 담아 따끈하게 지은 밥을 놓고 고추장과 참기름을 듬뿍 넣어 비벼 먹는다.

여기다 멸치 국물에 된장을 풀고 무청을 무쳐 넣어 끓인 우거지국도 종가의 된장맛 때문인지 특별한 맛을 느낄 수 있었다. 뜨거운 국물이 덥게 느껴지는 여름철에는 오이냉국을 곁들인다.

영보정의 축제 '풍향제'

종가의 자랑이자 영암군은 물론, 호남 제일의 정자 '영보정(永保亭)'은 종가에서 100여 미터 거리에 있다. 최덕지 선생과 그 사위인 신후경 선생이 함께 건립한 이 정자는 정면 5칸, 측면 3칸의 팔작 기와집으로 네 귀의 추녀에 활주를 받치고 있는 건물의 특징이 있어 시도기념물로 지정되고 있다. 호방하게 씌여진 현판의 글씨는 한석봉 선생의 글씨라 전한다.

영보정은 일제시대 때 청소년들에게 항일 구국 정신을 교육한 장소였다. 그래서 이곳이 만세운동의 발상지로 알려져 있다. 이곳에서는 해마다 5월 5일 단옷날에 마을을 떠나 사는 사람들과 고향 사람들과 만남의 장을 만들기 위해 영보마을이 주축이 되어 축제가 열린다. 태평성세를 기원하는 제를 영보정에서 올리고 민속놀이도 한다. 풍향제(豊鄕祭)라 했다. 이 제에서는 어려운 학생들에게 장학금도 전한다.

여기서 주목되는 것은 축제를 하기 전에 천지신명과 자연에 감사하고 이런이런 축제를 하겠다고 알리는 고유제(告由祭)를 올리는 모습이다.

대학축제, 월드컵축제, 영화축제 등 축제(祝祭)라는 용어는 흔하게 쓰고 있지만 그 축제에 앞서 천지신명께 드리는 제사를 모시는 곳은 흔히 볼 수 없다. 옛 사람들은 아무리 작은 축제에도 겸손함을 담아내는 제사를 올렸는데 풍향제에서도 그것을 보여준다.

영보정에서 펼쳐지는 풍향제의 신주는 ‘천지신명’. 영암군수가 처음 술잔을 올리고 향교의 어른이 두번째 술잔을 올린다. 또 풍향제 추진위원장이 마지막 잔을 올리면서 제물은 돼지머리만 익히고 나머지는 모두 날것이다. 오곡의 기본이 되는 기장과 쌀, 수수도 익히지 않고 그대로 올린다. 여기다 배추 한 포기와 무도 날것이고, 숭어 한 마리도 익히지 않고 올린다. 밤, 대추와 상어포를 올린다.

아침 9시에 영보정에서 ‘풍향제’를 모신 후 줄다리기, 용마름 틀기, 씨름, 그네뛰기 등 전통 놀이를 한다. 이 마을 사람들은 물론 마을을 떠나 사는 사람들도 모처럼 모여 즐거운 한때를 보내는 뜻깊은 행사는 전국에서도 소문난 향토축제로 자리잡고 있다.

제 **4** 부

천년을 이어온 종가의 예와 전통

몸은 물러나니 내 분수에 편안하나   身退安愚分

학문도 물러설까 늘그막에 걱정이네   學退憂暮境

시냇가에 비로소 거처를 정했으니   溪上始定居

흐르는 물가에서 날마다 반성을 하리라   臨流日有省

학문에서 멀어질까를 경계하고 부부의 도를 다하다

진보 이씨 퇴계 이황 종가

　　동방유학의 성현, 퇴계 이황(退溪 李滉·1501~1570) 선생은 나이 50세에 관직에서 물러나 토계(兎溪)라는 개울가에 한서암(寒棲庵)이란 작은 집을 짓고서 개울 이름, 토계를 '퇴계'로 고쳐 아호(雅號)로 삼았다. 그로부터 450여 년 동안 퇴계라는 아호는 '이황'이라는 본명보다 더 많이 불리어졌다. 또한 우리가 매일 천원짜리 지폐에서 만나뵐 수 있는 분이기도 하다.

　　장마가 기승을 부리던 2003년 7월 28일, 이날이 마침 퇴계 선생의 후취 권씨 부인의 불천지위(不遷之位) 제삿날이다.

　　부인의 영혼이라도 뵙기를 바라는 마음으로 안동시 도산면 토계리에 있는 선생의 종가를 찾았다.

학봉 김성일, 서애 류성룡, 한강 정구 등 조선시대 인물사에 길이 빛나는 360여 명의 제자를 길러낸 도산서원.

학문은 벼슬보다는 인격완성을 위한 것

종가는 쉽게 찾을 수 있었다. 안동 시내에서 도산서원 길로 접어들면 된다. 청량산으로 가는 35번 국도 초입에서 도산서원까지는 8.5킬로미터. 도산서원은 퇴계 선생이 생전에 도산서당을 짓고 유생을 교육하면서 학문을 연마하던 곳으로 학봉 김성일, 서애 류성룡, 한강 정구 등 조선시대 인물사에 길이 빛나는 360여 명의 제자를 길러냈던 곳이다. 조선말 흥선대원군의 서원철폐 때에도 훼철되지 않고 지켜졌던 건물이다. 종가로 가기 전에 서원부터 들렀다.

유학의 총본산 심장부였던 도산서원에서는 2002년 4월 이변이 일어났다. 428년 만에 처음으로 여성의 사당 참배가 허락되었던 것이다. 그 동안 서원 내에 있는 다른 건물은 누구에게나 볼 수 있도록 열려 있었지만 선생의 위패를 모신 상덕사(尙德祠)란 사당만은 어떤 경우에도 여성은 들어갈 수 없었던 곳이다.

'도산서원선비문화수련원' 자료부장 이동후 씨는 여성에게 사당참배를 허용할 수 없었던 이유는 경전을 공부하는 전교당 처마 현판에 새겨진 '색부득입문(色不得入門)'이란 서원 내부의 오래된 규정 때문이라고 설명했다. 한문으로 색(色)이란 여성을 뜻하고 글자 그대로 여자는 출입을 금한다는 의미로 여겨왔다고 한다. 그런데 최근 들어 색의 의미를 여성 전체가 아닌 부정한 여인을 뜻하는 것으로 다시 풀이하면서, 남녀가 평등한 시대의 흐름도 감안해 금녀의 빗장을 풀게 되었다는 설명이다. 2002년 개설한 '선비문화체험연수'에 참가한 전국 각지에서 모여든 여교사들은 비로소 예복을 갖추고 퇴계 선생의 위패를 친견할 수 있었다고 한다.

퇴계 이황 선생이 도산서원에 터를 잡은 시기는 그의 나이 57세 때인 1557년이었다. 5년에 걸친 공사 끝에 61세 되는 해인 1561년에야 완공을 보게 되었다. 이때 지은 집은 선생의 공부방인 도산서당과 학생들의 기숙사인 농운정사 두 채뿐이었다.

선생이 세상을 뜨자 그의 제자들이 선생의 숭고한 정신을 이어 가기 위해 도산서당 뒤편에 선생의 위패를 모시는 상덕사란 사당을 짓고 동

퇴계 선생 생전에 심혈을 기울여 지었던 도산서당의 전경. 나이 57세부터 시작하여 5년에 걸친 공사 끝에 61세 되는 해인 1561년에야 완공을 보게 되었다. 이때 지은 집은 선생의 공부방인 도산서당과 학생들의 기숙사인 농운정사 두 채뿐이었다.

재와 서재 등 여러 채의 건물을 지었고 그제서야 서원의 면모를 갖추게 되어 도산서원이 되었다. 도산서당(陶山書堂)이란 이름의 유래는 "서당 뒤편 산에 도자기 굽는 굴이 있어서 도산이라 하였다"고 전한다.

겨레의 스승 퇴계 선생의 교육 이념이었던 도덕입국(道德立國)을 위해 차종손 이근필 씨는 2년 전 사단법인 '도산서원선비문화수련원'을 설립해 전국에 있는 교사들에게 '선비문화 체험연수'를 2박 3일 동안 무료로 실시하고 있다. 종가로 가는 5리 산길은 2년 전에 새로 다듬어졌다.

앞으로는 선생의 호가된 시냇물 토계가 흐르고 도산서원을 뒤로 한 채 고고한 선비의 풍모인 양 종가가 있다(위). 집에 악귀가 들어오지 못하게 안채 대문에 써 붙혀진 신다(神茶)라는 글씨가 이채롭다(아래).

종부도 벼슬이다

앞으로는 선생의 호가 된 시냇물 토계가 흐르고, 도산서원을 뒤로 한 채 고고한 선비의 풍모인 양, 종가는 인가도 없는 외진 곳에 있었다. 종가 중의 종가인 퇴계 선생 종가에 대한 글은 아껴 두었던 부분이다. 스타란 언제나 늦게 무대에 오르는 법이라 했던가. 그만큼 소중히 다루고 싶었다.

여러 차례 이곳을 방문하긴 했지만 이날은 약간의 설레임까지 있었다. 버릇처럼 솟을대문을 바라본다. 열녀문이다. 퇴계 선생의 맏손부 권씨 부인의 정려(旌閭·충신·효자·열녀 등을 표창하기 위해 그 동네 어귀에 세우는 문)다.

이런 열녀문 앞에서는 머리를 숙여 어찌 예를 표하지 않으리. 헌신적인 삶을 살다간 분들에 대한 예우이다.

숫을대문을 들어서면 사랑채를 만나고 사랑채 뒤로 살림채인 안채, 안채 뒤 동북간에는 퇴계 선생과 두 부인을 모신 불천지위 사당채가 있다. 이 건물은 1929년에 옛 모습대로 다시 지은 건물이라 한다. 여느 종가와 구별되는 점은 오른쪽에 따로 숫을대문을 두고

있는 추월한수정(秋月寒水亭)이라는 정자이다. 종가 왼쪽 넓은 대지에는 선생의 주옥같은 시를 돌에 새겨 조성한 '퇴계기념공원'도 있었다.

종가에는 퇴계 선생의 15대 종손 이동은(李東恩·95) 옹과 16대 종손이 될 차종손 이근필(李根必·72) 씨가 살고 있었다. 4년 전에 노종부가 세상을 떴고 그보다 앞서 12년 전 차종부가 먼저 세상을 떠나 지금은 안주인 없이 도와주는 분들이 종가의 살림을 맡고 있다. 이 유서 깊은 집안 종부의 빈 자리는 차종손 근필 씨의 아들 치억(致億·29) 씨가 혼인을 해야만 채워질 것이다. 이날은 퇴계 선생의 제자인 학봉 종가의 종부로 시집간 따님과 또 다른 명가로 시집간 따님이 선대 할머니 제사를 받들기 위해 친정에 와 있었다.

퇴계 선생은 이곳에서 생애를 마감할 때까지 도산서당을 짓고 후학을 양성하며 학문을 닦는 일에 매진했다. 그 동안 나라에서는 수십 차례 벼슬이 내려졌지만 이를 모두 사양했다고 한다. 선생이 닦는 학문은 '벼슬을 얻기 위한'것이 아니라 '자신의 인격완성'을 위한 것이기 때문이었다. 퇴계 선생의 이러한 정신세계가 바로 조선시대 지성사에

종가 왼쪽 넓은 대지에 있는 선생의 주옥 같은 시를 돌에 새겨 조성한 퇴계기념 공원.

끼친 가장 큰 공로라는 것이 후세 사람들의 평가이다.

그런 선생이 세상을 뜨자 조정에서는 문순공(文純公)이란 시호(諡號)를 내리면서 선생의 인품을 사표로 삼고자 사당에 영구히 모셔 자손 만대로 제사를 지내도록 한 불천지위 교지를 내렸다. 불천지위 교지를 받으면 본인뿐만 아니라 그 부인들도 세상을 떠난 기일에 영원히 제사를 받게 되는 것은 물론이다.

흔히 조선시대에는 남존여비로 여자들은 아무 권리도 없이 의무만 강조되었던 것으로 알고 있지만 남편의 벼슬만큼 그 부인들도 정경부인 등의 칭호가 내려지고 세상을 떠나고서도 남편이 받는 예우를 함께 누릴 수 있었다. 첩이 아닌 이상은 초취부인은 물론 후취부인도 마찬가지이다. 이런 예우 때문인지 전통사회에서는 명문가 종부로 시집가는 일이 '종부벼슬'이라 할 만큼 만인이 우러러보는 대단한 명예이기도 했다.

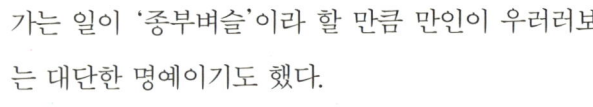

종가의 사랑채, 추월한수정(위). 불천지위제사를 모시기 위해 모인 문중어른들이 여름밤 담소를 나누고 있다(아래).

종가를 지켰던 열녀 손부

밤이 되자 큰제사 날인지라 문중어른들이 속속 찾아들기 시작했다. 새하얀 모시 도포를 입고 추월한수정 대청마루에서 부채바람을 일렁이며 담소하는 풍경은 조선시대 선비들의 기로연(耆老宴)을 보는 듯했다.

백수를 바라보는 연세임에도 정정한 자세며 검버섯 하나 없이 깨끗한 피부를 가진 노종손은 대청마루에 걸려 있는 여러 현판의 뜻과 쓰게 된 내력을 자세하게 들려주었다. 특별 정려를 받은 권씨 할머니의 수백 년 전 이야기도 어제 일인 양 들려준다. 오래전에 초등학교 교장직에서 퇴임한 종손은 대학자의 후손다운 품격을 평생 일관해서인지 표현할 수 없는 기품이 흘렀다.

"권씨 할머니는 퇴계할아버지가 그토록 아끼던 손자 셋 중 맏손자 안도(安道)의 부인이었습니다. 그런데 불행하게도 맏손자가 병고로 세상을 뜨자 일찍 홀로 되셨답니다. 그 당시 열녀상은 남편을 따라 자결한 분에게 내려졌지만 우리 할머니는 자결이란 선택보다 남편의 몫까지 가문을 지키는 데 헌신을 하셨어요. 돌아가실 때까지 23년 동안, 임진왜란 때 피난을 다니면서도 시조부인 퇴계 선생의 유품과 서적을 품고 다니면서 지극정성으로 간직하셨답니다. 우리 가문의 큰 자랑입니다."

퇴계 선생의 맏손부 권씨 할머니는 그 당시는 종손의 대가 끊기면 양자를 들이는 관습이 없었음에도 시동생의 아들을 양자로 맞이해 남편의 대를 잇게 했다고 한다. 그 양자가 혼인을 하고 며느리를 맞이한 이튿날 고방 열쇠를 새 며느리께 넘긴 뒤에 깨끗이 목욕하고 자리를 깔더니 한평생 살아온 한을 토하듯 피를 토하고 세상을 떠났다고 한다. 자신의 소임을 다하고 떠난 할머니의 죽음에 감동한 사돈이 조정에 장계를 올려 특별열녀비가 내려졌고 『삼강행실록』에도 올려졌다.

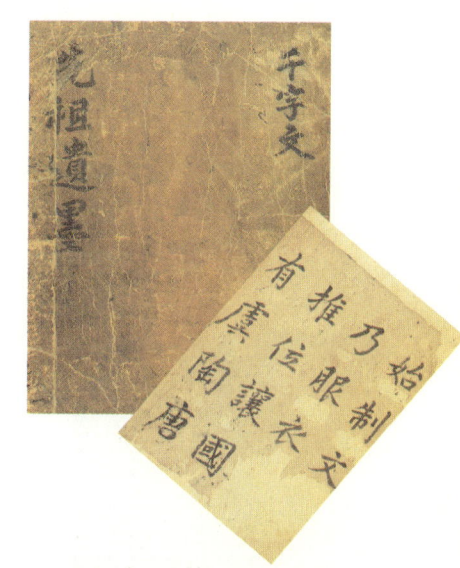

백수를 바라보는 연세임에도 정정한 자세로 종가의 내력을 설명해 준 15대 종손 이동은(李東恩·95) 옹(위). 퇴계 선생은 대학자이면서도 손주에 대한 정 또한 애틋하여 직접 천자문을 써 주셨다(아래).

부부생활을 어떻게 지켜 가야 하는가

이날은 불천지위 제사가 있는 날이니 만큼 대화는 자연스레 제사 이야기, 특히 400년 넘게 퇴계 선생과 함께 영원히 제사받는 주인공 후취부인 권씨 할머니에게로 옮겨졌다.

재혼을 한 부인, 즉 후취이면서 본부인과 함께 450여 년 동안 후손들로부터 기제사는 물론 명절 차례와 가을 시제까지 일년에 4번의 제례를 받고 있는 영광스런 부인은 어떤 분일까?

퇴계 선생은 21살에 맞이한 첫 부인 김해 허씨 사이에서 두 아들을 얻었는데, 불행하게도 결혼 6년 만에 부인이 세상을 떴다. 3년간 홀로 지내다 30세에 재혼을 하게 되는데 그 부인이 바로 명문가의 후손이지만 정신적으로 지체된 분으로 알려진 권씨 할머니다.

예조참판을 지낸 권주(權柱)의 손녀이며 참봉을 지낸 권질의 딸이었다. 하지만 꽃다운 소녀시절에 집안에 참혹한 사건이 일어났다. 권씨는 신사년 무옥 때 숙부가 사형을 당하고 숙모는 관비로 끌려갔으며 아

버지는 예안으로 귀양살이를 떠나는 참극에 충격을 받았다. 그로부터 정신을 회복하지 못한 채 평생을 정신지체로 살았던 것이다. 퇴계 선생은 비록 몰락한 가문일지라도 지조 있는 가풍을 흠모해 귀양살이를 하고 있는 권질에게 자주 문안을 다니곤 했다. 그때 부인의 아버지는 선생께 간곡한 부탁을 한다.

"모자라는 내 딸을 거두어 주게나. 자네밖에 내 여식을 믿고 맡길 사람이 없으니 자네가 처녀를 면케 하여 이 죄인의 원을 풀어주게나."

퇴계 선생은 거절하지 못하고 받아들였고, 그 부인과 혼인을 해 17년 동안 결혼생활을 했다. 그러나 정신적으로 문제가 있는 권씨 부인과의 생활이 행복할 수 없었음은 많은 일화에서 엿볼 수 있다.

선생의 상복을 알록달록한 천으로 꿰매기도 하고 제사상에 올려진 과자를 달라고 졸랐다는 일화들은 부인의 정신세계가 바르지 않았음을 짐작하게 하는 대목들이다. 재취의 행동거지를 보고 소박을 줘야 한다는 제자들의 청에 퇴계 선생은 이렇게 답했다고 한다.

성리학의 대가이면서도 겸양의 미덕과 수신에 힘썼던 퇴계 이황.

"저 불쌍한 사람을 내가 거두지 않으면 누가 거둘 것인가?"

그러면서 근무지마다 그 부인과 함께 생활하면서 돌보았고, 권씨 부인이 먼저 세상을 뜨자 두아들에게 비록 계모(繼母)이지만 상복을 입히고 시묘(侍墓·무덤 옆에 움막을 짓고 3년을 지내는 일)를 하도록 지시할 만큼 남편의 도리를 다했다.

겉으로는 내색하지 않고 그저 도를 닦듯 산 세월이었겠지만 그 마음은 어떠했겠는가. 퇴계 선생이 제자인 이함형(李咸亨)에게 써 준 '부부생활을 어떻게 지켜 가야 하는지'에 대한 편지를 보면 자신의 결혼생활이 얼마난 참기 힘든 일이었는지, 그 마음의 한자락을 엿볼 수 있다.

내가 일찍이 겪은 일을 말한다면, 나는 재혼을 했으면서도 참으로 불행했네. 그렇지만 나는 감히 댁을 박대하려는 마음을 가져 본 적이 없었고 잘 대접하려고 수십 년 동안 갖은 노력을 다했네. 그 사이에 때로는 마음이 흔들리고 번거로워 참기 힘겹고 민망한 때도 있었지만 어떻게 정을 돌릴 수 있는가! 인간이 지켜야 할 중대한 인륜을 저버리고 혼자 계신 어머니와 나에게 맡긴 처부모에게 근심을 끼칠 수 있는가! 옛 사람이 말했듯이 아비가 부부의 도를 그르치고서야 뒷날 자식의 부도덕을 어찌 바로 잡을 수 있겠는가! 또 부부의 도를 실천하지 아니하고서 학문은 무엇 때문에 하는가. 군자의 도는 부부생활로부터 이루어지는 것을…….(권오봉의 『퇴계 선생 일대기』에서 발췌)

'학문의 목적은 부부생활의 실천과 가정생활에서 찾고, 부부의 도리를 다함으로써 자식을 교육할 수 있으며 모든 예와 가도(家道)는 부부의 도에서 이루어진다'는 퇴계 선생의 부부학은 이혼을 밥먹듯 하는 지금 세태에 귀감이 되는 구절이다.

제물은 혼자서 차릴 만큼 준비하라

대유학자의 종가 안채에는 보기 드물게 대들보 아래에 집을 지켜 주는 성주신을 모셔 놓았다.

© 윤종상

12시부터 상차림 준비가 시작되서 밤 1시에 제사는 시작되었다. 안채 대청에는 제사를 모시기 위한 앙장(仰帳·천장 위에 치는 휘장)을 쳤다. 바탕은 하얗고 테두리는 푸른색이었다. 퇴계 선생의 성학십도(聖學十圖)가 그려진 병풍을 치고 그 앞에 제상을 놓았다. 향상도 제상 앞에 놓여졌다. 성학십도는 선조임금이 병풍으로 만들게 해 자신의 직무실에 펼쳐 두고 제왕학으로 쓰던 내용이다.

이날 모신 후취부인 권씨 할머니의 제상 차

림과 의례 순서는 모두 퇴계 선생의 불천위와 같다고 했다. 종가의 불천지위 제사 음식의 특징은 '물용유밀과(勿用油蜜菓)'라 하여 유과나 산자, 다식 등은 쓰지 않았다. 물론 기름에 구운 전도 없다. 나물 외에는 야채적이나 야채탕을 쓰지 않는 특징도 있었다.

제상에 오른 음식은 밥·국·국수·탕·적·나물·포·쌈·자반·김치·떡과 과일·단술이 전부였다. 모두 12가지로 단출했다.

"제물은 혼자서 차릴 만큼만 준비해야 합니다. 제사 음식을 많이 장만하려면 힘들게 마련이고 그러면 일년에 한 번 모시는 부모님 제사가 반갑지 않습니다. 퇴계 할아버지께서도 생전에 제사 음식에 대해 묻는 제자에게 '집집마다 형편이 다른데 어떻게 국가에서 정해 둔 제물을 다 올릴 수 있겠는가. 항상 같게 차리지 않아도 된다. 다만 간소하지만 정갈하게 정성을 다하라'는 말씀을 하셨답니다."

차종손 이근필 씨의 제례 음식에 대한 생각은 상당히 합리적이었다.

30여 명의 문중 사람들이 제사가 끝난 뒤 음복을 하며 서로의 안부를 묻고 이야기꽃을 피우는 모습에서 제사는 후손들의 우의를 다지게 하는 좋은 매개체라는 생각이 들었다. 뿐만 아니라 엄격한 절차와 형식이 까다로워 보일 수 있으나 그것은 보이지 않는 정성을 담아 내고 구체화시켜 주는 예법임을 비로소 깨닫게 된다.

설 차례에는 떡국과 과일, 포와 적이 전부

종가에서는 정월차사와 유두차사, 그리고 시제와 기제사 등 일년에 수십 차례 제사를 모신다. 정월에는 떡국과 과일과 포와 적을 놓고 간단한 차례를 사당에서 모시고, 유두절에는 밀을 수확했으니 국수와 수박과 포를 놓고 사당에서 천신제(薦新祭)를 지낸다. 그러나 추석 차례는 지내지 않는다. 양력으로 10월 셋째 일요일날을 기해 시제(時祭)를 모시기 때문이다.

일반적으로 시제는 묘소에서 모시는 것으로 알려져 있지만 이 종가에서는 사랑채 대청에서 모신다. 이는 퇴계 선생이 남긴 유훈이 있기 때문이다.

선생의 행장을 보면 9월은 본래 시제의 달이라 했다. 그리고 묘에 가서 제례를 지내는 것은 속된 풍습이고 재궁(齋宮·제례를 지내는 곳)에서 지내는 것이 바른 법이라 했다. 재궁이 없는 곳은 부득이 여러 산소 아래에서 지낼 수밖에 도리가 없다고 가르쳤다.

퇴계 선생 산소는 종가와는 1킬로미터 거리에 있기 때문에 재궁이 따로 없다. 재궁대신 종가의 사랑채에서 시제를 모시는데 다만 선생의 산소에 가서 술을 한 잔 따른 후 그 술잔을 그대로 들고 와서 술을 따라놓고 시제를 모시고 있다. 家

유밀과가 오르지 않는 퇴계 이황 종가의 소박한 제상 차림

제수는 네줄로 진설된다. 먼저 식어도 관계없는 과일과 포, 좌반 나물, 식혜, 김치 등을 올린다. 신주 앞으로 1열 오른쪽에는 밥그릇이 놓이고 그 옆에 수저그릇을, 다음은 국을 놓았고 사이에 술잔을, 국그릇 옆으로 떡을 놓았다. 여름이라 빨리 쉬지 않는 하얀 기주떡을 본편으로 하고 그 위에 당귀잎을 가루내 쌀에 섞어 찐 푸른색 당귀떡과 소나무 껍질로 만든 갈색의 송기송편, 진쑥색 절편과 분홍의 진달래 화전, 대추와 밤채를 고명으로 한 잡과편과 주악 등 7가지 떡으로 색을 맞추어 올렸다. 떡 옆에는 편청이라 하여 꿀을 올린다. 떡은 칠십 평생 떡만 괴어 올리는 문중 할머니의 솜씨인데 떡이 아니라 예술품을 보는 듯했다. 두번째 면줄에는 삶은 국수 위에 쇠고기볶음과 달걀지단, 구운김을 고명으로 올렸다. 국물은 붓지 않았다. 이어서 닭탕, 쇠고기탕을 놓았고, 가운데 적틀에는 고등어·가오리·상어·방어·쇠고기 등을 올린 후 위에는 닭 한 마리를 놓았다. 모두 날고기로 제사에 올려지는 날고기는 혈식군자(血食君子)를 뜻한다. 적 옆에 간장을 올리고 그 다음은 방어탕과 조개탕, 홍합탕이 오른다. 탕은 모두 다섯인데 신주로부터 오른쪽으로 우모린개(羽毛鱗蚧) 순서로 놓는다. 우모린개란 날개 있는 닭과 털이 있는 쇠고기, 비늘이 있는 물고기, 바다 밑에 사는 조개류를 말한다. 탕은 무와 다시마와 재료들을 한데 넣고 끓여서 각각 나누어 담았다. 세번째 줄에는 자반이라 하여 굴비 한 마리를 놓았고, 그 옆에 촛대가 있다. 이어 천녑삼이 올랐으며 뿌리나물 도라지, 줄기나물 고사리, 잎나물 미나리를 한 그릇에 담아 올렸다. 그 옆에 간장과 나박김치가 놓여졌으며 촛대가 있고 식혜가 끝줄에 놓인다. 4열에는 신주의 오른쪽부터 밤과 곶감대신 시과(時果·계절에 따라 나는 과일)인 밀감을 놓았다. 이어서 참외, 포도, 배, 대추 순으로 올렸다. 포도 위에 대구포를 한 마리를 놓았는데 이는 윗대 종부 한 분이 제주로부터 왼쪽에 커다란 포를 올렸다가 종부의 치맛자락에 걸려 포가 떨어지는 바람에 얌전치 못하다는 이유로 이후부터는 과줄 가운데에 포를 올린다 했다. 과일의 순서는 조동율서(棗東栗西)가 되는 것이다. 술은 종부가 있을 때는 집에서 담갔지만 지금은 청주를 사서 쓴다. 진설은 두분을 모시는 합설(合設)이 아니라 할머니 혼자 모시는 단설(單設)이다. 단설은 '주자가례' 준칙을 지켰던 퇴계 선생의 유훈이기도 하다.

진보 이씨 **퇴계 이황** 종가의 불천지위 제사 순서

퇴계 이황 선생의 후취 권씨 부인의 불천지위 제사는 밤 1시에 시작되었다.

출주(出主) | 차종손이 촛불을 든 제관들을 앞세우고 사당에 가서 오늘이 기일임을 고하는 축을 읽고 신주를 모셔 온다.

참신(參神) | 신주를 대청에 모신 후 신독문을 열고 참례자 모두 두 번 절한다. 신주가 아닌 신위일 때는 분향강신 후에 참신을 하지만 신주를 출주해 모시면 참신례부터 한다.

분향강신(焚香降神)·진찬(進饌)·초헌(初獻)·독축(讀祝) | 노종손은 향을 피우고 집사가 따라 주는 술잔을 모사에 세 번 나누어 부어 혼백을 모신다. 종손 혼자 두 번 절하고 비로소 떡과 적, 탕과 밥, 국을 상 위에 올린다. 종손은 집사의 도움을 받아 첫 잔의 술을 올린 후 축관은 제주를 향해 앉아 축을 읽는다.

'할머님의 기일이 다시 돌아왔으니 그 은혜를 생각하고 사모하는 마음으로 후손들이 조촐하게나마 음식을 준비했으니 많이 흠향하시라'는 내용을 축관이 읽으면 종손은 혼자 두 번 절하고 물러난다.

아헌(亞獻)·종헌(終獻)·첨작(添酌) | 두번째 술을 올리는 아헌관은 퇴계 선생의 둘째손자 순도(純道) 집안의 종손이다. 세번째 종헌은 셋째손자 영도(詠道)집 종손이 술잔을 올렸다.

© 윤종상

후손들 골고루 할머니께 술잔을 올리도록 배려한 것이다.

삽시정저(揷匙正箸) | 종헌 후에는 종손이 메그릇 뚜껑에 술을 부어 첨작을 하고 숟가락은 메의 중앙에 꽂고 젓가락을 가지런히 고른 뒤 시접 위에 올려놓는 삽시정서 순서다.

합문(闔門)·**계문**(啓門) | 문을 닫고 밖으로 나가거나 병풍으로 제상을 감싼다. 이때 제주와 참석자들은 무릎을 꿇고 머리를 숙인 채로 아홉 수저 먹을 동안 기다린다. 다시 문을 열고 들어가는 계문의 신호는 축문을 읽는 분의 헛기침 소리다.

진다(進茶)·**철시복반**(徹匙復飯) | 차대신 숭늉을 올렸으며 이때 참석자들은 공수한 채 국궁의 예를 취한다. 그런 후 밥을 한 수저 떠서 숭늉 그릇에 말고 수저와 저분은 시접그릇에 놓고 메그릇의 뚜껑을 덮는 것이다.

사신(辭神)·**철상**(撤床)·**음복**(飮福) | 다음으로는 영혼을 전송하는 절차인 사신의 순서다. 제관 이하 참석자 모두 두 번 절한 뒤 축관이 축문을 불사르고 신주를 다시 사당으로 모시고 음복하는 것으로 제사는 끝난다.

여자는 제사에 직접 참여하지 않고 신을 맞이할 때와 보낼 때 큰절 4배씩을 한다. 4대 봉제사일 때는 종부가 두번째 술잔을 올리는 아헌을 한다고 한다.

묘 옆에는 북처럼 생긴 묘방석(墓倣石)이 있다. 일반적인 묘비는 네모난 돌인데 반해 둥근돌이다.
이 묘방석은 적지인 진주에서 돌아가신 선생을 지리산에 가매장했다가 이곳에 다시 모시기 위해
광을 파다가 나온 것으로 일곱 곳이나 징을 넣어 깨려 해도 깨어지지 않자 기이하게 여겨
한강 정구(寒岡 鄭逑 · 1543∼1620) 선생이 여기에다 선생의 행적을 써서 새긴 것이다.

후손들의 야외 축제 한마당이 되는 가을 묘제

의성 김씨 학봉 김성일 종가

이 땅에서 살고 있는 사람이라면 비록 종갓집이 아니더라도 가을 시제(時祭)에 한 번씩 참여했던 경험이 있을 것이다. 오랫만에 만난 친척들이 서로의 안부를 묻는 정겨운 풍경하며 들놀이를 나온 양 흥겨움마저 감돌던 기억. 고향 뒷동산 묘소에서 제사를 지내고 맛있는 음식을 나누어 먹었던 일이 고향을 떠나 사는 사람들에게는 향수로 남아있다. 추수가 끝난 음력 10월 상달에 일년에 한 번 5대조 이상의 조상 묘소에서 지내는 제사를 지방에 따라 시사(時祀), 묘제(墓祭), 시제(時祭), 시향(時享)이라 부른다. 또 자손들이 모두 모인다는 점에서 회전(會奠)이라고도 한다.

아직도 우리 나라 제사 문화를 고스란히 지켜 가고 있는 경북 안동. 그 안동에서도 명문가로 알려진 의성 김씨 학봉 김성일(鶴峯 金誠一 ·

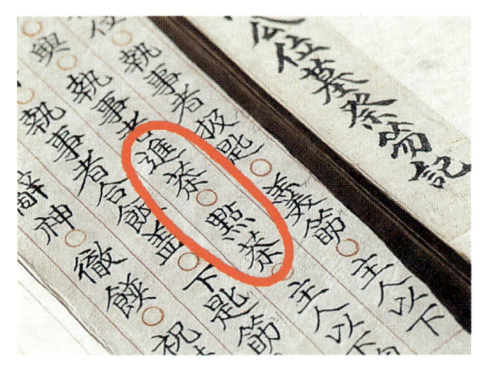

전해져 오는 묘제 홀기에는
국을 내리고 차를 올리라는
'진다, 점다'가 선명하다.
하지만 종가에서는 차대신
물을 올렸다.

1538~1593) 종가에서는 음력 10월에 지내는 시제를 9월 하순에 시사라는 이름으로 모시고 있다. 기제사를 모시는 4대조까지도 묘제에 포함시키고 묘제 음식도 종가에서 준비하지 않고 묘역 아래에 있는 재사(齋舍)에서 문중 사람들이 함께 준비한다고 한다. 가히 문중 전체의 큰 행사다.

안동시 와룡면 서지리에 있는 학봉 선생의 묘제를 지내는 문중어른 한 분께 소감을 물었다.

"제사란 조상을 공경하고 받드는 자리지만 한편은 위대한 인물의 후예로서 부끄럽지 않은 품격을 지녀야겠다는 다짐의 계기가 된다"며 이런 묘제는 친척들과 친교의 시간을 가질 수 있는 가문의 축제와 같다고 했다.

제수품은 깎지 말아야

2002년 10월 26일 오전 10시, 학봉 선생의 가을 묘제를 모신다는 소식을 접하고 하루 전에 집을 나섰다. 40여 집의 종가를 다니면서 다양한 제사를 보았지만 묘소에서 지내는 묘제를 취재하기는 이번이 처음이다.

묘제 전날인 25일 밤 9시에 출발하여 안동에 도착해 여장을 풀 숙소를 찾았을 때는 새벽 2시가 가까운 시각이었다. 5시간 이상을 쉼없이 달려 온 강행군의 막바지에 갑자기 간담이 서늘한 일이 벌어졌다. 자동차 바퀴가 그만 힘없이 주저앉고 말았던 것이다. 고속도로에서 문제가 생기지 않은 것만으로도 다행으로 생각하고 가슴을 쓸어내렸다. 아마도 그 동안 찾아다닌 종갓집 조상님들의 음덕으로 이 정도에서 그쳤으리라는 생각에 감사한 마음이 든다.

학봉 선생의 가족 묘역은 안동 시내에서 10리 길로 도산서원 가는 길로 통하는 35번 국도를 타고 가면 나오는 곳이다. 아침까지 내리던 가을비는 걷히고 묘제 시간이 가까워지자 하늘이 맑게 개였다. 현란한 색으로 물든 단풍잎이 수북히 쌓인 야트막한 무은산(茂隱山) 자락에는 묘제를 모시기 위해 지었다는 300여 년 된 고옥이 중요민속자료로 지

야트막한 무은산 자락에 묘제를 모시기 위해 지었다는 300여 년 된 고옥 재실. 안채·사랑채·창고 등 규모를 갖춘 건물로 중요민속자료로 지정돼 있다.

© 윤종상

정돼 있다. 안채·사랑채·창고 등 규모를 갖춘 건물이다. 따로 재사가 있어도 지킬 사람이 없어서 그 힘든 제수 장만을 종가에서 혼자 떠맡아서 하는 대부분의 종가에 비하면 아직도 재사에서 묘제를 준비하는 보기 드문 가문이다.

묘제에 참석하기 위해 전국에서 모여든 문중 사람들은 여기서 하룻밤을 묵으면서 몸과 마음을 청결히 한다. 잠자리도 서열에 따라 정해지는데 70대 이상은 상방에, 60대 노인들은 중방에, 그 이하는 하방에 들어간다. 방에 함께 들어갈 수 있는 기준은 '담배를 같이 피울 수 있는 나이'이다. 특히 종손에게는 밥상도 따로 차리고 반찬의 가짓수도 많으며 예우를 깍듯하게 했다.

학봉 선생의 묘제는 가문의 가장 큰 행사로 종가에서 문중회의를 거쳐 유사(有司) 4명을 미리 뽑아 소임을 맡긴다. 유사는 아무나 되는 것이 아니다. 예법을 잘 알아야 하고 나이가 비슷해야 하며 초상을 당한 처지이면 안 된다. 까다로운 자격요건이 있기에 유사로 뽑히게 되면 자랑으로 여긴다. 유사들의 소임은 제물 준비를 위해 시장을 보는 일과 음식을 장만하는 일 등 묘제가 끝날 때까지 모든 일에 책임을 져야 한다.

제사 음식은 하루 전에 유사들이 시장을 보아 준비하는데 그 비용은 묘제를 모시기 위해 마련돼 있는 전답에서 나온다고 한다. 제물을 구입할 때는 절대로 물건 값은 깎지 말아야 한다. 값을 깎다가 말썽이라도 생기면 조상에 대한 불경(不敬)이기 때문이다. 그리고 길에서 아는 사람을 만날 경우에도 인사 없이 지나쳐야 한다. 이야기를 하다보면 제물에 침이 튀어 갈 수 있기 때문에 조심하는 것이다.

묘제 음식은 남자들이 준비

제수 장만은 유사들과 가까이 사는 문중 부인들이 와서 준비한다. 그러나 중요한 제물은 모두 남자 유사들이 맡는다. 이렇게 지극한 정성으로 마련한 제물은 밤부터 괴임을 해서 한지로 봉한 다음, 아침에 지게에 지고 묘소까지 조심스레 운반한다. 묘제당일 이른 아침에는 재사 2층 누마루에서 문중어른들이 모여 제관(祭官)을 뽑는다. 이를 분정기(分定記)라 했다. 분정자는 항렬과 나이를 기준해 15명 정도 뽑는다. 이 분정기는 묘제를 지낼 때 비석에 붙여 놓아 담당자들의 착각으로 묘제 절차에 차질이 생기지 않도록 예방한다.

묘제는 10시가 넘어서야 시작되었다. 이날 묘제를 올릴 분은 학봉 선생의 고조부와 두 부인, 학봉 선생 내외분, 맏아드님 내외분과 둘째 아드님 내외분이다. 묘제는 학봉 선생의 고조부부터 시작되었다. 고조부의 묘제는 맏형이 모셔야 하지만 학봉 선생의 묘소와 가깝기 때문에 종가에서 주관하고 있다. 고조부의 묘제가 끝나자 학봉 선생의 묘제가 시작되었다. 제물 차리기를 마치면 참제자 모두 두손을 모아 잡고 묘 앞으로 둘러선다.

하루 전날 시장을 보아 제물을 준비하는데 대부분 남자 유사들이 도맡는다(위). 지극 정성으로 준비한 제물은 밤부터 괴임을 해서 한지로 봉한 다음 아침에 지게에 지고 묘소까지 운반한다(아래).

전통적인 묘제를 지내고 산신제를 지내다

묘제 순서는 먼저 참제자 모두 두 번 절하여 신을 뵙는 예를 올린다. 그런 다음 분향을 하면 초헌관은 고개를 조아리고 술잔을 받아 상 아래에 술을 붓는 강신을 한다. 초헌관만 두 번 절한다.

첫잔을 올릴 초헌관은 학봉 선생의 14대 종손 김시인(金時寅·86) 할아버지다. 초헌관은 다시 술잔을 받아서 집사로 하여금 제상에 올리도록 하는데 이것이 초헌례이다. 그런 다음 밥뚜껑을 열게 한다. 그리고 술안주로 간적(肝炙·간구이)을 올리고 나면 참제자 모두 부복하고 축관이 독축을 한다. 축이 끝나면 독축자 이하 모두 일어나고 초헌관만 두 번 절한다. 이어 두번째 술잔을 올리고 안주는 육적(肉炙·쇠고기 구이)을 올린다.

세번째 술안주는 어적(魚炙·생선구이)을 올렸다. 세번째 술잔을 올린 다음에는 집사가 수저를 밥에 꽂으면 참제자 모두 엎드려 부복한다. 부복시간은 조상이 아홉 수저 뜰 만한 시간으로써 3분 가량 된다. 축관이 기침을 세 번 하면 모두가 일어난 후 떡에 저분을 올린다. 홀기(笏記)에는 차(茶)를 올리라는 기록이 있지만 여기서는 국그릇을 물리고 물그릇을 올린다. 밥을 세 번 떠서 물그릇에 만 다음 모두 허

맑고 청명한 가을날 조상님과 후손들 사이에는 들리지는 않지만 정겨운 덕담이 오고 갔을 것이다(위). 텔레비전 프로그램 '성공시대'에서 '갓을 쓴 인터넷 사업가'라는 주제로 출연하였던 차종손 김종길(金鍾吉·61)씨(아래).

리를 굽혀 있다가 바로 한다. 집사가 밥그릇을 덮는다. 참제자 모두 두 번 절하고 음식을 내리면 묘제는 끝난다.

묘 옆에는 북처럼 생긴 묘방석(墓傍石)이 있다. 일반적인 묘비는 네모난 돌인데 반해 둥근돌이다. 이 묘방석은 적지인 진주에서 돌아가신 선생을 지리산에 가매장했다가 이곳에 다시 모시기 위해 광을 파다가 나온 것으로 일곱 곳이나 징을 넣어 깨려 해도 깨어지지 않자 기이하

게 여겨 한강 정구(寒岡 鄭逑·1543~1620) 선생이 여기에다 선생의 행
적을 써서 새긴 것이다.

학봉 선생의 묘제가 끝나면 집사 중 2명이 묘소 아래에 가서 조상의
묘소를 지켜 준 산의 신에게 감사의 제사를 지낸다. 산신제의 제물 중
과일은 껍질을 깎지 않는 특징이 있다. 사과·감·밤·대추 모두 껍질
째이다. 떡의 가짓수와 육류의 가짓수도 묘제의 것과 같다. 간단한 진
설을 마치면 집사자 중 한 명이 헌관에게 술을 따라 주면 그것을 놓고
헌관이 두 번 절하고 한 명은 옆에서 축을 읽는다. 축읽기가 끝나면
술은 땅에 지우고 산신제는 끝난다.

그 다음은 선생의 큰아들 내외와 작은아들 내외 순서로 지낸다. 묘제
가 끝나면 모든 음식을 다시 재사로 가져와서 음복상을 받는다. 음복
상에는 나물을 넣은 비빔밥이 올랐다. 육류와 생선 등의 날것은 종이에
싸서 집으로 가져간다. 훌륭한 조상의 제상에 오른 음식을 먹으면 큰복
을 받는다 하여 묘제 음식은 인기가 있다.

조상의 묘소를 지켜 준 산
의 신에게 감사의 제사를
지낸다. 산신제의 제물 중
과일은 껍질을 깎지 않는
특징이 있다.

갓을 쓴 인터넷 사업가

묘제를 마치고 음복할 겨를도 없이
제사에서 30리 쯤 거리에 있는 안동시
서후면 금계리 종가를 찾았다.

420년 전 학봉 선생이 45세 되던 해
에 이곳에 자리잡았다는 2000여 평 대
지에 사랑채·안채·문간채·사당과 풍

ⓒ 윤종상

뢰헌(風雷軒) 등 90여 칸의 건물이 아름다운 정원과 함께 앉아 있다. 여러번 보수한 집이어서 고풍스런 분위기는 부족하지만 생활하기는 편해 보였다.

종가에 들어서니 손님들로 왁자했다. 서울서 온 답사 팀들이 안채 대청마루에서 점심을 먹고 있었다. 한복을 곱게 입고 긴 앞치마를 두른 채 밥상을 나르던 차종부 이점숙(李点淑·62) 씨는 찾아온 용건을 듣기도 전에 손을 이끌며 식사부터 하란다. 손님접대가 극진하다는 소문대로 정겹게 대한다.

텔레비전 프로그램 '성공시대'에 '갓을 쓴 인터넷 사업가'라는 주제로 출연하였던 차종손 김종길(金鍾吉·61) 씨도 한복차림으로 손님을 접대하고 있었다. 현재 삼보 컴퓨터회사 부회장으로 있으며, '동탑산업훈장'과 올해의 '정보통신신인상'을 수상한 유명인사라는 선입견과는 달리 자상한 선생님 같은 인상이다. 차종손 내외는 직장 때문에 서울에 살고 있지만 일년에 절반은 종가와 서울을 오가며 생활한다. 종가에는 노종손이 살고 있다.

차종부 이점숙 씨는 퇴계 종가의 따님으로 두 분은 명문 중에 명문가의 혼사였지만 정작 본인들은 얼굴은커녕 사진도 보지 못하고 결혼했다고 한다. 딸만 넷을 두고 아들을 두지 못해 둘째 남동생의 아들을 양자로 들여 종가의 대를 이어갈 것이라 한다. 차종부 이씨에게 "아들을 얻을 때까지 더 낳지 그러셨어요."라고 했더니 "모두

2000여 평 대지에 사랑채·안채·문간채·사당과 풍뢰헌(風雷軒) 등 90여 칸의 건물이 아름다운 정원과 함께 앉아 있다.

다 가질 수는 없지요. 우리 때는 두명 낳기 운동이 한참인데 4명도 무리였어요. 누구든 종가를 잘 보존하기만 하면 되지요"라며 기품 있는 미소를 보인다. 점심상은 푸짐했다. 집에서 키웠다는 고소한 상추와 야채를 섞어 만든 겉절이는 고기 맛을 돋워주었고 밤을 채 썰어 양념한 깻잎과 고들빼기 김치, 매실피컬과 더덕장아찌 등 대갓집 밑반찬답게 맛깔스러웠다. 후식으로 감주까지 내놓았다.

종가의 구심점인 14대 종손
김시인 할아버지.

독립운동 자금으로 전 재산 내놓은 종가

종부의 소임이 제사와 접빈객이라지만 하루에도 수십 명씩 드나드는 분들께 일일이 식사와 차를 대접한다는 것은 쉬운 일이 아니다. 접빈객에게 극진한 대접은 종가의 내림이다.

"시어머님께서 살아계실 때는 집에 어느 누가 와도 빈손으로 보낸 적이 없으셨지요. 따뜻한 밥을 지어드리지 못할 때는 옥수수 하나라도 쥐어 보내셨어요."

그 시어머니는 종손 김시인 할아버님의 아내 조필남(趙畢男) 씨다. 그분이 돌아가신 1993년에는 안동은 물론 인근 대구의 꽃집에까지 꽃이 동이 날 정도였다고 한다. 2000평 종가에 300여 개의 조화와 문상객만도 3000여 명에 달했다니 그 종부의 인품이 절로 짐작된다. 조씨 부인에 대한 이야기는 가문의 자랑이다. 영양 주실마을의 한양 조씨 집안이 친정인 조할머니가 종가에 시집 왔을 때는 끼니조차 어려운 곤궁한 상태였다. 시아버지께서 대대로 전해오는 모든 재산은 물론 문중재산까지 독립운동 자금으로 내놓으면서 일제의 감시를 피하기 위해 본인이 탕진한 양 위장된 삶을 살았던 것이다. 후에 그 자료들이 밝혀져 1995년 13대 종손이었던 김용환 씨는 건국훈장 애족장을 추서받았다.

그러나 종부는 낙담하지 않고 천성적으로 뛰어난 재주와 인품으로 아랫사람에게는 따뜻한 정으로, 집안어른들에게는 극진한 예로써 대하며 종가를 지혜롭게 꾸려 나갔다.

종부에게 100여 명 문중분이 큰절 올리다

문중 사람들은 종부의 인품에 감동되어 종가 살리기 운동이 펼쳐졌다. 400여 가구가 참여한 보종계(保宗契)가 만들어졌고 차종손의 대학 등록금도 보종계에서 마련한 장학금으로 다녔다고 한다. 이뿐 아니라 지손들이 종가집 농사도 대신 지어주고 겨울철이면 땔감도 해다 주면서 종가일이라면 발벗고 나섰다. 종가의 행사 때면 1000여 명이 모이는 강건한 집안으로 일으켜 세운 공을 조씨 부인에게 돌린다.

"문상객마다 슬픔의 눈물을 감추지 못하는 것을 보고 시어머님께서 얼마나 보람된 삶을 사셨는가에 고개가 절로 숙여졌습니다. 시어머님의 존경스러운 삶에 비하면 저는 그 발치에도 이르지 못하고 있습니다." 시어머니는 문장이 출중해 살아 생전 며느님에게 "나의 만금보화 현부야"로 시작되는 애틋한 사랑의 편지를 적어 보냈다. 며느리는 그 시어머니의 편지를 소중히 여겨 장롱 깊이 넣어두고 때때로 꺼내 읽으며 교훈으로 삼았다. 이 댁에는 종가 여인들의 행실의 규범이 될 『여자초학』이 전해져 내려오고 있다. 내용은 여자가 시집을 가서 살아가는

데 필요한 행실에 관한 교훈과 부녀자가 지켜야 할 덕목 외에 여자가 알아 두면 좋을 내용들을 담고 있다. 특히 글을 마치면서 구체적으로 글을 쓴 때와 부족하지만 잊지 말고 잘 보라는 당부의 말을 적고 있다.

명문종가로 지켜 갈 수 있었던 것은 가문을 떠받치는 기둥으로서 인품과 덕망과 지혜를 갖춘 종부가 있었다는 사실을 가르쳐 주고 있었다.

실제 학봉 선생 종가에서는 종부의 권위를 존중하는 뜻으로 매년 정월 초하룻날 후손들이 차종부에게 세배를 드린다. 종가 사당에서 차례를 지낸 후 이어지는 신년세배 때이다. 세배는 종가 안채 마루에서 시작되는데 후손들 가운데서는 지금의 종부보다 20년 이상 연장자도 있지만 나이와 상관없이 정초에 찾아와 차종부에게 세배를 드린다.

물론 차종부도 맞세배를 한다. 100여 명의 갓을 쓴 노인들이 대청마루에 줄 맞추어 앉아서 종부 한 사람만을 상대로 큰절을 하는 아름다운 예절은 누대로 전해오는 종가만의 풍속이다.

퇴계 선생이 제자인 학봉 선생에게 도학의 맥을 물려준다는 병명(屛銘)을 차종부가 3년 동안 한땀 한땀 수놓아 10폭 병풍으로 만들었다.

거북등으로 만든 최초의 안경테

종가에는 선대의 유물 1만 5000여 점이 보관 전시되고 있는 운장각(雲章閣)이 있다. 민간 차원에서는 국내 최대 규모라 한다. 여기에서 우리 나라에서 가장 오래 되었다는 안경테를 볼 수 있다. 학봉 선생이 명나라에 서장관으로 갔을 때 구입한 안경테는 거북등으로 만들어진 것이다. 이것 말고도 선생이 부인에게 보낸 마지막 편지도 가슴 찡한 감동을 준다. 유물관에는 명물이 또 하나 있다. 차종부가 3년 동안 한땀 한땀 수놓아 만든 10폭 병풍이다. 친정 선대인 퇴계 선생이 제자인 학봉 선생에게 도학의 맥을 물려준다는 병명(屛銘)인데 글씨가 80자나 된다. 이 병풍은 선생의 불천지위(不遷之位)제사 때만 사용한다고 했다.

우리 나라에서 가장 오래된 안경으로 판명된 학봉 선생이 사용했던 안경과 안경집.

독립유공훈장 11명 배출한 애국자 집안

의성 김씨 학봉 김성일(鶴峯 金誠一·1538~1593) 종가에서는 걸출한 애국지사들이 많이 배출되었다. 독립군에 군자금을 보내면서 파락호로 위장된 삶을 살았던 김용환(金龍煥·1887~1946) 등 학봉의 직계 후손 중 독립유공훈장을 받은 인물만도 무려 11명이나 된다. 학봉 종가의 이같은 구국 정신을 존경해 오던 영남의 유림들은 일제시대 때 총독부에 진정서를 내어 학봉의 묘소를 지켰던 일도 있었다. 서울 청량리에서 경북 안동까지 가는 중앙선 철도 노선이 학봉의 묘소를 관통하도록 설계된 사실을 알고 유림은 물론 문중사람 수백 명이 진성서를 냈던 일이다. 일본인 책임자 아라키(荒木)란 사람이 그 진성서를 보고 학봉이 안동에서 존경받는 큰 선비임을 알고서 기꺼이 터널을 다섯 개나 새로 뚫어 가면서까지 설계를 변경해 묘소를 옮기지 않도록 했다고 한다.

무이구곡도(武夷九曲圖)
학봉 선생이 선조 10년(1577)
중국 사신으로 갔을 때 가지
고 온 것으로 주자가 살고 노
래했던 무이산을 그린 그림.

학봉 종가 내력

안동에서는 하회마을과 쌍벽을 이루는 의성 김씨 동족마을이 있다. 안동시 임하면 천전리 내앞(川前)마을이다. 시조는 신라의 마지막 왕이 었던 경순왕의 넷째아들 김석(金錫)으로 고려 태조 왕건의 외손이었다. 이때 의성군으로 봉해져 본관이 의성이 됐다고 한다. 그 후손인 김만 근이 안동 임하현의 오씨에게 장가들면서 처가가 있는 내앞마을로 옮 겨 오게 되었고, 손자인 청계 김진(菁溪 金璡·1500~1580)의 다섯 아들 들이 모두 과거에 급제해 오자등과댁(五子登科宅)으로 불려지는 융성한 집안이 됐다. 학봉 김성일은 김진의 넷째아들로 문과에 급제했고 퇴계 이황의 문인으로 학문 세계가 넓고 깊어 외국 사신으로 여러 차례 다 녀오기도 한 출중한 인물이다. 임진왜란 때는 의병을 지휘함으로써 승 전으로 이끄는 큰공을 세웠다. 56세에 적지에서 세상을 뜰 때까지 임 금 앞에서도 직언을 하는 강직한 성품으로 420년이 지난 지금까지 충 의를 골수로 한 도학자로 존경을 받고 있는 인물이다. 🏠

학봉 종가의 묘제

학봉 선생은 부인과 나란히 쌍분으로 모셔져 있다. 그 앞으로 놓인 상석(床石)에 제물을 진설한다. 부인과는 한 상씩 따로 차리는데 이를 각설(各設)이라 한다. 제주 왼편으로부터 대추·밤·모과를 놓았다. 모과는 군자의 과일이라 하여 종가에서는 귀히 여기는데 먹기 좋은 크기로 썰어 설탕에 재었다가 제기에 담고 사과·배·감 순으로 놓았다. 두번째 줄에는 청채라 하여 배추나물을 올렸고 쌈이라 하여 소양을 놓았다. 그 옆으로 백채라 하여 콩나물과 무나물을 한그릇에 볶아 담았다. 식혜를 놓고 편묵이라 하여 묵을 올렸다. 세번째 줄에는 대구포를 아래에 놓고 그 위에 육포를 한 분에게 한 조각씩 올렸다. 그 옆으로 어육(魚肉)은 익히지 않은 날고기를 올린다. 이는 스승인 퇴계 선생을 따르는 혈식군자(血食君子)의 예로서 모시기 때문이란 뜻도 있고, 제사를 지낸 후 나누어 가지고 가서 요리를 하면 가족 모두가 음복할 수 있다는 실용성도 담겨 있다. 어육은 직사각 목기제기에 명태를 바닥에 먼저 놓고 그 위에 고등어·방어·상어·조기·쇠고기·닭 순으로 올린 다음 떨어지지 않게 묶는다. 그 옆으로 떡을 놓았다. 편틀에 거피한 팥 시루떡을 켜켜로 놓고 대추, 밤, 석이를 섞어 찐 백편과 파란 콩고물 묻힌 청절편, 경단, 부편, 잡과편, 송기송편, 화전, 주악, 검은깨를 묻힌 깨구리 등을 웃기떡으로 올렸다. 그 앞으로 꿀을 놓아 찍을 먹을 수 있도록 했다. 네번째 줄에는 집에서 만든 국수를 올리고 그 옆으로 다섯 가지 탕을 놓았다. 육류와·명태·문어·무를 넣어 한꺼번에 끓인 후 각각 담는다. 다섯번째 줄에는 밥과 콩나물국 그리고 수저를 놓았다. 술잔도 그 사이에 놓여졌다. 제기(祭器)는 유기와 목기였다.

어린 조카 단종을 폐하는 세조의 왕위찬탈에 죽음으로 맞선 성삼문, 박팽년,
하위지, 이개, 유응부, 유성원 등 사육신의 묘. 서울시 동작구 노량진동에 있다.
사육신 중에서 박팽년만은 삼족을 벌하는 형벌 가운데에서도 유일하게 대를 잇고 있다.

삼족을 멸하는 형벌을 이겨낸 사육신의 유일한 핏줄

순천 박씨 박팽년 종가

어린 조카 단종을 폐하고 왕위를 찬탈한 숙부 세조에게 반기를 든 선봉에 사육신(死六臣)이 있다. 성삼문, 박팽년, 하위지, 이개, 유응부, 유성원. 이들은 삼족을 멸하는 형벌을 당했으니 당연히 직계후손이 없다. 그러나 사육신의 한 사람인 충정공 박팽년(忠正公 朴彭年·1417~1456) 선생만은 예외이다. 선생이 화를 당하던 당시 임신중이었던 둘째 며느리의 지혜로 살아남은 유복손이 가문을 이어 550여 년 동안 20대에 걸쳐 그 맥을 이어오고 있기 때문이다.

충주 시내를 20리 쯤 남겨 놓은 충북 충주시 신니면 신청리 마을에는 박팽년 선생의 충절을 기리는 홍살문의 사당과 20년 전만 하여도 초가였던 건물을 현대식 양옥으로 고친 소박한 종가가 있다. 종가에는 1973년에 타계한 형님 대신 박팽년 선생을 영원히 제사지내는 불천지

순천 박씨 충정공파는 보기 드물게 동짓날 사당에서 팥죽차례를 모신다.

위(不遷之位) 제사를 모시고 있는 봉사손(奉祀孫) 박종덕(朴鐘德·67) 씨와 부인 권영자(權英子·61) 씨가 있다. 요즘에는 보기 드문 동짓날 사당에서 모시는 팥죽차례를 보여 주면서 기구한 인연으로 살아남은 박팽년 가문의 고귀한 핏줄에 대한 전설 같은 실화를 들려주었다.

전설 같이 이어져온 박팽년의 핏줄

"종가는 본래 경북 달성군 하빈면 묘동에 있었습니다. 그곳에 가면 사육신을 모신 육신사(六臣祀)와 옛 종가의 별당채였던 태고정(太古亭)도 남아 있습니다. 또 충정공의 묘는 서울 동작구 노량진동에 있는 사육신의 묘와 함께 있습니다. 유허비는 대전 중구 가양동에 있구요. 이곳에는 신주를 모셔 두고 제례를 모시고 있지만 보여 드릴 것이 별로 없습니다."

충정공은 박팽년 선생이 돌아가신 후에 나라에서 내린 시호(諡號)로 후손들은 박팽년 선생을 '충정공'이라 불렀다.

67세의 나이가 믿어지지 않을 정도로 정정하고 선량해 뵈는 봉사손 박종덕 씨가 가문의 내력을 조용히 들려준다.

"종가가 못골에서 이곳으로 옮겨온 분명한 내력은 전해오지 않지만 6대조께서 이곳 관찰사를 지내셨기 때문이라는 추측과 충정공의 부인인 천안 전씨의 묘소가 여기에 있기 때문에 10대조께서 터를 잡았다는 설이 전해지고 있습니다."

"왕조시대의 형벌은 참으로 참혹했어요. 역적으로 낙인찍히면 본인은 물론 그 아버지와 형제들, 자식과 손자대에 이르기까지 남자들은 무조건 형장의 이슬로 사라져야 했으니까요. 세조가 어떻게 잡은 왕권입니까. 그 자리에 다시 단종을 앉히려다 실패한 사건이니 사육신은 물론 그 가문은 멸문지화(滅門之禍)를 당한 것 아닙니까. 조상이 도왔는지 우리 집은 불행 중 다행으로 충정공의 둘째 자부께서 수태를 하고 있었던 모양입니다."

이야기는 550여 년 전으로 거슬러 올라간다. 1456년 6월 조선의 6대 임금인 단종의 복위를 꾀하다 역적으로 몰려 성삼문·이개·하위지·

사육신의 묘와 위패를 모신 충절사. 유형문화재로 서울 동작구 노량진동에 있다.

명필로 이름을 날린 종손의 6대 박기정 선생의 글씨가 사당 안에 귀하게 보관되어 있다.

유성원·유응부 등과 함께 참혹한 최후를 맞이한 박팽년 선생의 가족들에게도 피바람이 일었다. 죄인의 가족이라 하여 이조판서로 있었던 아버지 박중림(朴仲林)을 비롯한 동생 인년·기년·대년·연년 4형제와 아들 헌(憲)·순(珣)·분(奮) 3형제 등 남자 9명은 극형에 처해지고 그 부인들은 공신들의 노비로 끌려가거나 관비가 되었다. 다행히 사형을 면한 사촌 시숙들은 관노비가 돼 전국으로 뿔뿔이 흩어졌다. 둘째 며느리 성주 이씨는 아버지 이철근이 교동 현감으로 있는 경북 달성군 사빈면 묘리의 친정 동네인 대구 관비로 갈 수 있어 그나마 행운이었다.

며느리는 이때 뱃속에 아기를 가지고 있었다. 아들을 낳으면 죽이고 딸을 낳으면 관비로 삼으라는 어명이 이미 내려져 있었다. 그 해 늦가을 드디어 아이가 태어났다. 아들이었다. 지엄한 어명에 따라 관가에 고하면 아들은 죽게 되고 박팽년 가문은 영원히 문을 닫게 될 처지였다. 그런데 하늘이 도왔는지 때마침 친정집의 여종이 비슷한 시기에 딸을 낳았다. 며느리는 무릎을 쳤다.

'아이를 서로 바꾸면 이 아이는 죽음을 면하리라!' 박팽년 대감의 혈육은 이렇게 현감 댁 노비의 아들 '박비(朴婢)'라는 이름으로 그 질긴 목숨을 잇게 된다.

노비의 아들인 양 비밀리에 키워진 그 박비가 17세가 됐을 때이다. 성종 3년에 경상도 관찰사로 부임한 이모부 이극균(李克均)이 처가인 묫골에 왔다가 이 사실을 알게 되었다. 기막힌 사연을 들은 극균은 눈시울을 붉히면서 장성한 박비에게 자수할 것을 권유했다. 세조는 이미 세상을 떠났고 그 손자인 성종이 권좌에 있을 때였다.

성종은 자수한 박비의 내력을 듣고는 무척 감동하며 사육신 중 유일하게 남은 옥구슬이란 뜻을 담은 '일산(壹珊)'이라는 이름까지 지어주었다. 노비신분도 풀어 준 것은 물론이다. 이 사람이 바로 박팽년 선생의 손자 박일산으로 충정공파 파조가 되는 셈이다.

일산은 후에 후손이 없는 외가의 재산을 물려받아 아흔아홉칸 종택을 짓고 못골에 정착했다. 그런 연유로 순천 박씨 중 박팽년의 후손들을 지칭할 때 그 고을 이름을 따서 '못골 박씨'라고도 한다.

붉은 홍살문도 없는 소박한 종가

훌륭한 인물을 키워낸 내력이 있는 마을에 들어서면 효자나 열녀·충신이 났음을 알리는 홍살문을 마을 입구에 세워둔다. 그리고 그 후손이 살고 있는 종가는 터를 넓게 잡고 높직하게 종가를 지어 놓아 멀리서도 대종가임을 한눈에 알 수 있다.

박팽년 선생 신주를 모신 사당으로 들어가는 문.

그런데 만고의 충신 박팽년 선생의 종가는 마을 초입에 '박팽년 사우'라는 작은 표시판만 덩그마니 있을 뿐 붉은 홍살문은 물론, 종가임직한 집도 좀처럼 보이지 않았다.

도로를 따라 있는 주택들과 컨테이너 박스로 쌓아올린 가건물들 사이에서 종가를 찾고 있던 중 개짓는 소리를 듣고 마중 나온 종손의 안내를 받고서야 박팽년 선생의 종가로 들어설 수 있었다.

죽음으로 충의를 지킨 조상의 강개한 선비 정신을 이어서일까? 충신의 위패를 모신 3칸의 사당은 조촐했지만 단청칠까지 해 그런대로 격식을 갖추고 있었다. 하지만 종가의 초입은 말라버린 수수대가 누워 있는 텃밭이 담이 되고 대문을 대신했다. 솟을대문은커녕 쪽대문도 없는 오래된 양옥 한 채가 순천 박씨 충정공파 대종가 오늘의 모습이었다.

역사의 큰 획을 그었던 충신의 후손 집이라고 하기에는 믿어지지 않을 정도로 소박한 모습을 지닌 종가였다. 그러나 30년째 종가를 지키

죽음으로 충의를 지켜 강개
한 선비정신을 보여 주었던
충신 박팽년 선생의 사당.
3칸의 사당은 조촐하지만
선생의 충절을 기리고 있다.

는 봉사손 박종덕 씨와 권영자 씨의 푸근한 인심만은 여느 종가에 비할 바가 아니었다.

"우리집 텃밭에 심었던 첫서리 맞은 고추로 담은 초고추랍니다. 새콤하게 맛이 들었어요."

콩가루를 묻혀 끓인 상큼한 향기가 군침을 돌게 하는 냉이 된장국과 김장 김치를 포기채 죽죽 찢어 김이 모락모락 오르는 밥숟가락에 올려주는 정겨움에 밥 한 그릇을 어느새 비우면서 종가의 내력을 들었다.

외아들 사망신고 후 형 앞으로 다시 출생신고 하여 대를 잇다

박팽년 선생의 핏줄이 이어져내려온 이야기도 극적이었지만 종손이 아닌 셋째 아들 종덕 씨가 서울 살림을 접고 종가에 내려와 정착한 내력도 예사롭지 않았다. 19대 종손이었던 형 종진 씨가 아들없이 55세로 세상을 떴을 때가 벌써 어언 30년 전인 1973년. 둘째형은 다른 집으로 양자를 갔기 때문에 남은 셋째 종덕 씨가 종가를 지킬 수밖에 없었다. 무엇보다 형님에게 아들이 없었기 때문에 어렵게 이어온 대종가의 후사가 끊어지게 될 위기에 처한 것이다.

종덕 씨에게는 딸 둘과 외아들이 있었다. 자신의 외아들을 큰형님의 양자로 보낼 수밖에 없었다. 하지만 금지옥엽 외아들을 양자로 보내려 해도 법적으로 독자이기 때문에 양자가 어려웠다. 종덕 씨는 큰 결심을 한다. '재순'이라는 이름의 멀쩡한 아들을 사망 신고한 뒤 형 앞으로 '완순'이라는 이름으로 고쳐 출생신고를 다시 했다. "형이 살아 있을 때였고 형보다 먼저 돌아가신 형수의 사망신고가 마침 돼 있지 않아 가능했습니다."

옆에 앉은 부인 권씨에게 "외아들을 양자로 보냈을 때 기분이 어땠습니까?"라고 여쭤 보았다.

"내품에 있었을 때는 몰랐어요. 그런데 학교에 입학을 한 후 초등학교부터 고등학교 때까지 속사정을 모르는 선생님께서 아이의 부모가 없는 이유를 물어 왔을 때는 속이 많이 상했지요. 그렇지만 도리가 없죠. 어떻게 이은 핏줄인데 종가의 대를 끊겠습니까?"

종손의 친어머니인 권씨는 친정이 서울이라서 농사는 물론 대종가의 법도 등 아무것도 모른 채 남편 따라 종가에 내려오게 되었다고 한다. 일년에 수십번씩 제사 모시는 것만도 힘들텐데 과수원 일까지 남편을 도와가며 어려운 안살림을 꾸려왔다. 그런 권씨에게 애환이 왜 없을까마는 명랑한 말솜씨와 뛰어난 음식솜씨가 남달라 보였고 표정도 밝기만 했다.

종덕 씨가 종가를 지키려 왔을 때는 쓰러져 가는 초가집 3채와 제사를 지낼 논 4마지기, 산소가 있는 자그마한 야산 하나가 전부였다. 유일하게 남은 사육신의 후손이라 명문종가로서의 최소한의 체면치레로 적잖은 빚도 졌다. 종덕 씨와 부인 권씨는 산을 개간해 사과나무를 심고 택시회사도 운영하면서 악착같이 돈을 모아 빚을 갚고 쓰러져 가는 초가를 양옥집으로 개조했다.

2칸짜리 사당도 옮겨 3칸으로 증축해 번듯한 종가로 만들어 놓았다. 하지만 문중이나 주위의 도움 없이 삼남매 공부와 빠듯한 종가살림을 꾸려가느라 아직도 농협 빚이 있다며 종가를 지탱하는 어려움을 털어 놓았다.

아버지는 집사, 아들은 제주

우리 세시풍속에서는 동지를 다음해가 되는 날 또는 '작은 설'이라 해서 크게 축하하는 풍속이 있다. 동지에는 팥죽을 쑤는데 박팽년 종가에서도 동지차례(冬至茶禮)를 모시기 위해 서울에 사는 종손 완순 씨가 와 있었다. 후리후리한 키에 이지적인 멋을 갖춘 종손이 하얀 도포를 입고 차례를 올릴 준비를 하고 있었다. 법도에 따라 종손이 아닌 아버지 종덕 씨는 옆에서 제주인 아들을 도와 주는 집사가 되고 아들인 종손은 제주가 되었다.

종손이 장가들기 전까지는 종덕 씨가 종손대신 봉사손의 역할을 하였지만 종손이 장가든 후부터는 불천위를 비롯해서 4대 봉제사와 돌아가신 형님제사까지 일년에 12번 기제사 때마다 종손이 종가에 와서 제주가 된다. 이 때문에 젊은 종손 완순 씨는 휴가를 따로 가져본 일이 없다고 한다. 그러면서 자신이 종손이 된 것을 숙명으로 받아들이기 때문에 특별한 어려움은 없다고 했다.

사당 안에는 영조 때 죄가 사면되면서 받은 박팽년 선생의 시호 교지가 걸려 있고 원본은 일본에 있다는 선생의 친필 탁본도 걸려 있다. 또 영조 때의 명필로 이름을 날린 종손의 6대조 박기정(朴基正)의 글씨도 소중히 보관하고 있다.

가운데는 박팽년 선생과 그 부인의 위패를 모시고 참판벼슬을 했던 종손의 고조부 초상화를 모셔 두었다. 종손의 4대조와 형님 내외의 신주는 오래 전에 묘 옆에 묻었기 때문에 사당에는 없고 기제사 때는 지방(紙榜)을 써서 지낸다고 한다.

외아들을 양자로 보내 대를 이은 봉사손 박종덕 씨(오른쪽)와 종손 박완순 씨(위). 힘들고 고되기만 한 종가살림을 즐거운 마음으로 지켜 나가는 권영자 씨(아래).

동지 팥죽차례

팥죽차례는 아침 10시에 시작되었다. 종가의 예법은 제례를 모실 때 돌아가신 당사자 한 분의 신위에만 제사를 지낸다고 한다. 이것을 단설(單設)이라 하는데 이날은 동지차사이기 때문에 선생과 그 부인에게 팥죽을 한상에 올렸다.

차례상에는 신주 앞으로 팥죽 두 그릇과 술잔 두 개를 올렸고 신주로부터 오른쪽에 시접그릇을 각각 놓았다. 그 앞으로 가운데에 동치미도 건지와 국물을 자작하게 부어 놓았다. 동치미 앞으로는 머리와 꼬리를 자른 명태 한 마리를 마른안주로 올렸다. 포 앞으로 대추와 밤, 배 사과와 감 순으로 놓았다.

신을 맞기 위해 신독문을 여는 종덕 씨.

제물을 다 차린 종덕 씨가 위패 문을 열었고 종손과 종덕 씨가 두 번 절했다. 신을 맞이하는 참신(參神)의 예이다. 절을 한 후 종손에게 향을 피우도록 했다. 분향(焚香)의 순서이다. 그런 다음 술잔에 술을 부어 종손에게 주면 종손은 모사에 세 번 지운다. 이는 강신(降神)이다.

이렇게 분향강신 이후에는 충정공의 술잔을 내려 술을 따른 후 제자리에 놓고 그 옆 부인의 잔에도 술을 따른 후 올리는 헌작(獻爵)의 순서다. 이렇게 술을 올린 후 종손 혼자 두 번 절한다. 다시 수저는 팥죽에 꽂고 저분은 시접그릇 위에 놓았다. 이렇게 팥죽의 뚜껑을 열고 숟가락을 꽂고 젓가락은 적이나 편에 올려놓는 절차를 삽시정저(插匙正箸)라 한다. 그런 후 꿇어앉아 조상님께서 팥죽을 잡수실 시간을 드린다. 아홉수저 정도 먹을 시간 동안 두손을 어긋지게 하고 꿇어앉아 기다리는데 이런 순서를 유식(侑食)이라 했다. 그런후 바로 하고 숟가락과 젓가락은 제자리에 두고 팥죽그릇은 뚜껑을 덮는다. 그런 다음 신을 떠나 보내는 사신(辭神)의 예로 종손과 종덕 씨도 함께 두 번 절한다. 위패 문을 닫은 다음 제물은 철상(撤床)했다.

간단한 차사였지만 아들이 제주가 되고 아버지가 집사가 되어 정성을 다해 지내는 모습이 너무나 진지해 보였다. 낮 제사라 촛불은 켜지 않는다고 한다.

차사를 마친 다음 종덕 씨의 부인은 방과 마루, 광과 부엌에 팥죽을 한 그릇 떠다 놓았으며 사당에 올렸던 팥죽을 수저로 떠서 동서남북에 뿌린 뒤에 먹었다.

"어려운 살림이라 마음과는 달리 일년에 12번 지내는 차사를 다 지내지는 못합니다. 설날의 떡국차사와 송편차사인 추석, 그리고 팥죽을 쑤어 올리는 동지차사만 모시지요. 동지차사는 팥이 붉어서인지 예부터 집안의 액을 물리친다는 속설이 있고, 또 텃밭에 팥을 심어 추수를 했기 때문에 조상에 고하지 않고서 먹을 수가 없지요."

종가에서조차 사라져가는 동지차사를 예를 다해 모시고 있는 안주인의 조상 섬기는 단심이 팥죽보다 더 붉게 느껴졌다. 家

종덕 씨의 아들 완순 씨는 제주가 되어 분향을 하고 있다.

팥죽 · 초고추 · 닭살구이산적

종가의 팥죽은 붉은색의 팥이 아니라 청팥으로 끓여서인지 팥죽 특유의 떫은맛이 없고 오히려 단맛이 많았다.

팥죽을 끓이는 순서는 우선 푸른빛이 도는 팥을 씻어 냄비에 담고 물을 충분히 부어 한소끔 끓인 다음 물을 따라 낸다. 팥의 성분인 떫은맛을 없애기 위해서다. 물을 다시 넉넉히 부어 중간불에 팥이 터질 때까지 1시간 정도 푹 삶는다. 푹 물러진 팥은 체로 건져 소금을 넣고 섞는다. 팥 삶은 물은 새알심 반죽할 정도의 물만 따로 떠놓고 나머지 팥물에 죽을 끓일 정도로 물을 더 부어 준비한다.

뜨거운 팥은 체에 밭쳐 팥물을 조금씩 부어가며 주걱으로 으깬 후 팥껍질은 버린다. 옹심이를 만들 찹쌀가루에 소금간을 하고 뜨거운 팥물로 익반죽해 옹심이를 만들어 둔다. 죽을 끓일 냄비에 팥물과 앙금을 함께 넣고 한번 끓어 오르면 불려 둔 쌀을 넣는다. 그리고 쌀을 넣은 다음 다시 한번 끓어오르면 옹심이를 넣고 옹심이가 위로 떠오르면 불을 끄고 소금으로 간을 맞춘다.

종가 팥죽의 특징은 푸른 팥을 썼다는 것과 윗물과 앙금을 구별하지 않고 함께 넣는다는 것. 불린 쌀을 미리 넣어 오랫동안 끓이지 말고 쌀을 넣고 난 후 끓어 오르면 곧바로 옹심이를 넣어야 제맛이 난다고 한다.

이날 점심상에 오른 초고추 만드는 방법도 배워왔다.

고추는 반드시 첫서리가 내린 후에 딴 것으로 한다. 고추는 꼭지째 씻어 물기를 없애고 바늘로 고추에 구멍을 몇군데 낸다. 이렇게 하면 간이 빨리 베이고 씹을 때 간장이 튀지 않는

종가의 팥죽. 청팥으로 끓여서인지 팥죽에서 나는 특이한 떫은 맛이 없고 단맛이 강하다.

다. 그런 후 그릇에 담아둔다. 초간장 비율을 잘 맞춰야 한다.

20리터짜리 진간장 한 병에 삼합식초 한 컵과 뉴슈거 작은 봉지 하나를 넣으면 새콤달콤한 초간장이 된다. 초간장은 끓이지 말고 그대로 물기 거둔 고추에 붓는다. 초간장은 고추가 잠길 정도면 된다.

돌로 눌러 놓으면 고추에서 물이 나와 짜지 않고 심심하다. 3일 후부디는 먹이도 된다. 종가 접빈객의 술안주로 자주 오르는 닭살새송이꽂이구이도 만들기가 쉬우면서도 파가 들어가 맛이 깔끔했다.

닭살을 먹기 좋은 크기로 썰어 불고기 양념을 한 다음 1시간 정도 간이 배이게 한다. 새송이 버섯도 고기 양념장을 하고 대파도 고기 크기로 썰어 고기양념장을 살짝 끼얹는다. 파와 버섯을 살짝 볶아내고 닭살도 팬에 볶은 다음 꽂이에 고기와 버섯, 파 순으로 끼워 낸다.

맛깔스런 초고추. 반드시 첫서리가 내린 후에 딴 것을 사용한다.

종가 접빈객의 술안주로 자주 오르는 닭살구이산적.

의령 남씨 충장공 남이흥 종가의 불천위 제사는 종손 남주헌 씨가 제관들을 앞에 두고
사당에 가서 오늘이 기일임을 고하고 영정과 신주를 모셔오는 출주로부터 시작된다.
청사초롱을 든 집사들이 길을 밝히고 문중의 가장 어른이 사당에 걸렸던 영정을, 종손은
신주를 모시고 그 뒤로 양산을 든 집사들과 참례자 모두가 뒤따르게 된다.

학계 연구 대상이었던 400년 내력의 동족마을

의령 남씨 남이흥 장군 종가

2000년 11월 우리 나라에서 가장 장대한 서해대교가 개통되면서 충청남도 당진군 대호지면 도이리에 있는 의령 남씨들의 집성촌은 이제 서울의 이웃이 되었다. 400여 년 간 의령 남씨들의 집성촌을 형성하고 있어 명망 있는 종족마을로 학계의 연구 대상이 되었던 이 마을 사람들은 아직도 젖소를 키우고 농사를 지으며 평화로운 농촌 풍경 그대로인 채 소박한 삶을 살고 있다. 그러면서도 자신들의 정체성에 대해서는 강한 자부심을 가지고 있었다.

임진왜란 때 순국한 의천부원군 남유(南瑜·1552~1598) 장군과, 정묘호란 때 순절한 충장공 남이흥(忠壯公 南以興·1576~1627) 장군의 후손들이기 때문이다. 나라 위해 아버지와 아들이 목숨을 바친 일은 흔치 않아 그분들의 신주를 모신 충장사(忠壯祠)와 나라에서 내린 정려각

충장공 남이흥 장군의 숨결
을 느낄 수 있는 유물관.

(旌閭閣)은 이 마을 사람들의 정신적인 지주가 되어 있다. 400여 년 정성스럽게 보관해 온 갑옷받침, 인조가 충절에 보답하기 위해 내린 곤령포 등 값진 문화재도 유물관에 보관되어 있다. 유물관에 보관되어 있는 갑옷받침에는 장군이 전장에서 흘린 핏자국과 화살구멍이 지금도 생생하다.

종가에는 14대 종손 남주현(南宙鉉·53) 씨와 부인 이경희(李慶姬·52) 부부, 노종부 한동현(韓東賢·80) 할머니가 젖소를 키우며 조상의 봉제사를 모시고 있다. 2002년 3월 4일에는 이 마을의 가장 큰 행사인 남이흥 장군의 불천지위(不遷之位) 제사가 있어 엄숙미 넘치는 종갓집의 전통 제례와 제례 음식을 살펴볼 수 있었다.

당진이 자랑하는 문화유적 『충장사』

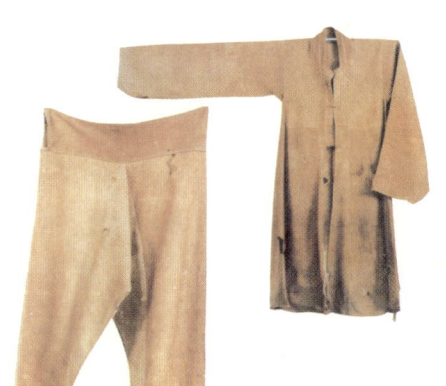

경기도 평택시와 충남 당진군을 연결하는 연장 7310미터의 서해대교는 착공한 지 만 7년 만에 개통한 우리 나라 최대의 다리이다. 세계에서도 아홉번째로 큰 다리라 하니 이 다리를 건널 때마다 우리의 국력에 뿌듯한 자긍심이 생기기도 한다.

서해대교가 생기면서 가장 혜택받은 지역이 바로 당진이다. 1950년대까지만 해도 당진에서 서울을 가려면 목선을 타고 8~10시간 족히 가야 했었고 그 이후 교통이 좀 나아졌다 해도 대교가 뚫리기 전까지는 남부터미널까지 2시간 거리였지만 이제는 강남을 기준해서 1시간이면 갈 수 있게 되었다.

서울과 한층 가까워진 당진. 당진군에서는 새로운 관광명소로 발돋움하기 위해 '해미읍성'을 비롯 '김대건 신부 탄생지', 신라 때의 절 '영랑사지', 국민관광지로 지정된 '삽교호' 등의 다양한 문화유적들을 발굴해 가꾸고 있다.

그 중 청소년들에게 정신적인 자양분이 될 수 있는 도이리의 충장사(忠壯祠)는 당진군이 첫째로 내세우는 문화유적지이다.

중국 산동성에서 우는 닭울음소리가 들릴 정도로 당진은 중국과의 뱃길이 가까와 신라 때는 당나라의 문물을 받아들이는 디딤돌 역할을 한 큰 항구도시였다. 당나라 당(唐)자가 붙여진 당진이라는 이름도 그때 지어졌다 한다. 하지만 지금은 낚시꾼들과 신선한 회를 찾는 한적한 포구로 남아 관광지로 소개되고 있다.

전국 각지에 살고 있는 문중 사람들이 모여 정성스레 제사를 준비하고 서로의 안부를 묻는다(위). 집안 어른이 제사의 축문을 쓰고 있다(아래).

명망 있는 동족마을로 학계의 연구대상

충장사는 당진읍에서 승용차로는 15분 거리다. 당진군청에서 615번 도로로 가다 고대면에서 좌회전하면 649번 도로를 만난다. 이 길로 가다보면 정미면이 나오고 오른편으로 작은 길 하나가 있다. '충장사'라는 빗돌이 보인다. 그 빗돌을 쫓아 첫번째 고개 하나를 넘으면 의령 남씨들의 집성촌인 도이리 마을이다.

복숭아와 오얏나무가 많아 도이리(桃李里)로 불려진 이곳은 서울대와 정신문화원 교수들이 선정한 한국의 대표적인 동족마을로 연구대상이 되기도 했다. 그러나 안동의 하회마을과 같이 외형적으로는 초가

서울대와 정신문화원 교수들이 선정한 한국의 명망 있는 종족 마을인 의령 남씨 집성촌인 도이리는 예절을 지키고 교육을 숭상하며 가문의 품격을 유지하고자 하는 남씨 일문의 노력을 엿볼 수 있다.

지붕이나 기와지붕이 즐비한 마을이 아니다.

집들이 작은 골짝골짝마다 띄엄띄엄 흩어져 있는 특징을 가지고 있다. 그럼에도 종족마을의 대표로 선정된 것은 도이리 주민 중 의령 남씨의 비율이 절반 이상이라는 것과 반상관계가 사라진 오늘날에도 의령 남씨 가문은 특별히 마을의 모든 일에 구심점 역할을 하고 있다는 점을 들었다.

더욱 중요한 것은 이웃마을에서 남씨 문중의 문화적 우월성과 헤게모니를 인정하고 있기 때문이라 한다. 여기에는 예절을 지키고 교육을 숭상하며 가문의 품격을 유지하고자 하는 남씨 일문의 문화가 적극적으로 작용했다. 1641년 터 잡은 이래 지금까지 면면히 이어지고 있는 종가 고택과 충장공의 묘소, 사당, 정려, 유곡묘원 등이 종족마을의 특징을 뚜렷이 보여 주고 있는 것이다.

노비도 비석 세워 주다

남씨 일문의 구심점인 종가는 나지막한 산을 뒤로하고 앞으로는 조붓한 들과 바다가 잇대어 있는 양지바른 언덕에 자리하고 있다. 입구에는 고택보다 나이가 많다는 당산나무 한 그루가 종가를 지키듯 서 있고 충장공의 신도비가 종가임을 알려 준다. 월요일인데도 제례에 참석하기 위해 멀리서 온 문중 사람들의 자동차가 줄지어 있었다.

충신의 절개를 상징하듯 청솔이 숲을 이루고 있는 종가의 뒷동산 양지바른 곳에 충장공의 묘소가 있다. 장군의 묘 곁에는 아버지 남유 장군의 묘도 함께 있다. 남유 장군은 임란의 전세가 악화되자 어머니 상중임에도 나주목사와 좌영장(左營將)을 겸직해 남해 노량진에서 이순신 장군과 함께 외적을 물리치다 47세로 순절하였다.

한단 아래에는 충장공을 따라 자결한 부실(副室) 무덤과 주인을 따라 숨진 충복(忠僕)의 비석이 눈길을 끌었다. 계급사회였던 조선시대 사회제도에서는 이런 무덤은 흔치 않다.

안내를 하던 종손은 "충장공께서는 화약고에 적을 유인해 놓고 자신은 이미 적과 함께 죽을 각오를 하고서 따라온 두 노비에게는 노비 신분을 풀어 줄테니 화약고에 불을 지른 뒤 집으로 돌아가라고 했답니다. 그러나 두 노비는 돌아가지 않고 화약고에 불을 지른뒤 그 자리에서 주인을 따라 순직했다고 합니다. 얼마전까지만 해도 충장공 제삿날 마당에 천막을 치고 제사를 지내 주었어요.

노비들의 제사에는 종가의 하인들이 제주(祭主)가 되었는데 시대가 이렇게 변하자 아무도 제주를 하지 않으려 해 제사는 폐하고 대신 비석을 세웠습니다." 신분을 초월해 의리를 지켜 가는 종가의 후덕한 인심으로 흔적 없이 사라질 뻔한 두 노복과 부실은 주인 곁에서 영원히 살아 있게 되었다. 이 묘소는 1971년 경기도 성남시에서 이곳으로 옮겨온 것이다.

종가 옆에는 심신을 단련할 수 있는 활터가 있다.

복식사의 귀중한 자료 충장공의 갑옷받침

묘소 아래에는 충장공과 4대조 신주를 모신 사당 충장사가 있고 충장사 아래에는 충장공과 그 아버지 남유 장군의 정려각이 있다. 충장사와 정려각은 충장공의 아드님 때 지은 건물로 문화재로 지정돼 있지만 그 수명이 다해 문화재 관리국에서 보수를 위해 버팀목을 쳐 두었다. 아마도 옛 건물 그대로를 볼 수 있는 것은 지금이 마지막이 아닌가 싶다. 돌계단을 내려오면 오른편에 유물관이 두 채 있는데 본래의 것은 통풍이 잘 되지 않아 그 아래에 다시 지어 유물들을 보관해 두었다.

기골이 장대한 장군의 풍모를 짐작할 수 있는 장군의 옷과 용 무늬가 선명한, 임금이 하사했다는 곤룡포.

유물관 입구에는 이괄의 난을 평정한 일등 공신으로 나라에서 하사했다는 충장공의 생전 모습 그대로인 영정(影幀)이 있다. 장군의 갑옷받침인 녹피의 길이가 142센티미터로 기골이 장대한 충장공의 모습에서 1000명의 군사로 3만 대군과 맞서 싸웠던 장군의 기백이 살아 숨쉬는 듯했다. 적과 함께 자폭했기 때문에 관에는 시신 대신 장군복을 넣었다. 그 장군복과 임금이 하사했다는 곤령포 등은 복식사에 귀중한 자료가 되어 있다. 뿐만 아니라 지금의 임명장 같은 교지, 순절공신록으로 내린 대호지면 일대의 소유권인 사패절목(賜牌節目) 등 종가에서 배출된 인물들의 공적과 서책 등이 전시되어 있다.

일본 음식은 절대로 올리지 않는다

유물관 맞은편에 종가 대문이 있다. 여느 종갓집과

같은 솟을대문이 아니라 안채로 들어가는 소박한 대문이었다. 사랑채와 솟을대문은 복원하지 못한 채였고 대문에 잇대어 지어진 건물은 예전에는 행랑채였지만 지금은 종회를 여는 사랑채 역할을 하고 있다. ㄷ자 모양의 안채 마당은 아직도 흙마당 그대로인 채 옛모습을 지키고 있었다.

안채에서는 제사준비가 한창이다. 안방에서는 노종부의 지휘로 문중 부인들이 전을 굽고 있었다. 수백년된 무쇠솥이 그대로 걸려 있는 재래식 부엌은 구수한 음식 냄새와 분주히 움직이는 사람의 향취로 잔칫집 분위기다.

충장공의 불천위 제사는 문중에서 가장 큰 제사인지라 제물은 후손들의 정성을 담아 모두 집에서 장만한다고 했다. 손이 많이 가는 음식이라 웬만한 집에서는 사서 쓰는 산자, 약과, 다식도 노종부의 손으로 며칠 전부터 준비해 두었고 제상에 올릴 술은 2주일 전에 미리 담아 숙성시켜 두었다.

"왜적에게 목숨을 잃은 선대들의 제례에는 일본인들의 기술로 만들어진 음식은 절대로 올리지 않아요. 재료부터 양념까지 이 마을에서 생산되는 것들로만 장만하려 합니다."

40년 넘게 제례 음식을 만들어온 노종부의 설명이다.

제사 시간이 가까워 오자 본격적인 제례 준비가 시작된다. 안채 대청에는 제사를 모시기 위한 장막 같은 새하얀 앙장(仰帳)을 치고 병풍을 둘러 제상을 놓았다. 향상도 제상 앞에 놓여졌다.

식어도 관계없는 제물을 먼저 차리는 것으로 제상이 준비된다.

전통과 예와 미가 살아 숨쉬는 불천위 제사

제사는 정오에 시작되었다. 예전에는 밤 12시에 지냈지만 멀리서 참석하는 문중 사람들을 위해 돌아가신 날 낮에 모시기로 했다는 것이다. 종손 남주현 씨가 제관들을 앞세우고 사당에 가서 오늘이 기일임을 고하고 영정과 신주를 모셔 오는데 이를 출주(出主)라 한다. 청사초롱을 든 집사들이 길을 밝히고 문중의 가장 어른이 사당에 걸렸던 영정을, 종손은 신주를 모셨다. 그 뒤로 양산(日傘)을 든 집사들과 참례자 모두 뒤따랐다.

먼저 영정을 병풍 앞에 걸고 종손은 신주를 교의에 모신 다음 종손 이하 참례자 모두 참신의 예로 두 번 절했다. 신주가 아닌 신위일 때는 분향, 강신 후에 참신을 하지만 신주를 출주해 모시면 참신례부터 한다 했다. 제주는 자루향을 3자루 향로에 꽂고 두 번 절하여 분향의 예를 올린다. 강신의 차례, 제주는 집사가 따라 준 술잔을 모사에 세 번 나누어 부어 혼백을 모신다. 강신 후에도 제주는 혼자서 두 번 절한 후 비로소 메와 국을 상위에 올린다. 이후부터는 종가에서 예부터 전해오는 제례법에 따라 초헌, 독축, 아헌, 종헌, 첨작, 삽시정저, 합문, 계문, 헌다, 철시복반, 사신, 철상, 음복의 순으로 진행됐다.

이날 초헌관은 당연히 제주인 종손이었으며 아헌과 종헌은 문중 사람 중에 정했다. 가문에 따라 제주의 부인인 주부가 아헌을 하는 경우도 있으나 종가에는 종부가 아헌을 하는 일은 없었다고 한다.

숟가락은 메의 중앙에 꽂고 젓가락을 가지런히 고른 뒤 적 위에 올려놓는 삽시정저는 정성을 모아 음식을 준비했으니 맛있게 드시라는 뜻이다. 삽시정저 후에 합문, 즉 문을 닫고 잠시 나가 있는 이유는 간단하다.

산사람도 음식을 먹을 때 다른 사람이 바라보고 있으면 음식이 잘 넘어가지 않는 것과 같은 이치이기 때문이다.

충장공 불천위 제사는 안채 대청에서 치러지는 관계로 문을 닫고 밖으로 나가는 대신 제상 뒤에 처진 병풍을 'ㄷ'자 모양으로 만들어 제상을 감싸고 앞쪽은 걷어올린 앙장을 내리는 방식을 취했다. 이때 제주와 참석자들은 무릎을 꿇고 머리를 숙인 채로 아홉 수저 먹을 동안 기다렸다. 다시 문을 열고 들어가는 계문의 신호는 축문을 읽는 분의 헛기침이다. 지금은 노크 문화로 인해 사라져버린 헛기침의 미학이 제례에서는 고스란히 살아 있는 것이다.

제주의 헛기침 소리를 신호로 앙장을 다시 걷어올리고 제상 뒤에 있는 병풍도 원래대로 한다. 헌다 순서에는 차대신 숭늉을 올렸으며 이때 참석자들은 공수한 채 국궁의 예를 취한다. 철시복반은 밥을 한 수저 떠서 숭늉그릇에 말고 수저와 저분은 시접그릇에 놓고 메그릇의 뚜껑을 덮는 것이다. 다음으로

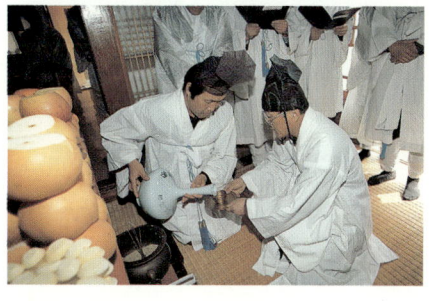

종손이 신주를 교의에 모신다. 제주는 집사가 따라 준 술잔을 모사에 세 번 나누어 부어 혼백을 모신다.

는 영혼을 전송하는 절차인 사신의 순서다. 제관 이하 참석자 모두 두 번 절한 뒤 축문을 불사르고 신주를 다시 사당으로 모시게 된다.

종가 제사의 특징은 일반적으로 두 분 신위에 대한 메와 갱을 신주로부터 오른쪽에 한쌍, 왼쪽에 한쌍 나누어 놓도록 되어 있으나 오른쪽에 메 두그릇을 놓았고 왼쪽에 갱 두 그릇이 놓여진 점이 차이가 있었다.

충장공의 제사 음식의 특징은 탕과 식혜를 올리지 않았고 대신 7첩반상을 올린다는 점이다. 노종부가 시집온 후로 한 번도 탕을 올리지 않았는데 이는 문중어른들이 제물을 간소화하기 위해 없앤 것으로 추측된다고 한다. 나박김치대신 양념 넣은 배추김치가 올려진 것도 특징으로 보였다.

30여 명의 문중 사람들이 제사가 끝난 뒤 음복을 하며 서로의 안부를 묻고 이야기꽃을 피우는 모습에서 제사는 후손들의 우의를 다지게 하는 좋은 매개체라는 생각을 떠올리게 했다.

또한 지나친 형식주의로 지적될 수 있는 복잡한 제사의 절차도 사실은 엄숙하고 정결한 분위기 속에서 정성을 다해 조상을 영접하기 위한 예법임을 비로소 깨닫게 된다. 다시 말해 절차와 형식은 보이지 않는 정성을 담아내고 구체화시켜주는 그릇인 것이다.

팔순이 넘은 노종부의 지휘로 제사음식도 일사분란하게 준비되고 있다(위). 종손 남주현, 이경희 부부와 노종부 한동현 할머니(아래).

남이흥 장군 종가의 제상 차림

신주로부터 첫째 줄 오른편에는 충장공 내외의 메그릇이 나란히 놓인다. 충장공 메그릇은 입이 넓으면서 컷고 정경부인 것은 입이 좁고 작아 남녀의 밥그릇이 다름을 볼 수 있다. 그 옆으로 술잔도 나란히 2개를 놓았는데 잔받침이 높지 않았다. 술잔은 충장공 아드님 당시의 것이라 하니 조선 초기에는 세기의 굽이 높시 않았음노 알 수 있었다. 두 분의 수저를 담은 시접그릇이 가운데 놓였다. 그 옆으로 초장, 초장 옆으로 쇠고기를 넣고 끓인 미역국도 두 그릇이 나란히 놓인다.

두번째 줄 오른편에는 국물 없이 황백지단을 고명으로 올린 국수 한 그릇을 올렸다. 그 옆 적자리는 비워두었는데 초헌 때는 삶은 돼지고기를 덩어리째 올리고, 아헌 때는 황백지단을 웃기로 올린 삶은 닭 한 마리를 올린다. 종헌 때는 커다란 숭어를 올린다. 적 옆으로 하얀 고물의 찰시루편을 켜켜이 놓아 그 위에 대추를 수놓은 부꾸미를 올렸다. 그리고 떡을 찍어 먹을 조청을 놓았다.

세 번째가 전줄이다. 무, 파, 쇠고기를 꽂이한 누루미전과, 생선포에 달걀옷을 입힌 어전, 돼지고기를 다져 양념해 달걀옷을 입힌 육전, 닭고기를 다져 두부와 야채를 넣어 손가락 길이 만큼 만들고 그위에 밀가루를 뿌리고 달걀옷을 입혀 김밥처럼 말아 구운 뭇쌈과, 두부전 등 모두 다섯 가지 전를 올렸다. 탕대신 다양한 전을 올린다고 했다.

넷째 찬 줄에는 포는 북어 한 마리를 올렸고 옆으로 나물 3가지(숙주, 시금치, 무)를 한 접시에 담았다. 나물 옆으로 양념한 청포묵과 간장, 배추김치, 김, 고기양념구이, 달걀구이 2개, 조기구이 두 토막을 놓아 칠첩반상이라 하였다. 과줄이 좁아서 놓았다는 도라지정과와 산자가 찬 줄 끝에 있었다.

다섯째 과일 줄에는 신주의 오른편으로 하여 대추, 밤, 배, 곶감, 사과, 밀감, 약과 다식 순으로 올랐다. 그 앞의 향상에는 향로와 자루향이 놓여졌고 제주의 오른편에 술병이 있었다. 퇴주그릇도 주상 위에 놓여져 있으며 모사는 바닥에 두었다. 충장공의 제사는 내외분을 함께 모시는 합설이었다.

참고문헌

이이.『율곡전서』,「격몽요결」, 1557.

김장생.『상례비요』,『가례집람』, 1599.

김진효.『의례비요』, 소화 14년 3월 25일.

『왕조실록』, 태종~세조까지.

『조선의 향토신사』, 조선총독부, 소화 13년.

이여성.『조선복장고』, 백양당, 1947.

이민수 편역.『관혼상제』, 을유문화사, 1975.

『택리지 북학의』, 이중환, 박재가, 노도양, 이석호 역, 1973.

김문기.『한국의 부작』, 보림사, 1987.

소혜왕후한씨, 한종철 편역.『명가의 내훈』, 고려문학사, 1992.

『세종장헌대왕실록』, 세종대왕기념사업회 발행.

『진연의궤』, 강희 58년.

『진찬』, 세종~철종.

이성우. 『한국식경대전』, 향문사, 1981.

『정신문화』, 한국정신문화연구원, 1982, 가을.

『한국의 발견』(전 11권), 뿌리깊은나무, 1980.

이덕무 지음, 이동희 엮음. 『생활의 예절. 사소절』, 민문고, 1982.

일연. 『삼국유사』, 이재호역·양현각, 1982.

홍만선. 『국역 산림경제』, 민족문화추진회, 1982.

이성우. 『한국요리문화사』, 교문사, 1985.

『성씨의 고향』, 중앙일보사, 1989.

국립민속박물관. 『한국상장례』, 미진사, 1990.

김부식. 『삼국사기』, 이재호 역, 신광출판사, 1993.

김대성. 『차문화 유적답사기 상·중·하』, 불교영상, 1994.

김대성. 『꽃이 있는 삶』 상·하, 반야, 1995.

이연자. 『차요리』, 초롱출판사, 1995.

『민속학연구』, 제2호 국립민속박물관, 1995.

『사진으로 보는 가정의례』, 조선일보사, 1995.

이규태. 『한국인의 생활구조』, 기린원, 1991.

이중환 지음, 이익성 옮김. 『택리지』, 한길사, 1992.

이연자. 『차가있는 삶』, 초롱출판사, 1998.

한국문화유산답사회. 『답사여행의 길잡이』(전 10권), 돌베개, 1995.

『한국인물유학사』(전 4권), 최근덕 회갑기념논총, 한길사, 1996.

『한국인명대사전』, 신구문화사, 1992.

『한국의 세계문화유산』, 삼성문화재단, 학고재, 1997.

한복진. 『우리음식 백가지』, 현암사, 1998.

주희 지음, 임민혁 옮김. 『주자가례』, 예문서원, 1999.

『주간조선』, 1999년 4월 29일. 7월22일.

『문화와 나』, 〈제례와 제례 음식〉, 삼성문화재단, 2000년 9월 10월호.

이순형. 『한국의 명문 종가』, 서울대학교 출판부, 2000.

『조선시대 관혼상제』(1, 2, 4권), 한국정신문화연구원, 2000.

이연자. 『종가이야기』, 컬처라인, 2000.

『강원도 세시풍속』, 국립문화재연구소, 2001.

월간 『쿠켄』, 1999~2003년 12월.

김대성. 『금문의 비밀』, 컬처라인, 2002.

이연자. 『자연의 맛 우리 차요리』, 쿠켄, 2002.

이연자 . 『명문 종가를 찾아서』, 컬처라인, 2002.

은진임씨대종회. 『갈천선생문집국역』, 1994.

정태준. 『바위 · 불교 · 차문화』, 거창문화원, 2003.

김세현 역. 『해헌유고』, 2001.

순천박씨충정공파종친회. 『사육신과 묘골의 유적』, 1988.

권오봉. 『퇴계선생일대기』, 교육과학사, 1997.

전라남도 국립민속박물관. 『학술총서Ⅳ』, 1988.

천년의 전통과 맥을 이어가는

명문종가 이야기

지 은 이 이연자
펴 낸 이 김영곤
본 부 장 강근원
편집진행 책이야기
디 자 인 씨·오·디 Color of Dream
영업기획 신민식 안경찬 박성인 김진갑 박진모 이희영
관   리 이인규 이도형 최양진 이연정 이종률
사   진 Studio416 박태신
코디네이터 이은숙

1판 1쇄 발행 2004년 1월 10일
1판 2쇄 발행 2004년 1월 20일

등록번호 제10-1965호
등록일자 2000. 5. 6

펴낸곳 (주)북21 컬처라인
주소 경기도 파주시 교하읍 산남리 파주 출판문화정보산업단지 17-7 (413-830)
Tel 031-955-2100 | Fax 031-955-2151
http://www.cultureline.co.kr
e•mail : cultureline@cultureline.co.kr
주소 서울시 마포구 서교동 464-41 미진빌딩 2층 (121-841)
Tel 02-336-2100 | Fax 02-336-2151

값 18,000원
ISBN 89-509-7046-5 03380
ⓒ 2004. 이연자